BASTEI LÜBBE

Von Karin Jäckel erschienen bei Bastei Lübbe

60452 Furcht vor dem Leben.
Wenn Jugendliche den Tod als einzigen Ausweg sehen

60456 »Sag Keinem, wer dein Vater ist!«

60462 Im Stich gelassen?
Warum Frauen sich von ihren Kindern lossagen

61335 Monika B. Ich bin nicht mehr eure Tochter

61503 … weil mein Vater Priester ist

Karin Jäckel

Isis, die Fürstin der Nacht

Als Kind
in den Fängen einer
satanistischen
Sekte

BASTEI
LÜBBE

BASTEI LÜBBE TASCHENBUCH
Band 61521

1. Auflage: Mai 2003

Vollständige Taschenbuchausgabe

Bastei Lübbe Taschenbücher ist ein Imprint
der Verlagsgruppe Lübbe

Originalausgabe

Titelbild: Superstock/Mauritius
Einbandgestaltung: Gisela Kullowatz
Satz: Textverarbeitung Garbe, Köln
Druck und Verarbeitung: Ebner & Spiegel, Ulm
Printed in Germany
ISBN 3-404-61521-2

Sie finden uns im Internet unter
http://www.luebbe.de

Der Preis dieses Bandes versteht sich einschließlich
der gesetzlichen Mehrwertsteuer.

VORWORT

Lieber Leserinnen und Leser,

auf den nachfolgenden Seiten nehme ich Sie mit in das Leben und die Erfahrungen einer jungen Frau, die von sich selbst sagt: »Ich war zwei Kinder: ein Tagkind und ein Nachtkind.«

Meine erste Begegnung mit Isis fand auf der Erfahrungsebene des Tagkindes statt. Sie schrieb mir nach der Lektüre meines Buches »Monika B. Ich bin nicht mehr eure Tochter«, welches sie bereits im ersten Erscheinungsjahr erworben und fieberhaft gelesen hatte. Sie sei als Kind sexuell missbraucht worden, offenbarte sie mir, und wünsche sich, dass auch ihr einmal ein Mensch so gut zuhören möge, wie ich Monika B. zugehört hatte. Zwischen uns entspann sich ein zunächst eher sporadischer, bald aber intensiver Gedankenaustausch.

An ein Buch dachten wir dabei zunächst beide nicht. Dieser Wunsch ging erst nach Jahren von Isis aus, als sie erkannte, dass sie ihre Vergangenheit im Zuge unserer Gespräche und Korrespondenzen aufgearbeitet und innerlich bewältigt hatte.

»Ohne das Buch über Monika B. hätte ich nie den Mut und die Kraft gefunden, meine eigene Geschichte genauer anzuschauen und mich damit auseinander zu setzen«, sagte sie. »Ohne dieses Buch wäre ich heute noch immer nicht frei und würde noch immer Todesangst um meine Tochter ausstehen. Deshalb möchte ich, dass du auch über mich und meine Erfahrungen ein Buch schreibst, denn nur wenn Menschen wie ich das Schweigen brechen, wird die Macht des Geheimen aufhören.«

Diesem Wunsch konnte und wollte ich zunächst nicht nachgeben. Ich schreckte vor der Aufgabe zurück, aus Isis' Lebensgeschichte ein Buch zu machen, da dies für mich als Verfasserin bedeutete, in ihre Haut schlüpfen zu müssen und das von Isis Erlebte selbst intensiv zu verinnerlichen, um es nach außen spiegeln zu können. Wollte ich mir das antun? Es dauerte fast zwei Jahre, ehe ich mich dazu durchrang.

Bereits in den ersten Monaten unseres Gedankenaustausches hatte ich die Erlebnisse, die Isis mir schilderte, zu hinterfragen begonnen. Ihre Tagkind-Erfahrungen waren hart genug, aber sie ließen sich für mich relativ einfach in meine Kenntnisse über sexuellen Missbrauch und Kindesmisshandlung einordnen.

Doch nach und nach öffnete Isis die »verbotene 13. Tür« im Haus ihrer Seele, hinter der sich das Leben des Nachtkindes abgespielt hatte. Hier eine Szene, dort eine Randnote, so startete sie einen Testballon ihrer Erinnerungen nach dem anderen, um zu prüfen, wie ich darauf reagierte, ob ich ihr glaubte, ob ich eine wie immer lautende Erklärung hätte.

Manches, was sie beschrieb und erzählte, erschien mir so unfasslich. Es erinnerte mich an Detailwissen aus Folterberichten der Inquisition, welche ich während meiner Studienzeit gelesen und forschend untersucht hatte. Mit dem Unterschied, dass Isis dieses Wissen aus einer anderen Perspektive darbot, nämlich aus der Binnensicht eines Kindes, das etwas erlebt hat, was es beschreiben, aber nicht benennen kann. Während ich Bücher und vor allem Gemälde studiert und theoretisches Wissen angesammelt hatte, wusste das Nachtkind Isis, wie sich ein Inquisitionsopfer fühlt, wie bestimmte Geräte hergestellt werden und funktionieren, welche Verletzungen sie hinterlassen und wie diese zum Beispiel mit Hilfe von Salzbädern und Unterkühlungen unsichtbar gemacht werden. Das eine oder andere dieser Geräte fand ich nach oft langer Suche in historischen Abhandlungen oder Archiven und wusste dann zwar einen Namen, Isis aber hatte ein Körpergefühl dafür. Sie sah die Abbildung an und geriet in einen Strudel der Erinnerungen, die so leidvoll für sie waren, dass mich allein das gedankliche Nachvollziehen dieses erinnerten Leides peinigte. Und bis heute leidet sie an den typischen körperlichen Schäden eines überlebenden Folteropfers.

Dieses Leid war es letztlich, welches mich dazu bewegte, mit Isis in das »verbotene 13. Zimmer« zu gehen und den daraus hervorquellenden Strom der Erinnerungen hin zu mir zuzulassen. Jahre vergingen darüber. Tausende Seiten Korrespondenz, ungezählte Stunden am Telefon, durchwachte Nächte und das Aushalten unaussprechlicher Ängste von Isis, die ich nie zuvor erahnt hatte, gehörten von Stund an zu meinem Alltag. Oft fühlte ich mich nicht nur ge-, sondern maßlos überfordert. Aber das Versprechen, mit einem Menschen in die Tiefen des Leids abzusteigen, ist irreversibel. Das kann man, kann ich, nicht so einfach abschütteln, weil es mir zu viel wird oder weil ich mir meine Illusion von der heilen Welt erhalten will.

Die langjährige Erfahrung mit Menschen, die in ihrer Kindheit sexuell ausgebeutet, misshandelt oder seelisch gequält worden sind, hat mich gelehrt, dass es unvorstellbare elterliche Grausamkeiten und sogar sadistisch folternde Elternliebe gibt. Zugleich aber hat es mich gelehrt, dass nicht jede mir anvertraute Erfahrung tatsächlich erlebt wurde. Die menschliche Erinnerung ist leider keine auf immer und ewig unveränderliche quasi schreibgeschützte Festplatte im PC der Seele. Im Gegenteil, alles Erinnerte unterliegt Wandlungen und Einflüssen, die bewusst oder unbewusst in die eigenen Bilder einfließen und sie nachträglich prägen.

Wenn ich mit Isis sinnvoll kommunizieren wollte, musste ich solche Irrtümer oder Abwandlungen der Erinnerung so weit wie möglich ausschließen. Folglich galt es, Möglichkeiten zu finden und zu nutzen, um an ihre Version der Wahrheit ein objektives Maß anlegen zu können. Nur aus dem Abgleich der Summe der

Daten erlange ich ja ein möglichst klares Abbild dessen, was »wirklich« geschehen ist.

Also begann ich parallel zu unseren Gesprächen zu recherchieren, um so viele Fakten wie möglich zu den Hintergründen dessen zu erfassen, was Isis erlebt hatte und erinnerte. Dazu gehörte, mit Sektenbeauftragten und Satanismuskennern zu korrespondieren, mein historisches Wissen über die Wurzeln und Zeitzeichen des Satanismus, des Hexenglaubens und Okkultismus zu erweitern, sowie meine Kenntnisse der ägyptischen Mythologie aufzufrischen und in der Bibel nebst deren Apokryphen wie auch der Bibelforschung nach den Ursprüngen des Christentums zu suchen. Letzteres war erforderlich, um das Geflecht von Mythologie und christlichem Glauben zu entwirren, welche der satanistischen Ideologie der Sektenfamilie zugrunde lagen, aus der Isis hervorging.

Daneben hieß es, gemeinsam mit Isis Örtlichkeiten ihres Lebens aufzusuchen, Familien-Stammbäume zu erarbeiten, medizinische Akten bei Privatärzten und in Krankenhäusern zu suchen und auszuwerten, sowie Ängste der sehr wenigen alten Menschen aus dem familiären Lebensumfeld zu überwinden und sie zum Reden zu bewegen.

Rasch zeichnete sich ab, dass die so genannte Stasi im Leben der Sektenfamilie eine erhebliche Rolle gespielt hatte. Eingebunden in dieses System der Bespitzelung, hatten sie die Macht der Insider genutzt, um es sich zu Nutzen zu machen. Aufseher, Arzt oder Führungskraft in Gefängnissen der Staatssicherheit, mit Schlüsselgewalt ausgestatteter Luftschutzbunkerwart oder Spitzel im Dienst zu sein, hieß, aus dieser Position Vorteile ableiten zu können, Zugang zu sonst verbotenen Räumlichkeiten, Gerätschaften, sowie Möglichkeiten zu Reisen und zwischenmenschlichen Beziehungen zu haben.

Daher begannen wir in den Unterlagen des Staatssicherheitsdienstes der ehemaligen Deutschen Demokratischen Republik zu suchen. Und tatsächlich wurden wir fündig, gruben erste Dokumente über längst verjährte oder sogar verurteilte Straftaten aus, die bestimmte Erinnerungen an erlittene Grausamkeit bestätigten. Doch dann kam die »Akte Kohl« und mit ihr der richterliche Beschluss, dass Nachforschende das Risiko eingehen müssen, dass bei intensiver Suche die betreffenden Personen über die laufenden Recherchen informiert werden. Aus gutem Grund konnte weder Isis noch mir an einer solchen Offenlegung unserer Nachforschungen gelegen sein.

Als besondere Härte kam hinzu, dass Isis Mutter einer Tochter ist, die unter allen Umständen geschützt werden muss. In den Anfangsjahren unserer gemeinsamen Aufarbeitung von Isis' Lebenserfahrungen hatte die Tochter keine Ahnung von der Vergangenheit der Mutter und durfte auch nichts davon erfahren. Obwohl die Tochter nicht zu Hause aufwuchs, mussten wir extrem umsichtig planen und recherchieren, um zu gewährleisten, dass sie keinen Verdacht schöpfte. Zu früh, zu jung in diese Erfahrungen eingeweiht zu werden, hätte in der Seele der Tochter unheilbare Schäden anrichten können. Allein die Möglichkeit, dass dies geschehen könne, reichte für Isis aus, kein Risiko einzugehen.

Erst nachdem wir die Geschichte des Tagkindes und des Nachtkindes Isis in ihren Zusammenhängen rekonstruiert und die Ereignisse in sinnvoller Reihung einander zugeordnet hatten, wagte Isis ein aufklärendes Gespräch.

Mein Buch zieht den Schlussstrich unter das Leben der Isis, Fürstin der Nacht, und stößt die »verbotene 13. Tür« für alle auf. Es ist die Tür zur Freiheit.

Wenn Sie, liebe Leserinnen und Leser, mit mir Kontakt aufnehmen möchten, schreiben Sie vertrauensvoll an meinen Verlag, der Ihre Nachrichten verschlossen an mich weiterleitet. Alternativ haben Sie die Wahl, mir eine E-Mail zu schicken. Sie finden die Adresse und viele Informationen auf meiner umfangreichen Webseite unter http://www.karin-jaeckel-autorin.de

Ihre
Karin Jäckel

PROLOG

Marlene ist da, meine Tochter. Endlich. Zum ersten Mal nach vielen Jahren. Zum ersten Mal will ich ihr meine Lebensgeschichte erzählen. Alles, was ich ihr bisher verschwiegen habe. Was sie bisher nie wissen durfte. Vor dem ich sie bewahren wollte.

Ich war noch so jung, als sie geboren wurde. Erst fünfzehn. Und die Sekte des Seth war mächtig. Sie wollten mein Kind haben, nachdem ich für sie wertlos geworden war. Ich konnte Marlene nicht beschützen und hatte sie aufgeben müssen. Mein Kind der Liebe ins Internat geben müssen, damit kein Kontakt zur Sekte entstehen konnte.

Doch nun ist sie erwachsen, und ich kann nicht länger schweigen. Zu sehr steht die Sekte des Seth zwischen uns. Zu sehr fürchte ich den Einfluss meiner Eltern.

Aber ich habe Angst, dass sie mir nicht glauben wird. Es wird schwer für mich zu ertragen sein. Denn dies hat man mir immer angekündet. »Wenn du redest, wird dir sowieso keiner glauben. Sie werden dich auslachen. Sie werden nichts von dir wissen wollen. Sie werden dich verachten. Sie werden dich hassen. Sie werden dich in die Klapsmühle stecken. Sie werden dich in die Gummizelle sperren. Sie werden dich nie mehr rauslassen. Kein Mensch wird es jemals mit dir aushalten.«

All das lässt mich innerlich zittern. Schon jetzt. Aber ich werde nicht aufhören zu reden. Sie wird mich fragen, woher ich das alles weiß. Sie wird sagen, dass ich mich doch gar nicht erinnern könne, wie das mit meinen Eltern war.

Doch es gibt viele Arten des Erinnerns. Da sind die Erinnerungen, die ich ganz bewusst im Kopf habe, weil ich alles, was ich darüber weiß, selbst erlebt und nie vergessen oder verdrängt habe. Schwere, schreckliche Erinnerungen, die man an Leib und Seele erfahren hat, brennen sich ein. Schon dem Kleinstkind.

Andere Erlebnisse wurden mir in der Therapie neu bewusst, weil mein Geist die Erinnerungen verdrängt hatte, mein Körper sich aber erinnerte, dessen Sprache ich mit Hilfe der Therapie verstehen lernte. Ich denke vor allem an die Feldenkrais-Methode, der ich unendlich viel verdanke.

Wieder andere Begebenheiten wurden mir aus dem Erinnerungsschatz anderer Menschen vermittelt. Meine Oma hat mir bis zu ihrem Tod, als ich fünf war, immer wieder gern aus dem Leben meiner Eltern berichtet. Sie liebte es, mit mir Fotoalben anzuschauen und mir zu den einzelnen Fotos Geschichten zu erzählen. Und weil sie mich dazu erzog, im Ganzen meiner Persönlichkeit würdig zu sein, Isis zu sein, erzählte sie mir nicht nur die Geschichten, die das Tagkind interessierten, sondern mit besonderer Vorliebe die Geschichten, die ich als Nachtkind wissen musste. Alles, was sie mir sagte, fiel in mein Herz, denn meine Oma war der einzige Mensch auf der Welt, der mich als Kind jemals geliebt hat. Sie war der allerwichtigste Mensch für mich.

Später, als ich schon Anfang 30 war, habe ich vor allem im Gespräch mit meinem Vater viel erfahren. Besonders seitdem er von meiner Mutter in ein Pflegeheim abgeschoben worden war, war er für meine Fragen zugänglich. Es machte ihm nichts aus, offen mit mir zu reden. Die Peinlichkeit der Ereignisse, über die ich sprechen wollte, war ihm nicht mehr bewusst oder gleichgültig geworden. Und außerdem hatte er ja nichts mehr zu fürchten. Selbst wenn zu diesem Zeitpunkt jemand erfahren hätte, dass er irgendwann etwas Strafbares getan hatte, war er als entmündigter, geistig nicht mehr ganz zurechnungsfähiger

Demenzkranker nicht mehr zur Verantwortung zu ziehen. Dass sein Langzeitgedächtnis trotz des fortschreitenden Verfalls noch Erinnerungen gespeichert hatte, die er mir ungeniert öffnete, kam mir und meiner Suche nach mir selbst entgegen.

Selbst meine Mutter ließ sich gelegentlich dazu verleiten, mit mir über früher zu reden. Allerdings erfuhr ich immer nur ihre Variante der Geschichte. Auch war es zwischen uns immer so, als bewegten wir uns auf vermintem Gelände. Wir wussten beide, dass wir wussten; und dennoch gaben wir vor, nichts zu wissen, sondern das, was wir in Wahrheit gezielt angesprochen hatten, lediglich zufällig im Gespräch berührt zu haben. Oftmals verleitete der Zorn meine Mutter dazu, das eine oder andere Detail der Vergangenheit preiszugeben. Dies geschah vor allem im Zusammenhang mit Angelegenheiten, die meinen Vater betrafen. Dennoch ergaben diese scheinbar unbeabsichtigten Momente der Rückschau oder im Jähzorn herausgeschleuderten Spurenelemente der Erinnerung für mich so manche wichtige Ergänzung. Es kam sogar vor, dass diese erst der Schlüssel zum Verstehen waren.

Zu diesen Informationen kamen jene hinzu, die ich im Gespräch mit einigen alten Leuten, die mit meinen Eltern einmal befreundet waren und heute schon tot sind, erfuhr.

Manche Dinge fielen mir wieder ein, wenn ich mit ehemaligen Mitschülerinnen und Mitschülern über die gemeinsame Schulzeit sprach. Wir trafen uns hin und wieder zufällig in der Stadt oder auch zu den turnusmäßigen Klassentreffen, an denen ich zunächst fast nie, dann aber öfter teilnahm.

Wie oft habe ich gestaunt, dass diese Mädchen und Jungen damals viel mehr mitbekommen hatten, als ich ahnte. Eine Klassenkameradin erinnerte sich zum Beispiel daran, dass meine Mutter mir immer selbst die Haare schnitt, sodass ich nie eine normale Frisur hatte, sondern »wie ein wild gewordener Handfeger« aussah.

Einer der Jungen wusste, dass ich immer einen schwarzen Hals hatte, den man nicht einmal mit der Wurzelbürste sauber waschen konnte. »Weißt du noch, wie wir dich geschnappt hatten und dir den Hals mit Sand abscheuerten, bis er ganz rot war; und der Dreck ging trotzdem nicht weg?«, fragte er und setzte hinzu: »Mir ist erst viel später, als ich bei der Polizei war, aufgegangen, dass es gar kein Dreck war. Das war, nachdem ich die ersten Kinder gesehen hatte, die von ihren Eltern misshandelt und gewürgt worden waren, so dass sie einen schwarzen Hals hatten.«

Eine andere Klassenkameradin entsann sich, dass ich mich in den Sportstunden nie auskleiden wollte. Auf meine Frage hin, wie sie sich das denn erklärt habe, antwortete sie: »Wir haben doch alle gewusst, dass sie dich zu Hause grün und blau geprügelt haben. Wir haben manchmal durch eure Fensterläden geguckt, wenn du drinnen geschrien hast.«

»Aber ihr habt mir nie geholfen«, sagte ich zu ihr. Und sie zuckte mit den Schultern. »Wie denn?«

Das war eine gute Frage. Sie hatte Recht. Keiner hätte mir damals helfen können.

»Einmal haben wir es versucht«, erinnerte sich eine andere frühere Schulkameradin. »Weißt du noch, wie du den einen Tag zum Direktor musstest? Das war, weil wir ihm gesagt hatten, dass du zu Hause dauernd Prügel kriegst.«

Dieses Erlebnis hatte ich völlig vergessen gehabt. Jetzt fiel es mir wieder ein. Ich war tatsächlich eines Tages einbestellt worden. Mein Vater hatte auch kommen müssen. Der Direktor sagte dann, er habe den Eindruck, dass meine Eltern zu streng mit mir wären. Man habe auf meinem Rücken Spuren von Stockschlägen festgestellt. Und mein Vater hatte geantwortet, dass sie mich lieben würden und deshalb so streng sein müssten, weil ich faul und aufsässig sei. Wenn sie weniger streng wären, würde ich mich niemals waschen und in der Schule nichts lernen.

Da hatte der Direktor mich strafend angeschaut und mit dem Einverständnis meines Vaters angeordnet, dass ich jeden Morgen meine Fingernägel herzeigen und bei jeder vergessenen oder unfertigen Hausaufgabe Nachsitzen bekommen müsse.

Erinnerungen sind wie ein Mosaikbild aus der Antike. Das Zentrum ist gut erhalten. Mit der Zeit findet man allerlei vergrabene Steinchen und Scherben ringsherum. Man flickt sie zusammen und passt sie ein. Man vergrößert das Zentrum des Erhaltenen. Manche Stellen bleiben blind. Trotzdem erkennt man am Ende das gesamte Bild.

Auch in meinen Erinnerungen sind blinde Stellen. Manche werden im Lauf der Zeit noch klar werden. Andere werden trüb bleiben. Ich will jetzt auch nicht mehr so bewusst wie bisher weitersuchen. Einmal muss jede Therapie und jede Reise in die eigene Vergangenheit abgeschlossen werden. Für mich ist dieser Zeitpunkt jetzt.

Die finstere Hälfte meines Lebens liegt hinter mir. Vor mir liegt ein Neubeginn in die helle Hälfte hinein. Ich starte nochmals durch. Darauf freue ich mich.

Es wird mit einem Umzug beginnen. Ich will das Land meiner Kindheit hinter mir lassen. Europa ist groß. Ich habe Sprachen gelernt. Jetzt will ich sie anwenden.

Ich habe eine neue Arbeitsstelle im europäischen Ausland angenommen, endlich die Führerscheinprüfung bestanden und einen Kredit für ein Auto aufgenommen. Auch eine schöne Wohnung habe ich schon gefunden. Sie ist licht und hell. Morgens wird mich die Sonne wecken und mir das Häusermeer mit seinen blendend weißen Hausfassaden und roten Ziegeldächern zu Füßen legen. Die Luft duftet anders dort als hier zu Lande. Die Tage sind länger, die Sommer auch. Wo ich die Sonne doch so sehr liebe.

Wie schön es wäre, wenn Marlene mich dort besucht. Ich werde immer ein Zimmer für sie frei haben.

Es gibt keinen anderen Weg. Ich muss es ihr erzählen.

»Liebe Marlene, lass dich auf meine Vergangenheit ein. Kehre mit mir zurück in meine Kindheit und Jugend. Lern ein wenig über die Gründe, warum ich als deine Mutter nicht so perfekt war, wie ich es gern gewesen wäre.«

KAPITEL 1

Sie nannten mich Isis. Die Eine, die Alle ist. Die, aus der alles Werden wächst. Herrin der Gestirne im All. Braut und Mutter des Einen und Wahren, des von Gott-Mutter verheißenen Lichtbringers Seth, welcher die Erde durch die Kraft seines Sohnes, des Großen Tieres 666, zurückverwandelt in das Paradies der Freude und des Friedens. Isis, Schale des Lichtes, Fürstin der Nacht.

Sie gaben mir das Zeichen der Schlange im Rund der Sonne mit der nach oben geöffneten Sichel des Mondes zum Beweis des Mondzaubers und der heiligen drei Isis-Bünde der Ewigkeit. Erstens der Bund der Ehe mit Seth-Vater, dem schwarzen Schlangensohn Gott-Mutters und wahrem Lichtbringer ihrer Schöpfung. Zweitens der Bund der Zeugung und Geburt des Seth-Sohnes, des Großen Tieres 666. Drittens der Bund der Unsterblichkeit des Seth-Geistes im lustvollen Liebesakt des Sohnes mit Isis, der Mutter und Braut, zur Wiedergeburt des Vaters.

Ich war fünf Jahre alt, als sie mich zu zeichnen begannen. An jedem neuen Geburtstag setzten sie die Arbeit fort. Als ich 13 wurde, war das Werk vollendet. In jeder Sitzung hatte die Arbeit mit Nadel und Fräse Stunden gedauert, bis das Zeichen der Menat entstand. Es war nicht groß, aber sehr komplex.

Stich um Stich hatten sie die Farben in die tiefsten Schichten meiner Haut tätowiert, und der Schmerz war ein Wolf. Doch ich ließ sein Heulen nicht zu. Kein Zucken, kein Nervenzittern, keine Träne verrieten mich. Isis ist die Meisterin der Schmerzen.

Wer zuckt, wenn der Schmerz kommt, ist nicht Isis; ist ein Wechselbalg, ein Hohn für Seth. Keine Strafe reicht dafür aus. Doch ich zuckte nicht.

Ich hielt die Augen geschlossen, während sich die Werkzeuge meines Körpers bemächtigten. Versuchte, mich fortzuschicken, hinaus in die Sonne, auf eine Wiese voller Licht, mit Blüten, deren Duft mich umschwebte, mit Schmetterlingen, die ihre prachtvollen Flügel öffneten und schlossen, mit hohen Gräsern, die im Wind tanzten. Es misslang. Sie hatten vorgesorgt. Becken mit schwelendem Weihrauch, Melissen- und Minzöl, Daturablättern in Kügelchen aus Honigwabenwachs sowie Gefäße mit glühenden Räucherstäbchen standen in einem magischen Kreis rings um mich herum. Der schwere, stechende Duft hielt mich fest. Isis ist die Flucht nicht erlaubt.

Später dann war die rohe Haut mit Vaseline geschützt worden, abgedeckt unter Klarsichtfolie. Jedes Mal brannte das frische Tattoo noch tagelang auf meiner Brust. Jede Berührung schickte Messerschnitte ins Hirn. Und es gab viele Berührungen.

»Warum?«, fragte ich meine Oma oft und wagte nie, die Frage ganz auszusprechen. Doch sie verstand mich stets auch so. »Weil du ihm gehörst«, sagte sie.

Und sie lehrte mich beten: »Großer Seth, komme, erwecke die Finsternis zu deinem Licht. Befreie mich zu tun, was ich will, denn mein Wille ist dein und die Kraft und die Macht in Ewigkeit. Amen.«

Nachts zerrte sie mich an der harten Hand hinter sich her, hinaus, wo über dem Schornstein der Sternenhimmel glitzerte. »Das ist Orion. Von dort bist du gekommen, dorthin wirst du gehen. Und ich werde schon vor dir dort sein.«

»Oma«, sagte ich in einer dieser Nächte, kurz vor meinem sechsten Geburtstag, »erzähl mir doch noch mal, wie es war.« Ich zog die Schultern hoch, denn ich fröstelte unter dem Licht der Sterne.

Meine Oma lächelte. Was immer geschehen wäre, ich glaube, diesen Wunsch hätte sie jederzeit erfüllt. »Komm«, lud sie mich ein. Dicht an sie geschmiegt, unter uns die von der Sommerhitze noch mild durchwärmten roten Porphyrsteine der Sonnenterrasse, sah ich die Nebel und Sterne des Orion über uns leuchten und hörte die Geschichte der großen Schöpfung Gott-Mutters und der Erschaffung Seths, ihres dunklen Sohnes, den wir Brüder und Schwestern in seinem Geist anbeteten als unseren wahren und einzigen Heiland und Erlöser.

Woher diese Geschichte wirklich gekommen ist, wer sie erdacht, zuerst erzählt und weitergegeben hat, weiß ich nicht. Als Kind grübelte ich nicht darüber nach. Als Heranwachsende wollte ich nicht darüber nachdenken. Und als Erwachsene wage ich nicht, mich auf die Suche nach den Ursprüngen einzulassen. Die Verschlingungen der Bilder und Gebote dieser Geschichte mit den Anforderungen und Gesetzen des Alltags sind für mich wie eine Moorlandschaft. Es glitzert darin von finsteren Augen und funkelnden Irrlichtern. Nur mühsam gelingt es mir, in diesem unsicheren geistigen Bereich auf dem festen Grund des realen Lebens zu bleiben. Und selbst da spüre ich viel zu oft das Schwanken des allzu nachgiebigen Bodens meiner Erinnerungen unter den Füßen. Sicher ist nur, dass niemand diese Geschichte schöner zu erzählen vermochte als meine Großmutter.

»Wenn du den Nachthimmel siehst, siehst du Gott-Mutter, die Schöpferin des Alls. Zwischen ihren Zehen und Fingerspitzen dreht sich die Welt. Ihr Körper wölbt sich in einem zärtlichen, schützenden Bogen darüber hin, denn sie liebt, was sie erschaffen hat.« Meine Oma streifte mit ihren kühlen, trockenen Lippen mein Haar, während ihre Hände unsichtbare Bögen über uns schlugen und ihr Bild für mich mit dem der großen Gott-Mutter eins wurde.

»Nachts bekleidet sie sich mit einem blauen Gewand, welches so zauberhaft schön aussieht, dass der lebendige Heilige Geist der Erde in ewiger Liebe zu ihr entbrannte. In seiner Begierde, sich mit ihr zu paaren, richtete sich sein Phallus millionenfach in den Obelisken der Bergspitzen auf und wohnt ihr bis heute unersättlich bei. Aus jedem Kind ihrer Liebe entsteht ein neuer Planet. Aus jedem Kuss entsteht ein neuer Stern. Wie ein endloser Strom glänzender Kraft ergießen sie sich in die Milchstraße.«

»Für immer und ewig?«, fragte ich. Jedes Mal dieselbe Frage an derselben Stelle der Geschichte. Und jedes Mal antwortete meine Oma nicht darauf.

Stattdessen lehnte sie den Kopf in den Nacken und erzählte weiter, als hätte ich sie nie unterbrochen. »Die mächtigsten Kinder von Gott-Mutter und dem Heiligen Geist der Erde sind uns aus der Überlieferung der alten Ägypter bekannt. Diese erlebten als auserwähltes Volk die Geburt Seths mit und begriffen es nicht. Dennoch lehrten sie uns die Namen der Kinder Gott-Mutters. Es sind die Zwillinge Nephthys und Anubis sowie ihre Zwillingsbrüder Osiris und Seth. Zwischen ihnen steht Isis, die Mittlerin zwischen Leben und Tod, die von allen Geliebte.«

Natürlich interessierte mich der Teil der Schöpfungsgeschichte brennend, in dem ich selbst erschien, denn ich war Isis, die Wiedergeburt der Wiedergeburt der Wiedergeburt in einer ewigen Kette der Unsterblichkeit.

Meine Oma stand auf. »Erzählen macht durstig«, meinte sie.

»Und hungrig«, sagte ich.

Sie blinzelte mir zu. Ihre Augen waren grün wie die Nordsee, wenn der Wind sie aufwühlt. Aber wenn sie lächelte, wurden sie blauer. »Die anderen kommen bald«, meinte sie. »Dann essen wir. Aber ich gebe dir ein Glas Milch. Willst du?«

Ich schüttelte rasch den Kopf. Milch mochte ich nicht. Überhaupt weiße Getränke oder weißer Käse; daran zu denken verursachte mir Übelkeit. Doch Isis ist mehr als nur ein Name und eine Geschichte. Es ist ein Programm. Es duldet keinen Fehler, keine Schwäche. Ich wusste es. Keine Milch trinken zu können war eine Schwäche. »Kann ich Saft haben?«, fragte ich. »Von dem neuen, den du heute gekocht hast?« Einer Lust nachzugeben war keine Schwäche.

Meine Oma legte die Hand über ihren Mund. Natürlich hatte sie meine List erkannt. »Leckermaul«, sagte sie. »Ich sollte dich nicht so verwöhnen.« Aber sie brachte mir ein Glas Saft und eine Scheibe Brot dazu. Es war noch warm, frisch aus dem Ofen. Genau wie ich es liebte. »Erzählst du weiter?«, bat ich.

Meine Oma nahm erst einmal einen tiefen Schluck aus der Kaffeetasse. Der Löffel steckte seitlich darin, als sollte er ins Nasenloch oder ins Auge bohren. Ich passte jedes Mal auf, ob es geschähe. Aber es passierte nie. Das Einzige, was unweigerlich passierte, war, dass zwischen ihren Zähnen schwarze Kaffeekrümel haften blieben. Kaffeeaufbrühen ging bei ihr nämlich noch ganz altmodisch. Ohne Kaffeemaschine und ohne Filter. »Schnick-Schnack«, sagte sie dazu. »Ein richtiger Kaffee muss frisch geröstet und frisch gemahlen und frisch aufgebrüht und frisch getrunken werden. Kochendes Wasser direkt aufs Pulver. Etwas Besseres gibt's nicht.«

Das Ganze war eine Zeremonie. Es gab eine extra große Kaffeetasse. »Omas Kaffeepott«, stand in Schnörkelbuchstaben darauf. Dazu gab es einen extra kleinen Kessel, der genau so viel Wasser kochen konnte, wie in diese Tasse passte, wenn sie bis zur Hälfte mit Kaffeepulver gefüllt war. Während das Wasser genau so langsam auf dem alten Holzkohleofen erhitzt wurde, wie nötig war, damit es nicht zu heiß und nicht zu sprudelnd kochte, nahm meine Oma die Kaffeemühle vom Küchenbord. Sie gab eine genau bemessene Menge schwarz gebrannter Kaffeebohnen hinein, die sie einer Metalldose entnahm, auf der ein lachender Moor mit einem bunten Turban und weiten Pluderhosen abgebildet war. Mit dieser Kaffeemühle nahm sie auf dem Küchenschemel Platz, klemmte sie sich zwischen die Beine und begann zu mahlen. Zuerst ging es schwer, denn die Kaffeebohnen mussten unter Knirschen und Knacken aufgebrochen werden. Bald aber schnurrte die Mühlenradkurbel nur so durch das Mahlwerk. Und dann war auch schon das Kaffeewasser fertig.

Mit jener unnachahmlichen Bewegung aus dem Handgelenk heraus, die ich bis heute vergeblich nachzuahmen versuche, goss meine Oma das Wasser in die Tasse. Fasziniert beobachtete ich, wie das Kaffeepulver von den ersten Tropfen noch dunkler wurde, wie es sich voll sog und plötzlich die einzelnen Pulverkörnchen sichtbar wurden, die mir zuvor wie eine homogene Masse erschienen waren. Mit einem dicken schaumigen Berg schwemmte alles zum Rand der Tasse empor. Und genau, ehe es schwarz über den Rand schwappte, war der Kessel leer.

Nun trat der Kaffeelöffel in Aktion. Er war silbern, mit einem roten Glasstein im Griff und eingravierten Blumen verziert. Und nur er maß die richtige Menge an Zucker für den Kaffee.

Sacht rührend, sog meine Oma zuerst ganz tief den Duft ein, der in einer dicken Wolke aus der Tasse aufstieg. Und dann schlürfte sie den ersten Schluck. Ihr »Mhmmm!« danach ist für mich ein Ausdruck des Hochgenusses geblieben.

»Jetzt kann ich auch weitererzählen«, meinte sie. »Wo war ich stehen geblieben?«

»Bei mir«, sagte ich. »Du wolltest von mir erzählen.«

»Ja, richtig. Isis, von Isis hatten wir gesprochen. Du weißt, wo sie regiert?«

»Auf dem Planeten Venus, dessen Glanz und Schönheit alle anderen Sterne des Nachthimmels übertrifft«, rief ich und verzog den Mund zu einem breiten Lächeln. ›Falsches Signal, falsche Zeit!‹, durchschoss es mich, noch ehe meine Oma mich in die Wange kniff. Wie mit einem Vogelschnabel, so schnell und fest.

»Eigenlob stinkt!«

Mein Atem ging plötzlich schneller. Angst trieb ihn an. Im ersten Moment verstand ich kaum, dass meine Oma sagte: »Na, lass mal gut sein. So'n bisschen Eitelkeit ist gesund. Aber weißt ja, Vögel, die am Morgen singen, holt am Abend die Katz. Und schön ist, was nicht gefällt.«

Ich steckte die Hände unter meinen Pulli, damit sie das Zittern nicht sehen sollte. Aber meine Oma bemerkte es doch und zog sie wieder hervor. »Schsch!«, machte sie und streichelte meine geballten Fäuste glatt. »Schsch!« Und dann erzählte sie weiter.

»Nur Isis allein kann die Dämmerung überbrücken, die sowohl Grenze als auch Bindeglied zwischen Tag und Nacht ist. Gott-Mutter hat ihr die Aufgabe erteilt, die Gefährtin, Mutter und Erneuerin des Leben spendenden Lichts zu sein. Sie muss es im unendlichen Kreislauf über den Himmelsbogen hinauf und wieder herunterziehen, es verschlingen und aufs Neue zur Welt bringen, damit es immer wiedergeboren wird und ewig lebt. Zwei Aufgaben in einer Person. Der Morgenstern als die gebärende Mutter. Der Abendstern als die verschlingende Mutter. Darum kommt und geht mit dem Erscheinen und Verschwinden der Isis auch das Licht.«

»Du verstehst nun«, fuhr meine Oma fort, »weshalb du, mein Kind, anders als andere Kinder bist. Du bist Isis. Dein Morgenstern verbindet dich mit dem hellen Tag. Dein Abendstern verbindet dich mit der Nacht. In beiden Zeiten musst du dem Lichtbringer dienen. Das ist deine Bestimmung. Ausgezeichnet bist du unter den Menschen. Niemand ist wie du. Aber noch reicht deine Kraft nicht aus, um diese Aufgabe ganz zu erfüllen. Deshalb musst du nach der Schule ruhen und schon zu Bett gehen, wenn die anderen noch draußen spielen. Niemand unter ihnen hat die Ehre, gerufen zu werden, wenn alle Welt schläft, um dem Heiland der Welt zu dienen. Bleib dir dessen bewusst, mein Kind, denn nur Isis ist sowohl im Reich des Lichts als auch im Reich der Finsternis zu Hause. Niemand als nur sie wandert zwischen den Welten und überwindet die Grenze zwischen Leben und Tod. Niemand, wenn nicht durch sie, erlangt Unsterblichkeit. Und darum ist derjenige, der die Liebe der Isis für sich gewinnt, der wahre Herrscher der Welt.«

»Ich werde nie einen lieben«, sagte ich.

Meine Oma wiegte den Kopf und strich einen Kringel ihrer weißblonden Löckchen hinters Ohr. »Wart's ab. Liebe kommt. Du rufst sie nicht, sie ist da. Du verlangst sie nicht, sie schenkt. Du gibst sie nicht, sie nimmt. Du lässt sie nicht, doch sie geht. Du bist die Schale, sie ist der Krug. Und wer sich ergießt, nimmt deine Flut.«

Rätselworte wie diese bewirkten, dass die Leute im Dorf meine Oma schief ansahen. »Sprung in der Schüssel! Sprung in der Schüssel!«, sangen ihr die Gören auf der Straße nach. Aber für mich war es, als könnte ich Worte hinter den Worten hören, Stimmen hinter der einen Stimme, Sinn hinter dem Sinn. Und doch verstand ich nicht, was sie sagte. Nicht wirklich. Nicht in der Tiefe. »Omas Kaffeepott« war leer. Vorsichtig setzte sie ihn auf den Steinen neben sich ab und zog mich noch ein wenig näher an sich heran. »Frierst du?«, fragte sie. Ich zögerte. Es war nicht gut irgendetwas zuzugeben. Alles kehrte irgendwann wieder und wandte sich gegen mich. Als ich geklagt hatte, es sei mir zu heiß in der prallen Sonne, hatten sie nachts das Kohlebecken unter mir entzündet, um mir zu zeigen, was Hitze war.

Doch meine Oma hatte ihre Frage wohl schon wieder vergessen. »Wir müssen uns beeilen. Die anderen werden bald da sein. Und du weißt, dass niemand die Heilige Geschichte vor ihrem Ende abbrechen darf.« Ich nickte.

»Als Gott-Mutter in den Tiefen des Universums das Licht gebar, gebar sie auch seinen Schatten. Das Helle nannte sie Osiris und gab ihm die Herrschaft über den Tag. Dem Dunklen verlieh sie den Namen Seth und gab ihm die Herrschaft über die Nacht. Zum Zeichen des Lichts gab sie Osiris die Sonne und Seth den Mond mit dem Glanz der Sterne.«

»Ihr seid meine Söhne, an denen ich Wohlgefallen habe«, sprach sie und verlieh ihnen die Aufgabe, die Welt von der Ewigkeit des Todes und der Finsternis zu befreien. »Isis sei die Mittlerin zwischen euch beiden. Sie sei euch Gefährtin, Geliebte, Mutter und Erneuerin. In der Zeit der Helle diene sie Osiris, in der Zeit der Dunkelheit diene sie Seth. Abwechselnd empfange sie euren Samen zur Wiedergeburt eurer Unsterblichkeit.«

Wie immer an dieser Stelle hielt ich den Kopf gesenkt und starb in der Seele die Tode aller der Isis-Reinkarnationen, die vor mir neu erstanden waren und dennoch den Sohn des Seth nie geboren hatten.

»Doch Isis, die Eine und Alle, vernahm die Stimme Gott-Mutters nicht«, fuhr meine Oma traurig fort, »denn sie lauschte den Weissagungen von drei weisen Männern, welche die Ankunft des Osiris auf Erden verkündeten. Sie waren von weit her nach Ägypten gereist, weil sie erforscht hatten, dass die Geburtsstunde dessen, der die Macht des Todes für immer besiegen werde, von Sirius, dem Leuchtfeuer-Auge des Anubis, angezeigt werde. Dieses werde im Osten des Nachthimmels über dem Nil erscheinen und heller erstrahlen, als es je zuvor geleuchtet habe. So schmücke sich die Totenstadt für die Ankunft des Erlösers und zum Fest der Auferstehung aller lebendigen Seelen zu neuem Leben.

Die Menschen am Nil jubelten. Und Isis jubelte mit ihnen, denn die Liebe zu dem Einen, der das Licht bringen sollte, war mächtig in ihr erwacht. ›Ich werde nur für ihn da sein‹, schwor sie den drei Weisen. ›Nichts wird ihn je verletzen.‹

Doch die drei Männer schüttelten den Kopf. Das Auftauchen des Sirius könne auch eine Warnung sein, meinten sie. Vielleicht drohe dem Lichtbringer eine unbekannte Gefahr. Und dann zauberten und zauberten sie, bis sie einen Zaubergürtel gefertigt hatten, den Osiris niemals ablegen sollte. In der Mitte des Gürtels befanden sich drei magische Sterne. Diese waren auf geheime Weise mit Sirius, dem Auge des Anubis, verbunden, damit der Herr der Unterwelt jede Gefahr für den Herrn der Oberwelt vorhersehen könne. So lange Osiris diesen Gürtel trage, weissagten die drei Weisen, werde er sicher sein.«

Meine Oma lachte. »Diesen Gürtel überbrachten sie Osiris am Tag seiner Geburt. Und weil er so eitel war, glaubte er ihnen, dass sie ihn mit einer so kostbaren Gabe ehren wollten. Von Stund an trug er diesen Gürtel und legte ihn niemals wieder ab.«

»Aber dann hatten sie ihm den wahren Grund für das Geschenk ja verheimlicht«, staunte ich.

Meine Oma kicherte. »Genau, denn auch die drei Weisen waren sehr eitel. Sie bildeten sich tatsächlich ein, dass sie mit ihrem Menschenwerk den Sohn von Gott-Mutter beschützen könnten. Aber sie hatten die Rechnung ohne den Wirt gemacht.«

»Was heißt das?«, fragte ich.

»Sie hatten zwar erforscht, dass Anubis der Bewacher des Osiris sein würde«, sagte meine Oma. »Aber sie hatten Seth vergessen. Deshalb hatten sie auch keine Ahnung, dass Anubis Osiris nur bewachte, weil er Seth dient. Und weil sie das nicht wussten, haben sie auch nicht gewusst, dass der Gürtel Osiris verraten würde. Und dass dieser Verrat Anubis helfen würde, Seth zu dienen.«

Mit ausgestrecktem Arm deutete meine Oma zu den Sternen des Orion hinauf. »Schau«, sagte sie«, »die große Astralgestalt des Osiris trägt den Gürtel mit den drei Sternen noch immer. Und wenn du von diesen drei Sternen eine Linie mit dem Finger über den Himmel ziehst, dann erkennst du, dass das Auge des Anubis diese drei Sterne bis heute beobachtet.« Sie stieß mich mit dem Ellenbogen an. »Was lernst du daraus?«

Ich wusste es nicht.

»Dass Osiris sich bis heute von der Liebe der Isis vorgaukeln lässt, dass er der alleinige Erlöser von der Finsternis des Todes zum ewigen Licht des Lebens sei«, sprach meine Oma. »Niemals nahm er die Lehren seiner Gott-Mutter im Himmel und die Warnungen des Heiligen Geistes seines Vaters, der Erde, an. Wie das so ist – das Küken will ja immer klüger als die Henne sein. Und so war Isis von Anfang an sein Ein und Alles. In ihren Schoß stieg er abends vom Himmel herab und morgens wieder zum Himmel hinauf. Alles schien in bester Ordnung.«

Meine Oma schwieg, wie sie immer schwieg, wenn sie die Geschichte bis hierher erzählt hatte. Sie hielt die Augen geschlossen und wiegte uns beide ganz sacht hin und her, als wären wir zwei Kinder, die getröstet werden müssten.

»Doch in Wirklichkeit«, flüsterte sie, »in Wirklichkeit war ein grausamer Fehler geschehen. Isis hatte in ihrer törichten Begeisterung für die Lehren der drei weisen Erden-Männer die Lehren ihrer Gott-Mutter vergessen. Sie, die dazu bestimmt war, zwei Herren mit ihrer Liebe zu dienen und ihren Samen zu empfangen, um das helle und das dunkle Licht des ewigen Lebens neu zu gebären – sie sah und erkannte nur einen von beiden.

Durch ihre Schuld und Sünde wurde allein Osiris, die Sonne, erhöht und Seth verraten, obwohl auch er der eingeborene Sohn von Gott-Mutter und der göttliche Lichtbringer ist. Jener mit dem goldenen Gesicht der Sonne und Augen aus leuchtendem Himmelsblau, er selbst mit dem silbernen Gesicht des Mondes und Augen so schwarz wie die Nacht. Beide hatten sie Anspruch auf den Thron, den Seth durch Isis verlor, die er dennoch liebte.«

Wie immer, wenn sie seinen uns heiligen Namen aussprach, berührte meine Oma das silberne Amulett an ihrem Hals. Es zeigte ein Pentagramm in einem Hexenkreis. In der Mitte der sternförmigen Strahlen befand sich ein Gesicht. Es streckte eine lange Zunge heraus. »Das sieht aus wie du«, hatte meine Oma irgendwann gesagt. »Genauso frech. Wenn ich alt bin, schenke ich es dir.«

Ich hatte damals gedacht, dass sie schon alt war. Aber ausgesprochen habe ich es nicht. Manche Lehren vergisst man nicht. Zu denen, die ich nicht vergesse, gehört der Bibelspruch des weisen Salomons. In seinem 13. Vers heißt es: »Wer seine Zunge bewahrt, bewahrt sein Leben. Wer aber mit dem Maule herausfährt, der kommt in Schrecken.« Ich, Isis, bin zu oft in Schrecken gekommen.

Meine Oma schlug ein Kreuz über sich. Dabei fuhr ihre Hand vom Mund zur Vagina, um den langen Kreuzbalken zu ziehen, und dann von links des Nabels nach rechts des Nabels, um den kurzen Querbalken zu markieren. Im Nabel, dem Schnittpunkt der beiden Kreuzbalken, verharrte ihre Hand zuletzt, denn dort befindet sich die stärkste Quelle der Kraft.

»Es ist geweissagt«, sprach meine Oma, »dass eines Tages die Hochzeit der Isis mit Seth, unserem Herrn, vollzogen wird. In seiner Gestalt als Schwarze Schlange wird er sie umschlingen und ihr seinen Sohn, das Große Tier 666, in den Schoß legen. In einer Feier der Lust wird sie ihn aus der Mitte ihres Leibes gebären und in dunkler Abgeschiedenheit großziehen, bis sich sein Phallus in ihrer Yoni versenkt und die Schwarze Schlange zum ewigen Leben neu ersteht.«

»Schwarz wie die Sonne am Tage der Sonnenfinsternis ist seine Gestalt«, flüsterte ich. »Auf seinen mächtigen Schultern ruht der Kopf eines silbern glänzenden Ziegenbocks mit starken Hörnern. Unter seinen Schritten tun sich schwarze Löcher im Universum auf, um das Sonnenlicht zu verschlingen.«

»Und allein Isis kann ihn erlösen.« Meine Oma flüsterte die heiligen Worte unserer Überlieferungen ebenso leise wie ich, denn wer das Große Tier 666 bei seinem Namen ruft, ist des Todes. Ihre Arme, mit denen sie mich umschlossen hielt, zitterten.

»Doch Isis, die Eine und Alle, die Erste der Einzigen, verachtete Seth. Ihr Herz hing an ihrem schönen goldenen Bruder Osiris. Sie war seine Gemahlin. Und sie diente ihm gern. Voller Stolz sonnte sie sich in seinem Glanz, wenn sie den leuchtenden Sonnenwagen über den Himmel zog. Dass die Glut der Sonne das Land versengte und die heißen Sonnenwinde die Luft austrockneten, fiel Isis nicht auf. Es erschien ihr wahr, wenn Osiris ausrief: ›Mein ist die Welt, weil ich die Sonne bin, die Leben bringt und wachsen lässt. Ich bin der Lichtbringer, der einzige Herr der Welt.‹

Isis spottete über die Schwarze Schlange, wenn Seth sich aus der Dunkelheit zu ihr schlängelte und ihr sein silbernes Mondgesicht zum Kuss der Liebe darbot. Sie lachte, wenn er behauptete: ›Mein Licht errettet die Welt, denn die Sonne scheint nur am Tag, wenn es sowieso hell ist und niemand ihr Licht braucht. Ich aber bringe den Menschen die Erlösung des Lichts, wenn es dunkel ist und sie dringend nach Licht verlangen. Es ist also nicht die Sonne, sondern mein Mond, welcher ihnen zum wichtigeren Zeitpunkt leuchtet. Jeder weiß doch, dass das glühende Licht der Sonne alles verbrennt. Die Menschen flüchten davor in meinen Schatten. Selbst die Tiere suchen bei mir Schutz. Und die Pflanzen verlieren die Kraft, sodass sie auf den Feldern zur Erde niedersinken, wenn das goldene Glutgesicht über ihnen erscheint. Wie mild ist dagegen das Mondlicht, das ich ihnen bringe. Wie sanft heilt es alles, was die Sonne verbrannte.‹

Das Schlimmste aber war, dass Isis vor Seth ausspie, wenn er flehte: ›Isis, meine Liebste, wach aus deiner Blindheit auf! Sieh doch, ich bin es, ich, Seth, der dunkle Herr und Erlöser der Welt. Liebe mich, denn es ist deine Bestimmung, auch mich als den wahren Lichtbringer zum Gemahl zu nehmen. Öffne deinen Schoß für mich, denn nicht nur Osiris sollst du dienen, sondern auch mir. Jedem zu seiner Zeit.‹

Aber Isis glaubte ihm nicht. ›Schau deine eigene Zunge an, wie sie gespalten ist, damit du mit zwei Zungen gleichzeitig sprechen und lügen kannst‹, rief sie und klatschte in die Hände, wie man lästiges Getier verscheucht. ›Fort mit dir, du schwarzes Gewürm! Fort, in die Finsternis, wo du hergekommen bist. Nie und nimmermehr will ich dir gehören. Ich bin Isis, die Gemahlin des Osiris, die Königin des Königs der Welt.‹«

Tröstend legte meine Oma ihre Lippen an meine Stirn und küsste mich abermals. Sie wusste, was ich empfand, wenn sie mir den Spiegel der Isis vorhielt. Sie musste nichts sagen. Ihre Liebe zu mir war ganz nah. Sie kannte die Sünde auf mir und liebte mich doch. Sie wusste, dass ihre Liebe zu mir meine Sünde auf sie übertrug, wie alle, die ich liebte, zur Sünde verdammt wurden. Man würde sie strafen. Und dennoch verließ sie mich nicht.

»Ich weiß, Oma«, flüsterte ich und strich ihr die Löckchen, die ich so schön fand, von den Schläfen hinter die Ohren. »Isis war dumm.«

»Doch die Liebe des Seth ist unendlich«, gab meine Oma zurück. »Gebäre ihm seinen Sohn, das Große Tier 666, und er wird dir vergeben.«

Still wiegten wir uns gegenseitig, lauschten dem Zirpen der Grillen im Gras und ruhten uns in diesem Frieden aus.

»Durch die Schuld der Isis war nun die Sünde in die Welt gekommen«, sagte meine Oma zuletzt. »Statt Liebe entstand Hass zwischen den Brüdern des Lichts.

›Hat dieser Blender mir nicht alles genommen?‹, dachte Seth. ›Die Verehrung der Menschen, die in Wirklichkeit mir gebührt. Mein Königreich. Meine Macht. Und Isis, meine Braut.‹

›Wenn ich nicht wäre‹, schrie er in der ewigen Stille der Finsternis, ›ich, der die Gezeiten und alles Wasser auf der Erde durch die Kraft des Mondes beherrscht. Ich, der im Schutz der Dunkelheit meiner heilenden Nacht die Erde betaut, welche am Tage von der Sonne verbrannt und ausgedörrt wird. Wäre ich nicht, hätte mein Bruder schon alles Leben vernichtet. Ohne mich, der ich der verschmachtenden Welt Ruhe bringe, indem ich die Kühle meiner dunklen Nacht über die Hitze seiner Tagesglut ziehe, wäre schon Wüste vom Sonnenaufgang bis Sonnenuntergang. Weh dir, Isis, dass du deinen wahren Gemahl nicht erkennst!‹

Doch wie sehr Seth seiner verlorenen Braut auch zürnte, die Sehnsucht nach ihr quälte ihn immer mehr. In den langen Stunden der Finsternis, die er neben den Toren des Universums verbrachte, träumte er davon, wie es wäre, mit Isis zusammen das Paradies auf Erden zu errichten und in der Vereinigung mit ihr unsterblich zu sein.

›Osiris wird die Welt zugrunde richten‹, dachte er. ›Nicht der Retter der Welt, sondern der Zerstörer des Lebens ist er. Nicht das Licht des Lebens bringt sein glühender Sonnenstern mit sich, sondern das Höllenfeuer, welches alles Leben verbrennt. Und Isis hilft ihm dabei, weil er sie mit seinen Strahlen geblendet hat. Er wird auch sie vernichten. Alles wird zugrunde gehen durch ihn. Und ich soll zuschauen? Nichts tun? Ich, der Retter der Welt? Nein, Osiris muss sterben, um sie zu befreien.‹

Den eigenen Bruder töten zu müssen erschien Seth als eine grausame Pflicht. Aber er wusste, dass er sie erfüllen musste, um die Welt von dem Bösen zu befreien, das durch die Schuld der Isis mit dem Feuer der Sonne über die Erde gekommen war.

›Die Menschen werden mich hassen‹, dachte er traurig, ›denn auch sie sind verblendet in ihrer Liebe zu meinem Bruder, dem Zerstörer des Lebens.‹«

Die Stimme meiner Oma zitterte vor Rührung, als sie sich in die Gefühle unseres Herrn und Meisters hineinversetzte. »So unglücklich war Seth«, seufzte sie, » dass er die bitteren Tränen weinte, welche die Meere der Welt salzig machen bis zum heutigen Tag. Doch als sich der Mond in ein spitzes Horn verwandelt hatte, erfüllte Seth seine Pflicht und erschlug seinen Bruder Osiris, der schlafend an den Ufern des Nil lag.«

»Woher wusste Seth, dass sein Bruder dort schlief?«, fragte ich.

»Seth weiß alles«, antwortete meine Oma.

»Er wusste es, weil Anubis es ihm verraten hatte«, sagte ich.

Meine Oma schmunzelte. »Gut«, lobte sie mich. »Richtig. Du hast aufgepasst.«

»Ja«, nickte ich. »Weil nämlich Anubis der Diener des Seth ist und für ihn ausspionierte, wo Osiris war. Und wenn Osiris den dummen Gürtel nicht getragen hätte, wäre alles anders gekommen. Dann hätte Anubis ihn nicht gesehen. Also ist er doch eigentlich selber schuld.«

Doch zu meiner Verwunderung schüttelte meine Oma plötzlich den Kopf. »Nicht wirklich. Das musst du in einem viel größeren Zusammenhang sehen. Alles, was geschehen ist und geschehen wird, hat seinen Ursprung in Gott-Mutter. Ihr Wille ist das ewige Gesetz.

Doch die Kinder Gott-Mutters sind nicht nur Kinder ihrer eigenen Macht, sondern auch Kinder ihres Vaters, des heiligen Geistes der Erde. Und dieser Geist ist schwach. Er lässt sich von Schönheit blenden und von Begierde leiten. Lust kann ihn verführen und Angst lähmen. Und so ist Osiris in seinem Tageslichtgewand mehr der Sohn seines Vaters, während Seth in seinem nachtschwarzen Kleid mehr der Sohn seiner Mutter ist.

Deshalb hat Osiris nicht wirklich Schuld auf sich geladen, denn die Schwäche des Vaters war lebendiger in ihm als die

Stärke der Mutter. Er war von dem Licht seiner eigenen Schönheit geblendet und von der Begierde verführt, sich mit Isis zu paaren.

Doch damit der Wille Gott-Mutters erfüllt werde, musste Osiris diese vom Vater ererbte Schwäche seiner irdischen Begierden und seines Ungehorsams gegenüber dem Auftrag von Gott-Mutter überwinden. Er musste den Gürtel der drei Weisen tragen, damit Anubis ihn bewachen und dafür sorgen konnte, dass Seth zu dem Recht kam, welches ihm von seiner Gott-Mutter verliehen worden war. Dies war der Wille von Gott-Mutter. Osiris wusste es nur nicht.

Allein weil Gott-Mutter es wollte, geschah also, was geschehen musste. Und deshalb war auch Seth, unser Herr und Retter, nicht schuld an dem Bösen, das durch ihn geschah. Er musste Osiris töten. Er war das Werkzeug von Gott-Mutter. Seth wusste es nur nicht.«

»Und Isis?«, flüsterte ich.

»Isis allein wusste es«, sagte meine Oma. »Sie allein wusste alles, denn sie ist die Eine und Alle, die Anfang und Ende in sich trägt und dennoch dem Befehl Gott-Mutters nicht gehorchte. Durch ihre Schuld kam die Sünde in die Welt.«

Ich fühlte mich innerlich wie ein Klumpen Eis.

»Es war eine andere Isis«, murmelte meine Oma, die meine Qual verstand. »Du bist die Reinkarnation der Reinkarnation der Reinkarnation in unendlicher Reihe. Und auch du weißt.«

Wir schwiegen minutenlang. Doch die Geschichte war noch nicht zu Ende, und so fuhr meine Oma mit der Erzählung fort. »Seth hatte die Waffe gut gewählt. Das spitze Horn des Mondes schnitt scharf wie eine silberne Sichel durch die goldenen Glieder seines Bruders. Schnell und so weit er konnte, warf Seth sie über das von der Sonne ausgedörrte Land, welches begierig das Blut aufsog.

Als er mit seiner Arbeit fertig war, strömte das Wasser des Nil rot vom Blut des Erschlagenen. Anubis aber schickte die Nachricht vom Tod des Sonnensterns und dem Sieg des dunklen Lichtbringers Seth mit dem lautem Heulen des Schakals über alle Welt.«

Ich dachte an den schwarzen Hund meines Großvaters, der nachts bei Vollmond zum Himmel hoch jaulte, bis alle Hunde ringsum in seinen Gesang einstimmten. »Hunde kennen immer ihren wahren Herrn«, hatte meine Oma mir irgendwann gesagt. »Hast du schon je einen Hund zur Sonne hinaufheulen gehört?«

»Nein«, hatte ich staunend erkannt.

»Siehst du!«, hatte meine Oma bedeutsam geantwortet. »Dann weißt du also, warum sie in den Mond heulen?«

»Weil sie Seth begrüßen?«, hatte ich unsicher geraten.

»Richtig!«, hatte meine Oma bestätigt. »Hunde sind die Söhne des Anubis. Und wenn der Mond aufgeht, grüßen sie ihren Herrn.«

»Opas Hund auch?«, hatte ich gefragt, denn ich wusste noch nicht, dass Fragen die eigene Dummheit besser offenbaren als Antworten und dass die Dummheit der Isis nicht mit Worten belehrt werden kann.

»Eines Tages wirst du es wissen«, hatte meine Oma damals orakelt. Und ich hatte in meinem Bauch das Zucken der Schlange Seth verspürt und diese Ahnung, dass ich die Antwort vielleicht lieber nie erfahren wollte.

Doch an diesem Abend, unter dem Licht des Orion, lag der Arm meiner Oma warm um meine Schultern, und ihr Atem streifte mein Ohr, als sie sprach. »Als Seth das Heulen des Anubis vernahm und das Blut seines Bruders im Nil strömen sah, verstand er erst wirklich, was geschehen war, und brach in lautes Weinen und Klagen aus. ›Hilf mir, Gott-Mutter‹, flehte er. ›Hilf mir, der ich das wahre Licht des Lebens bin, dass dieser Tod nicht umsonst gewesen ist. Lass mich meine Gemahlin Isis finden. Lass mich mit ihr die Unsterblichkeit des Lichts in seiner vollen Schönheit zeugen und erneuern. Hilf mir, Erdenvater, mit deinem heiligen Geist, denn du begehrst meine Mutter, wie ich Isis begehre.‹

Aber Gott-Mutter verbarg ihr Gesicht, und auch der Heilige Geist des Erdenvaters erhörte das Flehen ihres gemeinsamen Sohnes Seth nicht, denn ihr Schmerz um Osiris war zu groß. ›Geh‹, sprach Gott-Mutter. ›Es musste das Böse in diese Welt kommen. Doch wehe, durch wen.‹

Da machte sich Seth einsam auf die Suche nach seiner Geliebten. Und sein verzweifeltes Rufen erfüllte die Nacht mit ihrem Namen.

Isis aber verbarg sich in einem dichten Schilfgürtel. Heimlich las sie alle zerhackten Gliedmaßen ihres Liebsten auf und floh damit auf ihren Planeten Venus. An einem geheimen Ort der Kraft und Magie wusch sie den Leichnam mit kostbaren Essenzen und Kräuter-Ölen. Zuletzt umwickelte sie ihn mit starken Binden und Tüchern und küsste ihn wach. Da begann sich die Kraft des Lebens in ihm zu regen, und Osiris vereinigte sich mit seiner Geliebten ein letztes Mal, ehe Gott-Mutter seine Seele zum Nachthimmel zog und seinen schimmernden Astralleib in das Sternbild des Orion verwandelte.«

Meine Oma schwieg. Nachdenklich schauten wir zum Nachthimmel empor, wo wir das Sternbild des Orion leicht erkennen konnten. Als hätte Osiris sein irdisches Königreich Ägypten in sein Totenreich mitgenommen, fließt die Milchstraße wie der Fluss Nil zu seinen Füßen. Und wie das Licht aus unzähligen Häusern funkeln Sterne über Sterne zu beiden Seiten des Stroms. Osiris aber schreitet wie ein Hirte mit seinem Hirtenstab zwischen ihnen aus. Hell leuchtende Sterne schmücken seine Schultern und Knie. Und um seine Taille windet sich der Gürtel der drei Weisen, deren Sterne noch immer in einer unsichtbaren Linie mit Sirius, dem wachsamen Auge des Großen Hundes Anubis, verbunden sind.

»Auch dort oben errichtet er nun sein eigenes Königreich«, setzte meine Oma die Schöpfungsgeschichte unseres Glaubens fort. »Aber in Wahrheit gehört es nicht ihm allein, sondern auch Seth und den Seelen derer, die an Seth glauben.«

»Aber warum wissen das die Menschen nicht?«, rief ich. »Warum lesen sie ihre Bibel? Warum sagen sie, Jesus ist das Licht und die Auferstehung und das ewige Leben? Warum kennen sie Seth nicht wirklich? Warum nennen sie ihn Satan und das Böse der Welt?«

»Die Menschen sind dumm«, sagte meine Oma und legte mir die Hand auf den Mund, damit ich nicht weiterreden konnte. »Selbst die drei Weisen waren es, welche das Zeichen des Sirius erkannten. Sie werden von falschen Lichtern geblendet und merken es nicht. In ihrer Torheit folgen sie ihnen nach.

Du aber bist Isis. Du weißt. Willst du die Sünde der Isis erncucrn, dic sich blcndcn ließ wie die Menschen und durch ihre falsche Liebe noch immer den Falschen unsterblich macht?«

»Nein, Oma, nein!«, rief ich unter ihrer Hand hervor und zerrte an ihrem Handgelenk, damit sie mich nicht erstickte.

»Kind!«, seufzte meine Oma auf und legte die Hand, die sie von meinem Mund genommen hatte, über ihre Augen. »Möge die Kraft mit dir sein, wenn ich gehen muss. Du bist Isis. Geboren zur Rettung der Welt. Doch dein Geist ist schwach wie der Geist der Isis, deren Namen du trägst. Auch du bist in Gefahr, den Falschen zu lieben. Und ich kann dich nicht mehr lange lehren, denn ich bin alt.«

»Nein«, stieß ich hervor und legte die Hände über die Ohren, um nichts davon zu hören. »Du bist nicht alt.«

»Aber die falsche Macht ist immer noch in der Welt«, sagte meine Oma. »Es steht geschrieben im Buche Seth, dass Isis in der letzten Liebesnacht von ihrem Gemahl Osiris ein Kind empfangen hatte. Es war ihr egal, dass ihr rechter Bräutigam Seth jede Nacht voller Leidenschaft und Begierde nach ihr suchte und sich mit ihr paaren wollte. Ihre Zauberkräfte waren stark. Und so entkam sie ihm stets aufs Neue, indem sie ihm andere Frauen schickte, denen sie ihre Gestalt und Schönheit verlieh, damit sie Seth täuschten und sich ihm hingaben, um seine Kraft zu schwächen. Doch so oft sie ihm ein Kind geboren hatten, so war es doch nie das ersehnte. Nie war es das Große Tier 666, auch wenn es manchmal so schien.

Der einzige Sohn, den Isis selbst gebar, war Horus, der Sohn des Osiris. Er war schön wie sein Vater, der Sonnenstern, und Isis liebte ihn wie eine Mutter und eine Braut zugleich, damit er durch das Eintauchen in ihren Leib verzaubert werde und als die Wiedergeburt seines Vaters das Licht des Tages in die Welt zurückbringe und unsterblich werde.«

»Und Seth?«, fragte ich.

»Seth ist Gott, und Gott ist ewig«, antwortete meine Oma. »Unendlich ist seine Liebe zu Isis. Sie ist die Königin seines Herzens, die Bezwingerin seiner Finsternis und seine Fürstin der Nacht. In den Spiegeln ihrer Augen entsteht sein Bild zur Vollkommenheit. In den Tiefen ihres Leibes entspringen die Quellen seiner Kraft und die Macht seiner Wiedergeburt. Eines Tages wird er die Isis finden, die ihm bestimmt ist von Anfang bis Ende, die Eine, die Alle ist. In der Stunde der Wahrheit wird sie die Schale seiner Lust und Qual sein und ihm aus der Mitte ihres Leibes seinen Sohn gebären, der die drei in sich vereinigt: die Schwarze Schlange Seth-Vater, den Sohn als das Große Tier 666 und den Geist, der im Akt der Lust zur Schlange wird und wiedergeboren im Leib der Isis unsterblich ist.«

Die Worte meiner Oma ließen mich den Geist der Schwarzen Schlange in meinem Leib spüren. Sie bewegte sich in meiner Tiefe. »Bin ich Isis?«, fragte ich und schlug das Kreuz des

Seth über mich, um meine Hand auf die Stelle legen zu dürfen, unter der ich die lebendige Schlange spürte.

Meine Oma sah mich lange an. Sie betrachtete mein Gesicht, meine blonden Locken und die meergrünen Augen, die ich von ihr geerbt hatte, meine flachen Kinderbrüstchen, den mageren Bauch mit meiner Hand darüber, und das noch unvollkommene Zeichen der Menat, das mich dennoch schon mit Seth vermählte. »Wir werden sehen«, meinte sie und strich mir über die Stirn. »Viele werden als Isis gezeugt und geboren und nach ihrem Namen benannt. Nur Eine ist Alle. Nur Eine ist die Kuppel der Venus, die Hügel der Lust, das Jammertal der Hölle, die Yoni Seths.«

»Und wann werde ich wissen, ob ich es bin?«, fragte ich.

»Bald«, versprach meine Oma und kleidete mich in Rot. Denn Rot ist die Farbe der Isis, deren Blut die Essenz des Lebens ist. Mächtig durch Zauberei und Worte der Kraft ist sie Herrscherin und Gebieterin des Grabes, Mutter am Ende des Himmels und Hüterin der verborgenen Orte des Seth.

Noch heute hasse ich Rot.

KAPITEL 2

Sie kamen um 21 Uhr, um mich zum Fest zur holen. Ich war aufgeregt in meinem roten Mantel, unter dem ich ein rotes Kleid, rote Strümpfe und feste Schuhe trug, denn ich freute mich auf das Fest. Ungeduldig lauschte ich immer wieder zur Tür hinaus, während meine Oma sich ankleidete. Und endlich hörte ich sie. »Sie sind da!«, schrie ich über die Schulter zu meiner Oma zurück und rannte hinaus auf den Hof.

Ich erkannte ihr Kommen am Motorgeräusch und an der Art, wie der Wagen über die holprigen Katzenkopfpflastersteine der Gasse fuhr, die auf der anderen Seite der Hofmauer verlief, und dann auf unserem säuberlich gefegten und im Fischgratmuster gerechten Vorhof stoppte. Das seltsame, leise zischelnde Rauschen der Reifen durch das aufgeraute Erdreich des Hofbelags war für meine Ohren unverwechselbar und vermischte sich mit dem Klopfen der Kolben und Ventile zu einem ganz einmaligen Klang. Unter allen Autos dieser Welt hätte ich dieses eine blind herausgefunden. Wahrscheinlich noch immer.

Mein Onkel Bernd war der Fahrer. In seinem schwarzen Sonntagsanzug saß er hinter dem Steuer und stieg auch nicht aus, als sich meine Mutter, die auf dem Beifahrersitz gesessen hatte, sowie mein Vater mit Tante Gesine, Onkel Friedmann und meiner Cousine Edda nacheinander, mit dem Po zuerst, aus den Türen des Fonds schoben.

»Was ist mit Kaffee?«, fragte meine Oma, die zum Willkommen mit der dickbauchigen Blümchenkanne auf der Türschwelle stand.

»Seid ihr fertig?«, fragte mein Vater zurück und winkte sie mitsamt dem Kaffee fort ins Haus. »Wir sind spät dran. Ist der Anhänger so weit?«

Meine Oma nickte mit dem Kopf zur Scheune hinüber, aus deren halb aufgeschlagener Tür meine Mutter und Onkel Friedmann soeben einen zweirädrigen Wagen zogen und schoben, der mit einer schwarzen Haube überdacht sowie an beiden Seiten mit einem Kreuz und zwei silbernen Palmenzweigen bedruckt war.

Ich kannte diesen Anhänger gut. Er gehörte meinem Opa, der nicht nur Uhrmacher, Spion und Goldschmied war, sondern auch den Beruf des Friedhofsgärtners und des Beerdigungsunternehmers ausübte. Meist stand ein schwarzer Sarg auf der Ladefläche. Wenn er besetzt war, lagen Tote darin, die im Krankenhaus verstorben waren und von meinem Opa ins Krematorium gebracht werden mussten, wo sie eingeäschert wurden. Aber manchmal war der Sarg auch leer, und dann hatte ich zwischen den seidenen Kissen einen geheimen Spielplatz mit meinen Puppen. Doch an diesem Abend war es mir verwehrt darin zu spielen.

Während die Männer den Anhänger an das schwarze Auto kuppelten, nahm meine Oma auf dem Beifahrersitz Platz. Misslaunig zwängten sich Tante Gesine und Edda so auf den Rücksitz, dass nicht nur Onkel Friedmann und mein Vater, sondern auch noch meine Mutter zwischen ihnen sitzen konnte. Mein Opa stieg in den Anhänger ein. Mich aber winkte Onkel Bernd mit dem Zeigefinger zu sich. »Komm her, Issi«, rief er und neckte mich wie immer mit diesem albernen Namen, den mir die Kinder in der Straße gegeben hatten. »Du sitzt vorn bei mir.«

Am liebsten hätte ich getan, als hörte ich ihn nicht. Ich war Isis. Er war nichts neben mir. Aber es geschah immer wieder, ohne dass ich je vorhersehen konnte, wann, dass der Heilige Geist Seth-Vaters in auserwählte Männer fuhr und sie zu

Stellvertretern seines Sohnes des Großen Tieres 666 machte. Ihnen war Isis zu Diensten. Und so gehorchte ich meinem Onkel Bernd, denn ich wusste nicht, wer er wann wirklich war.

Außerdem war der Platz vorn bei ihm eigentlich immer mein Platz, wenn wir mit dem schwarzen Auto unterwegs waren. Ich war damals noch klein genug, um zwischen den Beinen des jeweiligen Fahrers auf den Fahrersitz zu passen, und dünn genug, nicht an das große geriffelte Lenkrad zu stoßen. Niemand wurde durch mich behindert.

Trotzdem fand ich es nicht so schön, dort zu sitzen. Jedenfalls nicht mehr, seit mein Onkel Bernd beim Aussteigen einmal zu meinem Vater gesagt hatte: »Das kleine Weib macht mich total heiß!«, und mein Vater so blöd gelacht und gerufen hatte: »Bei der brauchst du ja noch einen Schuhlöffel, um rein zu kommen.« Ich hatte mich so geschämt, weil sie mich alle beide mit ihrem Meckerlachen foppten, dass ich weinen musste.

Meine Oma hatte mich damals gerettet. »Männer!«, hatte sie gescholten und mich tröstend auf den Arm genommen. »Haben nichts als Unsinn im Kopf!« Und dann war sie einfach mit mir davongegangen und hatte mir so lange etwas vorgesungen, bis ich mich beruhigt hatte und sie mir erklären konnte, dass alle Männer ein bisschen verrückt sind, wenn es um Mädchen geht. »Aber warum?«, hatte ich geschluchzt. »Es ist doof. Ich will das nicht.«

»Und warum nicht?«, hatte meine Oma zurück gefragt.

»Weil es gemein ist, wenn sie so blöd lachen und ich doch gar nichts gemacht habe«, hatte ich gerufen.

»Ja, das stimmt«, hatte meine Oma gesagt und mich auf die Wange geküsst. »Aber eines Tages bist du es, die lacht. Und dann weinen sie.«

Als mein Onkel Bernd mich an jenem Abend zu sich winkte, hätte ich also lieber zwischen den anderen auf dem Rücksitz gesessen. Aber dort passte wirklich keine Stecknadel mehr hinein.

Edda, meine Cousine, die an diesem Tag zwölf Jahre alt geworden war, streckte mir schadenfroh die Zunge heraus. Obwohl sie nun im Jahr der Heiligen Drei stand, nahm ich mir vor, ihr später vor die Schienbeine und an die weißen Strümpfe zu treten. Der Gedanke lenkte mich von meinem Onkel ab, der mich mit seinen Grabschhänden immer wieder ganz dicht an sich heranzog, damit ich nicht von der Sitzkante rutschen sollte.

Die Fahrt führte uns von der Kleinstadt im westlichen Thüringen, in der ich geboren bin, in einen schmalen, dicht bewaldeten Höhenzug. Genau im gedachten geographischen Mittelpunkt Deutschlands, wie mein Vater stets betonte.

Wir parkten das Auto auf dem geheimen Platz, den wir immer benutzten, wenn wir uns hier trafen. Mit dem Anhänger waren wir langsamer vorangekommen als die anderen. So waren schon alle vor uns da. Halblautes Murmeln, Händeschütteln, feuchte Küsse und Umarmungen; ich mochte diese Begrüßungszeremonien nicht. Lieber stand ich mit auf dem Rücken verschränkten Händen abseits und zählte die Anzahl der Wagen ab.

Es waren neun, wie üblich. Ohne auch diese zu zählen, wusste ich, dass wir insgesamt 66 Personen waren, davon zwölf Kinder und Jugendliche. Wenn man beide Quersummen miteinander addierte, ergab dies Sechs, die in unserer Gesamtpersonenzahl fehlende dritte Sechs im Namen des Großen Tieres Seth.

Alle waren zum Wandern gekleidet, zünftig mit Wanderschuhen und Rucksäcken, Leder ummantelten Trinkflaschen, Tirolerhütchen und Wanderstöcken. Nur mein Onkel Bernd bildete mit seinem schwarzen Anzug eine Ausnahme. Aber er brauchte sowieso immer eine Extrawurst. Nie stieg er zusammen mit uns auf. Stets blieb er zurück und folgte uns erst, wenn er sicher war, dass niemand von uns ihn beobachten konnte.

Natürlich fragte ich mich, warum er das tat. Schließlich war ich Isis, die alles wissen Wollende. Wie sollte ich die Eine sein, die Alle ist, wenn ich nichts wusste? Aber ich fand keine Antwort darauf aus mir selbst, und meine Oma gab mir keine.

Die Männer trugen starke Taschenlampen bei sich. In ihrem Licht schritten wir zügig voran. In der Dunkelheit klangen die Geräusche des Waldes wie aus einer anderen Welt. Ich war froh, die Hand meiner Oma halten zu dürfen, während sich unsere Wanderschar von der alten Fernstraße zum Satanskofel bewegte. Dieser erhebt sich als ein scharf vorspringender Bergsporn aus dem Wald und wird von zwei tiefen Tälern umschlossen. Oben liegen zwischen Wällen und Gräben die Reste einer Burganlage, deren tiefschwarz verbrannte Steine verraten, was hier einst geschehen sein muss.

Bereits auf den letzten Metern unseres Aufstiegs hatten sich die Mitglieder der Wandergruppe nach und nach seitlich in die Büsche geschlagen. Sie verschwanden jeweils zu dritt, doch jeder einzeln für sich, um wenig später in lange schwarze Kutten gekleidet wiederzukommen und sich stumm in die Menschenkette einzugliedern.

Sie hielten die Hände unter den weiten Ärmeln der Kutte verschränkt und die Köpfe gesenkt, sodass die bis zum Brustbein absinkenden Kapuzen das Gesicht überschatteten und nur mehr die Augen durch zwei ovale Sehschlitze im Kapuzenstoff zu erkennen waren. Nie wusste ich, wer sich darunter verbarg, denn selbst die Stimme verriet nichts, weil von dem Moment des Umkleidens an nur geflüstert werden durfte. Jeder trug eine lange schwarze Kerze mit dem Docht nach unten in den verborgenen Händen.

Die Verwandlung war abgeschlossen, als an der Spitze des Zuges der Hohe Priester, die Hohe Priesterin und die auserwählte Braut auftauchten. Der Hohe Priester war leicht zu erkennen. Auf dem Rücken seiner schwarzen Kutte war ein auf dem Kopf stehendes rot flammendes Kreuz eingestickt, und er trug eine Silberhaube mit einer Mondsichel. Sie war wie ein Helm aus Ritterzeiten mit einem breiten Nasenschild gefertigt, sodass das Gesicht darunter nicht zu erkennen war. Zu beiden Seiten des Helmes standen Spitzen der Mondsichel weg, die wie die aufwärts gebogenen Hörner eines Kampfstieres aussahen. Trotzdem wussten wir alle, dass es mein Vater war.

Die Hohe Priesterin war meine Mutter. Auch sie trug eine schwarze Kutte, doch zusätzlich einen roten Überwurf, der lose über Brust und Rücken fiel und in der Taille mit einer silbernen Kette zusammengehalten wurde. Auf dem Rücken war er mit der als Lindwurm dargestellten Schlange des Seth bestickt und auf der Brust mit dem Kopf der Isis, welcher wie das Haupt der Gorgo Medusa von Schlangen umringelt wurde und die nach oben geöffnete Schale der Mondsichel als Krone trug.

Die Braut aber war geheim. Als Einzige war sie in eine weiße Kutte gekleidet, über die zum zusätzlichen Schutz vor neugierigen Blicken ein kostbarer Schleier aus feinster Klöppelspitze geworfen worden war. Sie hielt den Kopf gesenkt und die Hände versteckt. Sie sprach kein Wort. Niemand durfte sie erkennen. Und doch erkannte ich sie, als sie den Fuß anhob und dabei die Kutte raffte, um nicht auf den Saum zu treten. An ihrem Strumpf erkannte ich sie.

Es muss wie ein Ruck durch mich gegangen sein, als ich es begriff, denn meine Oma drückte meine Hand plötzlich so fest, dass ich fast aufgeschrien hätte und zugleich daran gehindert wurde, einen Namen zu rufen. ›Edda‹, dachte ich. ›Edda.‹ Immer nur: ›Edda.‹ Meine Cousine war die auserwählte Braut.

Sie war nicht Isis, denn sie stammte nicht aus der Dynastie der Isis-Mutter, welche allein meine direkte Erblinie war. Nur die Hohe Priesterin, die von einer Hohen Priesterin abstammte, welche ebenfalls von einer Hohen Priesterin abstammte, war die auserwählte und berechtigte Stellvertreterin Gott-Mutters auf

Erden. Gemeinsam mit einem Mann, den sie für diesen Zweck sorgfältig prüfte und auserkor, konnte sie ein Kind zeugen, das vielleicht im Zeichen des Seth geboren und als Isis erkannt wurde. Dieser Mann musste nicht mehr als der einmalige Zeugungsgefährte sein. Doch wenn die Hohe Priesterin ihn für würdig befand, ihr Ehemann zu sein, bestimmte sie ihn durch diese Wahl auch zum Hohen Priester. Niemand als nur sie allein war dazu ermächtigt. Deshalb durfte ihr auch niemand verbieten oder befehlen, wen sie zu wählen hatte.

Aber natürlich versuchten die anderen Mächtigen der Auserwählten es doch, denn ihnen genügte es nicht, dass die Hohe Priesterin die Potenz und Zeugungsfähigkeit desjenigen, den sie sich als Gefährten wünschte, von ihren Freundinnen austesten ließ. Vielmehr kam es diesen Mächtigen auf Geld und Besitz an. »Seth«, sagten sie, »ist der Schutzpatron aller Kaufleute und Diebe. Er will, dass wir reich sind, denn Geld regiert.« Und so setzten sie alles daran, die Wahl der Hohen Priesterin durch allerlei Beeinflussungen zu dirigieren, damit sie sorgfältig darauf achtete, dass es in den Taschen ihres Gefährten reichlich klingelte.

Dennoch war nicht jede Tochter einer Hohen Priesterin Isis. Selbst wenn sie mit ihrem Gefährten die allerbeste Wahl getroffen hatte und gemeinsam mit ihm das Geschlecht des Kindes durch bestimmte Maßnahmen auf ein Mädchen festzulegen verstand sowie den Zeitpunkt der Geburt durch die Zeugung vorherplanen oder den Geburtstag notfalls durch eine künstlich zum gewünschten Termin eingeleitete Geburt selbst bestimmen konnte, blieben Faktoren, die allein Seth bewirkte oder nicht.

Meine Erkennungszeichen waren in der Heiligen Drei gesegnet. Als erstes und wichtigstes Zeichen hatte ich von Geburt an eine Ansammlung langer schwarzer Haare auf meinem Rücken. Als zweites Zeichen ergab die Addition und Quersumme des Zeitraumes meiner Geburt die Neun und in der Umkehrung die Sechs des Großen Tieres Seth. Als drittes Zeichen litt ich an einer rätselhaften Erkrankung, die neun Wochen nach meiner Geburt dazu führte, dass ich einen sichelförmigen Knochensplitter erbrach, der eindeutig von einem meiner eigenen Knochen, aber von keiner Verletzung stammte.

Eines Tages würde ich die auserwählte Braut des Seth sein. Aber bis dahin mussten mich Platzhalterinnen der Isis vertreten. Sie wurden aus den Mädchen ausgewählt, die in meiner Großfamilie geboren wurden. Im Alter von drei Tagen sowie drei, sechs, neun, zwölf und achtzehn Jahren wurden sie dazu bestimmt, das Fest des Neubeginns des Seth-Jahres und alle Feiertage des Osiris, die wir nicht nur mit den Festen des Sonnenlichtes, sondern auch mit den Feiertagen der christlichen Kirche gleichsetzten, zu heiligen.

Dies war unumgänglich, weil uns von den Weisen der Familie des Seth offenbart worden war, dass Osiris die Gestalt des Christenheilands Jesus Christus angenommen hatte. Indem wir diese Feste als die Feste seiner Kirche feierten, verwandelten wir sie in Feiertage unseres Herrn Seth, des wahren Licht- und Heilsbringer, und verliehen ihnen den Stellenwert, der ihnen zukam. Gleichzeitig war es uns eine Genugtuung, an den Feiertagen des für uns falschen Heilands mit seiner Gemeinde in die Kirche gehen zu können, mit seiner Gemeinde zu beten, seine Lieder zu singen und den Namen des Herrn mit seinen Worten zu lobpreisen und doch in Wahrheit nur unserem Herrn Seth zu huldigen.

In jener Nacht sollte auf dem Satanskofel der Neujahrstag des Seth gefeiert werden. Es war eines der höchsten Feste und bedurfte der stärksten Weihezauber. Da es zugleich auch Eddas zwölfter Geburtstag war, sollte ihr die Ehre zuteil werden, die Ankunft des Herrn zu heiligen.

Edda und ich hatten zusammen gespielt, so lange ich denken konnte. Bei allen Festen meines fast sechsjährigen Lebens war sie an meiner Seite gewesen. Sie hatte mit mir gestritten und mich umarmt, wenn ich mir wehgetan hatte und deshalb weinte, obwohl eine, die Isis ist, nicht weint.

Ich hatte geglaubt, Edda sei noch ein Kind wie ich. Vorhin erst hatte sie mir die Zunge herausgestreckt, und jetzt sollte sie die auserwählte Braut sein. Ich spürte die Schlange des Seth in meinem Leib, wo sie schlummerte, bis ich alt genug sein würde, sie zu empfangen und neu zu gebären. Und ich spürte, dass ich Angst um Edda hatte, obwohl eine, die Isis ist, niemals Angst haben darf.

Heute, an ihrem zwölften Geburtstag und dem Neujahrstag des Seth, war es ihr bestimmt, zur Schale unseres Herrn zu werden und seinen Samen zu empfangen. Ich presste die Augen zu, weil ich die Bilder nicht sehen, nicht wissen, nicht dulden wollte, die hinter meinen Lidern auftauchten. Bilder, von denen ich nicht wusste, ob sie wirklich oder geträumt, erlebt oder erzählt, wahr oder erfunden waren. Verzweifelt sah ich meine Oma an, die unter ihrer Kapuze unerreichbar für mich war, obwohl sie meine Hand hielt. Wie immer schien sie meine Gedanken zu erraten. Schweigend steckte sie mir eines der Bonbons zu, die ich sie so oft in ihrem Gewächshaus hatte herstellen sehen. Getröstet begann ich zu lutschen. Bald danach setzte mein Denken aus.

Irgendwann hatten wir das Geviert der Burgruine auf dem Satanskofel erreicht. Ein Altartisch war darin aufgebaut, an dessen schmalem Ende ein hohes Seth-Kreuz aufgerichtet war. Hier oben waren wir dem Nachthimmel Gott-Mutters ganz nah. Wolken jagten in schwarzen Fetzen darüber hin, hinter denen sich die Sterne verbargen. Und der runde Mond hatte einen rotglasigen Hof. Kalt starrte er aus seinen leeren Augenhöhlen zu uns herunter und hielt den Mund geöffnet, als wollte er nach uns rufen. Meine Füße in den Wanderschuhen waren eisig, als ich vor meine Oma trat, um meinen vorbestimmten Platz in der Reihe der Kuttenträger einzunehmen, die sich entlang der Grundrisslinie des Burggevierts aufstellten. Zum Zeichen dessen, dass ich Isis, die Eine und Alle, war, trug allein ich keine Kutte und keine schwarzen, sondern zwei rote Kerzen. Sorgfältig schob meine Oma durchsichtige Schirme um die Dochte, damit der Wind später die Flammen nicht löschen könne. Alle anderen steckten indessen ihre schwarze Kerze vor sich in den Boden. Nur meine Mutter und mein Vater fehlten. Und Onkel Bernd war zusammen mit meinem Opa noch immer nicht da.

Zuletzt schloss sich der Kreis hinter mir, indem jeder die Hand des Nebenstehenden ergriff. Ich stand, umschlossen von der Kraft des Alpha und Omega des Seth, mit meinen Kerzen allein, während meine Oma das Gebet des Seth anstimmte, welches wie in einem Kanon ringsum aufgegriffen wurde. Während die Letzten noch sprachen, erhob sich von denen, die bereits zu Ende gebetet hatten, mit zum Teil sehr hohen und zugleich sehr tiefen Stimmen ein ebenso anhaltendes wie durchdringendes Summen. Gewaltig schwang es über den Satanskofel zu Gott-Mutter hinauf und zu uns zurück, bis wir nichts mehr denken konnten als nur OM.

In diesem Moment, genau als sich unser Summen zu einem zweigeteilten und doch einzigen Ton vermischte, trat der Hohe Priester mit der auserwählten Braut an den Altar. Er hatte seine lange Kutte geöffnet, so dass man die Blöße seines Leibes und die wachsende Erregung sah, die ihn überkam, als Edda sich wie im Traum zu wiegen und drehen begann, während sie zuerst ihren Schleier und dann jedes Kleidungsstück ablegte, das sie getragen hatte. Nur noch mit der weißen Kutte bekleidet nahm sie mit seltsam schwebenden Schritten die schwarze Kerze, die der Hohe Priester für sie angezündet hatte, entgegen, hielt sie mit beiden Händen über sich und kam dann auf nackten Füßen auf mich zu. Ich sah sie fest an und versuchte, ihren Blick einzufangen, doch Eddas Augen, die ich so gut kannte, waren wie von einer anderen Welt, so seltsam groß und schwarz, und schauten durch mich hindurch.

Ruhig zündete sie zuerst meine beiden Kerzen und dann reihum alle anderen Kerzen an, die jeder vor sich in den Boden gesteckt hatte. Zuletzt wandte sie sich zum Altar zurück und entfachte einen dicken Docht, den ich jetzt erst in engen Schlingen an das Seth-Kreuz entlang gewickelt sah. Er war wohl in duftendes Harz getaucht und mit Bengalischer Halbseide durchzogen worden, die man zuvor mit einem Gemisch aus Salpeter, Schwefel und Antimon behandelt hatte. Doch als Kind wusste ich nichts von Chemie. Ich sah nur das bunt aufzischende Feuer, dessen weihrauchähnlicher Duft sich mit einem weißen Nebel über uns legte, und schlug zitternd vor ehrfürchtigem Schaudern das Kreuz des Seth über mich.

Als hätte der Hohe Priester nur darauf gewartet, dass das Kreuz in Flammen stehe, trat er plötzlich mit einem einzigen Schritt auf Edda zu, riss mit einem Ruck die weiße Brautkutte auf und von den Schultern herunter, ergriff Edda dann mit beiden Armen, schwang sie dem Kreuz entgegen, und stellte sie auf dem Altartisch ab.

Oft hatte ich meine Cousine nackt gesehen. Doch diesmal war es eine andere Nacktheit. Das war nicht mehr Edda, die jeden Tag ihre Brüstchen im Spiegel beguckt hatte und sich ärgerte, dass ihr Busen nur so langsam größer wurde. An diesem Abend war ihr Leib wie mit Silber gepudert.

Der Hohe Priester ließ Daumen und Mittelfinger schnalzen. Und Edda tanzte. Langsam hob sie die Arme hoch über sich und begann eine Pirouette, immer schneller, immer wilder, das blonde Haar wie einen goldenen Schleier im Wirbel der Bewegungen um sich herum.

Indessen war das Summen rechts und links neben mir lauter und lauter geworden. Immer mehr Kuttenträger öffneten ihre

Kutte, sodass die nackten Brüste der Frauen und die erregten Geschlechtsteile der Männer zu sehen waren. Alle tanzten und berührten, umschlangen, küssten einander.

Nur meine Oma, die ihre Hände fest in meine Schultern gekrallt hatte, und ich standen starr, als ginge uns alles nichts an, als seien wir nur dazu da, das Licht meiner beiden roten Kerzen vor den um uns herumschwankenden Körpern zu schützen und nicht erlöschen zu lassen.

Da! Wie aus den bunten bengalischen Flammen des Kreuzes geboren, sprang die Hohe Priesterin mit einem silbernen Gong aus dem lodernden Lichtschein. Dröhnend schlug sie den Schlegel gegen das Metall. Und mit einem Schrei, wie ich nie einen gehört hatte, brach das Große Tier 666 aus der Finsternis hinter dem Flammenkreuz hervor.

Niemand hatte mir gesagt, dass er es sei. Niemand bestätigte es mir nachher. Doch ich wusste es. Und Edda wusste es auch. Eine Sekunde lang stand sie stumm in ihrem Tanz, ehe sie mit einem kleinen Seufzer in sich versank und schlapp wie eine Schlenkerpuppe auf dem Altartisch in sich zusammenfiel. Nie werde ich diesen Anblick vergessen.

So klein, so jung ich damals war, so schossen mir doch blitzschnell die Gedanken durch den Kopf, die meine Oma mich mit ihrer Geschichte von Osiris und Seth so oft gelehrt hatte. Dieser erste voll bewusste Anblick des Großen Tieres 666 wirkte wie eine einzigartige, grelle Initialzündung des Seth-Bibel-Verständnisses.

Obwohl ich schon öfter bei den Neujahrsfesten des Seth dabei gewesen war, obwohl dabei immer auch das Große Tier 666 erschienen war, hatte ich es doch noch niemals nackt gesehen. Es war stets in einer weißen Kutte erschienen, mit einer Maske auf dem Kopf, die ich leicht wieder erkannte, weil sie genauso aussah wie auf einem Bild, das mir mein Vater einmal im Heimatmuseum gezeigt hatte. Dieses Wesen, das mitten aus der Finsternis entsprungen schien, unverhüllt zu sehen, traf mich wie ein Blitz.

Erstmals begriff ich, was meine Oma mir erzählt hatte. Erstmals sah ich das Große Tier 666, wie es wirklich war. Erstmals dachte und glaubte ich nicht nur, sondern sah und erkannte mit eigenen Augen, dass Omas Geschichten aus der Seth-Bibel keine Märchen waren.

Dieses Wesen aus der Finsternis, das sich da vor meinen Augen in wilden Zuckungen wand und in Sprüngen drehte, als sei es ein Schlangenleib, der nach der Flöte des Schlangenbeschwörers tanzte, war kein Albtraum. Es war leibhaftig und wahr und ganz lebendig. Es war Gott-Seth-Sohn und Gott-Seth-Vater in einer Person. Und ich war Isis, die ihm Bestimmte. Nur mit mir, nur durch mich würde sich der Sohn in die Gestalt der heiligen Schlange des Vaters zurückverwandeln und in den Kreislauf der ewigen Wiedergeburt zum unendlichen Leben gelangen können.

Meine Oma presste meinen Kopf in ihre Kutte, damit niemand meinen angstvollen Aufschrei hörte. Aber ich musste mich daraus hervorwühlen, musste hinschauen, musste die seltsam nach Stall und Dung stinkende Luft einatmen, die das Große Tier 666 verbreitete.

Sein Körper war krumm und bucklig verwachsen und von oben bis unten wollig schwarz behaart, die heftig zuckenden Arme und Beine unterschiedlich lang, und dieses Gesicht! Sah er aus wie ein Bär, wie ein Wolf? Mit roten Augen und dicken Zähnen, die seitlich aus dem schaumigen Mund wuchsen, und mit einer Zunge, die wie bei einem Hund tropfend über das Kinn schlug.

Und dann schrie ich doch und schrie und schrie und ringsum schrie es auch, als ich das heiße, gierige Grollen der Stimme des Großen Tieres 666 vernahm und die Schlange des Seth aus ihm wachsen und sich in Eddas Leib bohren sah.

Als ich wieder zu mir kam, war das Große Tier 666 verschwunden. Meine Oma saß mit mir auf der Erde unter einer Buche und wiegte mich in den Armen, während der Zipfel ihrer Kapuze über unsere beiden Gesichter hing. Die Geräusche der Liebe um uns herum waren fast verschwunden. Korken hörten wir knallen und Gesang, Lachen und Wortfetzen von Witzen. »Oma«, flüsterte ich und hob die Kapuze an, um ihr in die Augen sehen zu können. »Oma, wo ist Edda?«

»Schschsch«, flüsterte sie zurück. »Schschsch!«

Ich habe Edda nie wieder gesehen.

KAPITEL 3

Natürlich fragte ich nach Edda. Aber mit Fragen ist es so eine Sache. Man kann Antworten bekommen oder nicht. Und ich bekam keine. Zumindest keine, die mich zufrieden stellte. Meine Oma teilte mir mit, Edda sei mit einer vornehmen, aber leider kinderlosen Familie nach Ungarn verreist, die sie an Kindes statt angenommen habe. Edda werde von ihren neuen Eltern sehr geliebt und könne sich auf ein Leben in Samt und Seide freuen.

Das mochte ich kaum glauben, denn etwas so Aufregendes hätte Edda nie für sich behalten. Sie hatte nie ein Geheimnis wahren können, konnte nicht einmal verheimlichen, was sie mir zu Weihnachten oder zum Geburtstag schenken würde. Sobald sie selbst wusste, was es war, konnte ich mich auf ihre Fragen »Du errätst nie, was du von mir kriegst. Wetten?« gefasst machen. Fragen, die ich nie hören wollte. Bei denen ich mir die Ohren zuhielt und von einem Bein aufs andere springend »Nein! Nein! Sei still!« schrie. Und die Edda trotzdem so lange immer wieder in den verschiedensten Situationen anbrachte, bis ich irgendwann doch darauf hereinfiel und spätestens beim zweiten Rateversuch auch richtig tippte. Zu meinem Ärger und Eddas diebischem Vergnügen.

Außerdem wusste ich, dass ihre Eltern sie niemals hergegeben hätten. Ihre Mutter hatte Edda nämlich wirklich lieb. Edda war für sie beinahe wie eine Schwester. Und sie brauchte Edda ja auch für die kleinen Geschwister. Sie war nämlich die Älteste und musste immer auf die Kleinen aufpassen, sie baden und füttern. Vor allem Max und Moritz, die Zwillinge, hatte keiner so gut im Griff wie sie.

Doch meine Oma hatte auch dafür ein gutes Argument. Sie verriet mir nämlich, dass Eddas Mutter erneut schwanger sei. Deshalb habe man sich für Edda gefreut, als das kinderlose Ehepaar sie adoptieren wollte, denn dort werde sie es ja viel, viel besser haben als zu Hause bei ihren armen Eltern in dem winzigen Häuschen, zusammen mit den ewig hungrigen Geschwistern. Sie würde in einer Villa aufwachsen und später mal eine feine Dame sein, meinte meine Oma. Vielleicht würde sie sogar einen Filmstar heiraten und eine Weltreise machen. Da hatte ich Stoff zum Träumen und Neidischsein.

Erst Jahre später, als ich selbst schon Mutter geworden war, erfuhr ich von einem weitläufig um sieben Ecken mit mir verwandten Cousin, dass Edda geisteskrank gewesen sei und man sie in der Psychiatrie der Berliner Charité behandelt und später irgendwo in einem Heim für immer weggeschlossen habe.

In diesem Moment verstand ich erstmals, warum Eddas Mutter Gesine und ihr Vater, mein Onkel Friedmann, die für Edda, die Zwillinge Max und Moritz, sowie für Sebastian, Marcel und Fritz die allerbesten Eltern gewesen waren, ihre nach Eddas Verschwinden neugeborene Tochter ermordet hatten. Das kleine Töchterchen wäre wie ihre Schwester Edda dazu ausersehen gewesen, zur Platzhalterin der Isis und zur Schale des Seth zu werden. Und so sehr hatten ihre Eltern sie geliebt, dass sie ihr lieber den Tod als das Schicksal Eddas gaben.

Über ein halbes Jahr lang hatten sie den Mord für den Fall geplant, dass das Kind ein Mädchen werden würde. Ich erinnere mich, dass sich die ganze Verwandtschaft darüber aufgeregt hatte, dass die Mutter auf einer Hausgeburt bestanden hatte, anstatt im Krankenhaus zu entbinden. Die Hebamme hatte nichts dagegen einzuwenden gehabt. Meine Tante Gesine war ja keine unerfahrene Wöchnerin, im Gegenteil. Es hieß von ihr, dass ihre Kinder so schnell geboren würden, dass sie Angst haben müsse, sie unterwegs auf der Treppe zu verlieren. Und auch dass mein Onkel bei der Geburt dabei sein wollte, war nicht ungewöhnlich. Er hatte seiner Frau auch bei den anderen Kindern beigestanden. Schließlich war er Tierarzt und verstand etwas davon. »Ob du ein Kalb auf die Welt holst oder ein Kind«, hatte er oft gesagt, »Geburt ist Geburt.«

Als das kleine Mädchen geboren und die Hebamme nach Hause gegangen war, hatten die Eltern es in der großen Zinkwanne ertränkt, in der am Schlachttag die Schweine gebrüht wurden. Zusammen hatten sie das tote Baby dann schön angezogen und aufgebahrt und darauf gewartet, dass es Tag würde und die Polizei käme. Sie waren auch gemeinsam ins Gefängnis gebracht und wegen Kindsmords verurteilt worden und fünf Jahre später wieder zusammen frei gekommen. Danach hatten sie ihre Jungen abgeholt, die in der Zwischenzeit bei den Großeltern aufgezogen worden waren, und weitergelebt wie zuvor. Nur Kinder hatten sie nie mehr bekommen. Man sagte, meine Tante habe sich im Gefängnis operieren lassen, damit sie nicht mehr schwanger werden konnte.

Ich habe meine Tante Gesine als kleine, stille Frau in Erinnerung. In den Monaten zwischen Eddas Verschwinden und der Geburt des Babys war sie stets so streng und unfreundlich zu mir, dass ich ihr aus dem Weg ging. Auch nach ihrer Rückkehr aus der Haft hatte ich Angst vor ihr. Wie oft schon habe ich heute eine Kerze für sie in der Kirche angezündet und Gott für sie um Vergebung gebeten. In der Bibel steht, dass denen viel vergeben wird, die viel geliebt haben. Ich glaube, meiner Tante Gesine und Onkel Friedmann wird auch vergeben werden. Sie haben Edda und ihr namenloses Baby mehr geliebt als ihr Leben.

Früh begriff ich, dass wir anders waren als andere Leute, obwohl wir nach außen hin kein bisschen anders schienen. Das, was uns unterschied, war nur nicht zu sehen, denn Osiris, die Sonne, brachte Seth nicht an den Tag. Und die anderen Leute waren zu töricht, das Licht der Nacht in seiner wahren Bedeutung zu erkennen.

Wie sonderbar erschien es mir, dass alle den Mond und die Sterne sehen und sie doch nicht so wie wir erkannten. Manche Menschen können die Namen der Sternbilder aufsagen und sogar allerlei passende Geschichten dazu erzählen. Wissenschaftler fanden heraus, dass Tiere sich an den Sternen orientieren. Sie erforschten, dass der Mond den Tidenhub der Gezeiten und das Wachstum der Pflanzen, ja, dass er den Segen der Ernte bestimmt. Waldbauern schlagen Weihnachtsbäume nach dem Mond, damit sie sich länger frisch halten und keine Nadeln abwerfen. Das Gärtnern mit dem Mond und das Kinderzeugen mit dem Mond bringt die schönsten Ergebnisse hervor. Frauen spüren den Mond im Blut. Seeleute richten den Kurs ihrer Schiffe nach den Sternen aus. Selbst das Wesen und den Charakter eines Menschen kann man an Sternbildern deuten und künftige Schicksale daraus ablesen. Und dennoch glühen die meisten Menschen voller Begeisterung für die Sonne.

»Neunzig Prozent der Menschen sind dumm«, sagte mein Vater.

Wir aber gehörten nicht dazu. Wir stellten die Minderheit der Wissenden dar. Wir waren die Auserwählten des Seth. Wir hatten Ohren zu hören und Augen zu sehen. Unser Wissen unterschied uns von den anderen. Dennoch strebte meine ganze Familie danach, von der Mehrheit der Dummen für ihresgleichen gehalten zu werden. Seit jeher waren die Kinder des Seth in Gefahr, von ihren Feinden vernichtet zu werden. Unser Heil lag im Verborgenen. Die Dunkelheit war unser Licht. Sie allein machte uns stark. Am Tag, wenn die Unwissenden regierten, nutzten wir unsere Stärke im Verborgenen, passten uns als die Klugen den Dummen an, mischten uns unter sie und führten sie alsbald als angesehene Leute an.

Diese Worte meines Vaters waren für mich Gesetz. Ich glaubte bedingungslos an die Lehre des Seth. Für Außenstehende mag dies unsinnig erscheinen, denn ich hatte bereits grausame Erfahrungen hinter mir und war Augenzeugin von Ritualen geworden, die ich keinem Menschen nachzuerleben wünsche. Doch ich war von Anbeginn an für dieses Leben bestimmt und auserwählt worden. Ich hatte gelernt, dass Schmerzen etwas Gutes sind. Ich hatte verinnerlicht, dass gewisse Geschehnisse Qualen bereiten, diese Qualen aber unvermeidlich und vor allem etwas Gutes, etwas Richtiges, etwas Göttliches sind.

Ich liebte diese Schmerzen und Rituale nicht. Aber dass ich sie nicht liebte, war mein Fehler. Man hatte mich unterwiesen, dass ich mit dieser Furcht vor Schmerzen einen Gott-Seth verhassten Fehler beging.

Es war also eine Gottespflicht und Menschenehre zu lernen, die wunderbaren Qualen des Seth zu lieben. Und wenn ich Angst vor diesen Qualen hatte, so einzig und allein deshalb, weil ich unwürdig war, Isis zu sein. Es war schlecht und falsch und verachtenswert von mir, mich vor den Segnungen zu fürchten, die unser Herr und Retter Seth uns in Form von Schmerz und Grauen sandte.

Meine Oma und meine Eltern, alle lehrten mich, dass es in Wahrheit, im echten Leben des Seth, nur für Außenstehende Schmerzen und Qualen waren. Nur die Unwürdigen, die nicht zu uns und nicht zum auserwählten Volk des Seth gehörten, nahmen Schmerzen als etwas Böses, Schlimmes wahr. Derjenige, der Seth mit der wahren Liebe liebte, empfand seine Gaben als Lust und reine Freude.

Also lernte ich mit Inbrunst, an mir zu arbeiten, um Schmerzen und Qualen als Segnungen zu erkennen und zu genießen. Ich wusste ja, dass diese Erleuchtung in dem herrlichen Augenblick über mich käme, in dem ich der Liebe des Seth würdig wäre. Es war nur eine Frage meiner eigenen Vollkommenheit und der Reife, bis ich vor Freude über jeden Schmerz in wonnevolles Entzücken verfallen würde. Und ich schämte mich, dass ich trotz aller Meditationen, die meine Oma mich lehrte, immer noch nicht wertvoll genug war.

Irgendwann begann ich böse Erinnerungen zu verarbeiten, indem ich sie auf andere Persönlichkeitsanteile verlagerte. Als Kind wusste ich zwar nicht, was ich da tat. Aber in der Therapie lernte ich, dass ich eine multiple Persönlichkeitsstruktur aufgebaut hatte. So gab es in mir unterschiedliche Figuren, die für die Bewältigung bestimmter Erfahrungen zuständig waren. In Situationen, in denen ich nichts mehr ertragen zu können glaubte, spürte ich das Entstehen einer neuen Persönlichkeit mit einem Gefühl, das ich mit dem Anblick von Seifenblasen vergleiche: Vor meinem inneren Auge bildete sich eine Art schillernde, in vielfachen Farben schimmernde Schicht. War sie verschwunden, fühlte ich mich gestärkt, neu, verwandelt. Und später, am Tage, wenn ich erwachte, zur Schule ging, hatte ich sie und auch das, was sie erlebt hatte, vergessen.

Allerdings verwirrte es mich oft, weil ich mich häufig nicht mehr daran erinnern konnte, was ich zu welchen Zeiten getan hatte. Es schien mir Zeit zu fehlen. Ich konnte mich einfach nicht erinnern. Und das, was ich erinnerte, erschien mir wie ein Traum. Ein Eindruck, den meine Mutter mir gern bestätigte, wenn ich morgens aus dem Bett stieg und mich wie zerschlagen fühlte.

Ich höre die Worte meiner Mutter noch: »Du hast geträumt.« Oder: »Unsere Isis ist eine Traumtänzerin. Sie lügt. Sie kann nicht zwischen Wahrheit und Fantasie unterscheiden.«

Dies war umso fataler, als ich mich ja selbst dabei ertappte, dass ich gelegentlich urplötzlich etwas sagte oder tat, von dem ich nicht wusste, wie es über mich gekommen war oder wie ich es wann erlernt hatte. Aber trotzdem gewöhnte ich mich daran und lernte allmählich, dass in diesem Zeitverlust auch ein Vorteil steckte. Etwas nicht mehr zu wissen bedeutete auch, keine Angst vor dem nächsten Mal zu haben.

»Das ist ein Geschenk unseres Herrn Seth für dich«, sagte meine Oma, der ich mich anvertraute. »Daran siehst du, dass du Isis bist, die Eine und Alle.«

Meine Oma erzählte mir oft, wie meine Eltern sich kennen gelernt hatten. Beide waren angesehene Leute in unserer Stadt. Meine Mutter war Handarbeits- und Kunstlehrerin. Mein Vater war Gärtner. Zu seinen Aufgaben gehörte es, den Stadtpark und den Schulgarten in Ordnung zu halten, worin meine Mutter mit ihren Schulklassen Pflanzen und Blätter sammelte, die es abzuzeichnen und zu pressen galt. Eines Tages trafen die beiden sich dort. Und irgendwie gefielen sie sich auf Anhieb.

Ich liebte es, wenn meine Oma mir die Geschichte erzählte, als sei sie dabei gewesen. »Ich fragte sie, was sie an diesem Mann findet«, sagte sie.

»Und?«, fragte ich.

›Er hat so lustige braune Augen‹, sagte deine Mutter.

›So'ne zierliche Kleine mit so blauen Augen und so blonden Kringeln war genau richtig für meines Vaters Sohn‹, sagte dein Vater.

»Daher kam es, dass das Fräulein Lehrerin den Unterricht ziemlich oft ins Freie verlegte und der fröhliche Gärtner immer dann etwas ganz in der Nähe zu jäten oder zu pflanzen hatte. Bald lächelte das Fräulein Lehrerin ihn nicht nur höflich, sondern immer öfter an und zeigte die neckischsten Grübchen dabei. Etwas später wurde ein Kind geschickt, das ihn bitten musste, der Klasse doch etwas über diesen Baum oder jene Blume zu erklären, die gerade eben Gegenstand des Zeichenunterrichts waren. Diesen Gefallen erwies der Herr Gärtner dem Fräulein Lehrerin so gern, dass die Schulkinder eifrig dazu angeregt wurden, ihm zum Dank für seine klugen Erklärungen besonders lustige Ringelsocken für den Winter zu stricken. Diese mussten dann selbstverständlich im Rahmen eines kleinen Festaktes überreicht werden, sodass der nette Herr Gärtner eines kühlen Tages ins warme Klassenzimmer eingeladen wurde und mit allen Schulkindern Brüderschaft trinken und mit Teepunsch anstoßen musste, damit er endlich auch dem Fräulein Lehrerin den ersten Kuss geben durfte. Danach nannte sie ihn Rudolf, und er sagte Lore zu ihr.«

»Die haben sich geküsst?«, staunte ich und wollte es nicht glauben, denn ich hatte nie miterlebt, dass meine Eltern sich je umarmt oder gar geküsst hätten.

Meine Oma nickte. »Und wie die sich küssten! Und weil es ja beim ersten Kuss nicht bleiben sollte und man sich deshalb öfter traf, stellte das Pärchen bald fest, dass sie jeweils Mitglieder einer Wandergruppe waren. Lores Gruppe hatte sich dem Erhalt und der Pflege alter Kulturschätze verschrieben. Rudolfs Gruppe trat für den Erhalt und die Pflege einheimischer Tiere und Pflanzen ein.

Von diesem gemeinsamen Hobby bis zum gemeinsamen Bett war es nicht mehr weit. Und als Lore ihren Bauch nicht mehr mit etwas zu viel Winterspeck verharmlosen konnte, wurde es Zeit für eine gemeinsame Wohnung.«

»Und wer war in dem Bauch?«, fragte ich, obwohl ich das natürlich wusste.

»Na, wer wohl? Dreimal darfst du raten?«, fiel meine Oma wie üblich darauf herein und zerzauste mir das Haar.

»Der Froschkönig«, kicherte ich. »Der lange Lulatsch.« Wie immer an dieser Stelle sah meine Oma mich mit einer hoch gezogenen Augenbraue an. Und ich rief: »Meine Schwester! Meine Schwester!« Und meine Oma sagte: »Na, also. Bist ja doch kein kleiner Dummkopf!«

Dann blätterten wir das Fotoalbum ein Stück weiter durch, und meine Oma erzählte dabei, was ihr in den Sinn kam.

Doch auch meine Mutter berichtete mir später immer wieder über ihre Hochzeit. So konnte ich mir später zusammenreimen, dass das junge Glück meiner Eltern weniger ungetrübt war, als meine Oma mich hatte glauben machen wollen.

Die werdenden Großeltern waren nämlich nicht begeistert. Sie hatten mit Tochter und Sohn andere Pläne. Pläne, von denen die jungen Leute einander nichts anzuvertrauen wagten, denn es standen Geheimnisse dahinter, die nicht nur ungewöhnlich, sondern auch gefährlich waren.

Meine Mutter hatte ihr Leben als Hohe Priesterin des Seth. Wie sollte sie das jemandem erklären und verständlich machen, der davon nicht die geringste Ahnung hatte? Wie konnte sie erwarten, dass er sie nicht nur weiterhin lieben, sondern auch akzeptieren würde, dass er als ihr Geliebter der neue Hohe Priester des Seth werden müsse? Und würde er jemals begreifen, jemals damit einverstanden sein, dass ihre erste gemeinsame Tochter Isis sein würde, die Eine und Alles, die Schwester, Braut, Geliebte und Mutter des Seth?

Und mein Vater verbarg meiner Mutter, dass es in seiner Familie einen schwarzen Fleck auf der Biedermannsweste und ein Geheimnis um Inzest und Inzucht gab, deren genetisches Erbe sich von Zeit zu Zeit in einem missgebildeten Kind niederschlug. Für ihn ergab sich dadurch die bange Frage, ob Lore, die Kinder so liebte, mit diesem Risiko einverstanden sein würde.

»Dein Vater hatte die schreiende Angst, ob ich aus Liebe zu ihm akzeptieren und mich damit abfinden würde, eines oder gar mehrere behinderte Kinder zu gebären«, erzählte meine Mutter. »Ihm war klar, dass er es kaum wagen durfte, mir eine solche

Last zuzumuten. Er dachte ja, ich würde ihn womöglich trotz der Schwangerschaft sofort verlassen. Ich hätte leicht zu einer der vielen Engelmacherinnen gehen und mir das Kind wegmachen lassen können. Dann hätte ich mir einen anderen gesucht, der mir Kinder mit gesunden Gliedern und klugen Köpfen schenken konnte.«

Auf diese Weise erfuhr ich, dass jeder meiner beiden Elternteile dazu bestimmt war, im Dunstkreis der elterlichen Erfahrungen den ihnen vorbestimmten Weg zu gehen. Meine Mutter den der Hohen Priesterin, die zur vorberechneten Zeit mit einem aus ihrem Seth-Klan stammenden Sexualpartner eine neue Isis zu zeugen hatte. Mein Vater den des kinderlosen und ledigen Hagestolzes, den seine Familie am liebsten als Mönch ins Kloster gesteckt hätte, wenn man denn nur katholisch gewesen wäre.

Da meine Eltern sich damals aufrichtig liebten und Angst hatten, den anderen durch ein Geständnis zu verlieren, schwiegen sie. Statt die in sie gesetzten Erwartungen der Eltern und der Seth-Gemeinde zu erfüllen, beschlossen sie stillschweigend und jeder für sich, die Vergangenheit hinter sich zu lassen und von nun an eigene Wege zu gehen. Lore, meine Mutter, gab den Anstoß dazu, indem sie meinem Vater vorschlug, ganz romantisch von daheim durchzubrennen, heimlich zu heiraten und die jeweiligen Eltern vor vollendete Tatsachen zu stellen.

Meine Oma zeigte mir schließlich den Brautschleier meiner Mutter und erzählte mir, wie meine Mutter in ihrer eigenen kleinen Ein-Raum-Wohnung mit klappernden Holzdocken vor dem Klöppelkissen gesessen und an ihrem Brautschleier geklöppelt hatte, den ein paar Jahre später jede auserwählte Braut des Seth tragen sollte.

»Dein Vater aber arrangierte inzwischen klammheimlich eine kleine Reise nach Rügen«, sagte sie und genoss dabei eine ihrer köstlichen Kaffeepausen. »Dort sollte die standesamtliche Trauung stattfinden und anschließend mit einer kurzen Hochzeitsreise auf einem Segelschiff gefeiert werden. Gleichzeitig schuftete dein Vater an der Herrichtung eines ersten Liebesnestes im schrägen Obergeschoss eines alten Fachwerkhauses und ließ den übrigen Dingen ihren Lauf. Abwarten konnte er nämlich immer schon.«

Tatsächlich heirateten meine Eltern wenig später in einem kleinen Hotel, das sie immer unser »Rügen-Paradies« nannten, feierten ihre heimliche Hochzeit ganz allein und kamen als Jungvermählte in meine Geburtsstadt zurück.

Den Großeltern blieb gar nichts anderes mehr übrig als einverstanden zu sein. Auch war meine Mutter schon immer eine äußerst energische und handfeste Persönlichkeit, die sich von niemandem die Butter vom Brot nehmen ließ. Und so bin ich heute überzeugt, dass meine Mutter mit ihren Eltern Tacheles sprach und ihnen verdeutlichte, dass sie als Hohe Priesterin des Seth allein das Recht hatte, sich ihren Mann und den Vater der neuen Isis auszusuchen. Dass es ebenso ihr alleiniges Recht war, darüber zu entscheiden, wann sie ihren Geliebten zum Hohen Priester des Seth weihen und wann sie mit ihm ihr Kind zeugen werde. Niemand aus der Gemeinde hatte sich in diese Entscheidungsgewalt der Hohen Priesterin einzumischen. Es sei denn, er wolle Gefahr laufen, sich den Zorn des Seth zuzuziehen.

Dass meine Großeltern väterlicherseits schließlich mit der Hochzeit meiner Eltern einverstanden waren, lag an der Angst. Sie hatten nämlich gar keine andere Wahl, denn mein Vater drohte, falls meine Mutter nicht mit offenen Armen aufgenommen würde, werde er dem Stasiwächter im Ort einen Tipp geben. Was passieren würde, wenn dieser erführe, dass die mehrfach behinderte Nellie, die als Nachzüglerin meiner Großeltern galt, in Wahrheit das Kind der Schwester meines Vaters war, die von ihrem gemeinsamen Bruder vergewaltigt worden war, konnten sich alle an zwei Fingern abzählen.

Erst blieb alles ruhig. Doch dann, zwei Wochen vor der Geburt meiner Schwester Aimée wagte sich die Gemeinde der Auserwählten des Seth erneut an meine Mutter heran, wie ich von meiner Oma erfuhr. »Ich war zusammen mit deinem Opa zu deiner Mutter gekommen. Wir waren ungeduldig geworden. Und wir hatten plötzlich Bedenken bekommen. Deine Mutter war die Hohe Priesterin. Und sie war schwanger. Sie hatte den Vater des Kindes geheiratet. Aber dieser war kein Hoher Priester geworden. Das verstieß gegen das Gesetz des Seth. Wir hatten Angst, dass Seth uns strafen würde, wenn wir deinen Vater nicht sofort zum Hohen Priester machen würden. Und deshalb kamen wir zusammen zu ihr. Deine Mutter stand damals hier in der Stube neben dem Kachelofen.«

Meine Oma legte die Hand an die runde Bauchbinde aus weißen Kacheln, die rings um den Ofen verlief. »Es war alles sehr feierlich.«

›Du weißt, das Kind gehört Seth‹, sagte dein Opa und legte deiner Mutter die Hand auf den Bauch. ›Wie du dich auch wendest, es bleibt dabei. Du bist die Hohe Priesterin. Das kannst du nicht einfach so abstreifen wie ein altes Kleid. Und deshalb muss dein Mann der Hohe Priester sein. Jetzt! Sofort muss er es werden. Oder die Strafe des Seth kommt über uns und dein Kind. Sag deinem Mann, dass wir ihn sprechen wollen. Wir werden ihm das Geheimnis des wahren Glaubens erklären.‹

›Niemand wird es ihm erklären, nur ich!‹, rief deine Mutter. ›Das ist das Seth-Gesetz und das Recht der Tochter der Hohen Priesterin.‹

Doch dein Opa hatte sich mit den Ältesten der Gemeinde beraten. ›Nein‹, sagte er. ›Du irrst dich, Lore. Du hast dir einen

Mann gewählt, der kein Mitglied unserer Gemeinde ist. Für ihn gelten die besonderen Gesetze nicht. Er unterliegt der Gewalt der Gemeinde-Ältesten. Wir sind es, die ihn aufklären, und wir allein entscheiden, ob er würdig ist, zum Hohen Priester geweiht zu werden.‹

›Und wenn nicht?‹ Deine Mutter lachte spöttisch auf. ›Wollt ihr das Kind in meinem Bauch ungeschehen machen?‹

›Ungeschehen?‹, gab dein Opa zurück. ›Wer weiß? Bei einer Geburt kann allerlei geschehen. Wir liegen alle in Seths Hand.‹

›Und was, wenn ich nicht will?‹, trotzte deine Mutter. ›Wenn ich keine Lust habe, meinen Mann mit den anderen Frauen der Gemeinde zu teilen und meine Töchter zur Schale des Seth zu bestimmen?‹

›Niemand entkommt uns‹, erklärte dein Opa, ›denn Seth duldet keinen Verrat.‹

›Dann sage ich dir, dass die Macht des Seth an mir und meinen Kindern gebrochen ist!‹, rief deine Mutter laut und presste die Hand auf den Leib, unter dessen Decke das Kind so heftig zu strampeln begonnen hatte, dass sich die winzigen Füßchen abzeichneten.

›Und wie?‹, lachte dein Opa auf.

›Wir haben christlich geheiratet!‹, sagte deine Mutter und schloss die Augen, damit dein Opa ihre Angst nicht sah.

»Ich habe diese Angst sehr wohl gesehen«, sagte meine Oma und legte ihre Arme um meinen schmächtigen Kinderleib. »Aber es war die Angst, die aus der Stärke kam, mein Liebling, denn merke dir: So lange die heilige Schlange des Seth nicht auf immer und ewig wiedergeboren ist durch die Liebe der Isis und den Samen des Großen Tieres 666, so lange endet die Macht des Seth an der Macht des Osiris – denn so lange bricht das Kreuz der Sonne den Stachel des Mondes.«

Und so lernte ich schon als Kind, dass die Taufe im Zeichen des Kreuzes die Macht des Seth beendet. Doch erst als ich Mutter wurde, verstand ich, dass meine Oma mir schon damals wissentlich den einzigen Fluchtweg für mein eigenes Kind aufgezeichnet hatte.

Doch als meine Schwester Aimée geboren wurde, verstummte die Diskussion. Sie hatte nichts von Isis oder Seth an sich. Sie war nicht blond, sondern schwarz. Sie hatte keine Locken, sondern von Geburt an langes seidenweiches Glatthaar, das sie später wegen seines schönen Glanzes wachsen lassen durfte. Sie hatte keine blauen, sondern dunkelbraune Augen. Sie hatte einen makellosen Teint voller winziger Sommersprossen, die meine Mutter als Sonnenküsse bezeichnete, und nicht die geringsten Missbildungen. Sie war schön und gesund und von Gott, dem Lichtbringer der Christen, geliebt. Aimée, die Geliebte, war der richtige Namen für sie. Und auf diesen Namen wurde sie noch am Tage ihrer Geburt von dem Pastor des Krankenhauses getauft, in dem meine Mutter von ihr entbunden worden war. Meine Mutter hatte ihre Eltern überlistet, und meine Schwester Aimée entging so der Seth-Weihe. Sie war das Tagkind.

Als Taufgeschenk erhielt sie eine goldene Kette und ein Medaillon mit zwei betenden Händen auf der einen Seite und einem Spruch auf der anderen Seite: »Ich bin der Herr, dein Gott, du sollst keine anderen Götter haben neben mir.« Damit niemand es ihr vom Hals nehmen konnte, hatte die Kette keine Schließe, sondern zwei miteinander verschmolzene Enden. Solange ich denken kann, habe ich Aimée um diese Kette beneidet.

Erst viele Jahre später begriff ich, warum Aimée niemals Isis hätte sein können. Sie war im Überschwang der allerglücklichsten Verliebtheit und vollkommen fern von allen Ritualen der

Gemeinde des Seth gezeugt und geboren worden. Seth hatte nicht das Geringste mit ihr zu schaffen. Sie war das Sonnenkind. Sie war die Tochter, welche meine Mutter als Hohe Priesterin dem Tagesgestirn, dem goldenen Bruder des Seth, geboren hatte. Das dunkle Haar und die passenden Augen waren das Zeichen des bräunenden, verbrennenden Sonnenlichts. Die Sommersprossen waren Sonnenküsse. Selbst das Wesen meiner Schwester entsprach dem Sonnengestirn: leidenschaftlich, begeisterungsfähig, entschlussfreudig und immer zu einem Lachen bereit, schuf sie ein Klima der Unbekümmertheit um sich herum, das ansteckend wirkte. Und wie die Sonne blendet, wenn man zu lange ins Licht schaut, so war auch Aimée von der Lebensfreude wie geblendet, sodass sie nie zu bemerken schien, was jenseits ihres Horizonts geschah.

Wie das Licht des Osiris hinter dem Horizont versank, so versank Aimée abends im Bett. »Mit den Hähnen ins Bett und mit den Hühnern wieder raus«, sagte mein Vater, wenn sie um sechs zu gähnen begann und in der Früh schon wieder munter war. Aimée war das Tagkind. Und zum Zeichen dafür war der Schmuck, den sie trug, aus Gold, der Farbe der Sonne.

Ganz im Gegensatz zu mir.

KAPITEL 4

Wie ich gezeugt und geboren wurde, weiß ich nicht und weiß es doch. Das ist nur scheinbar Unsinn. Ich träume, wie es war. Diese Träume sind ein unerschöpflicher Fundus bestellbarer, durch meine Eltern und ihre Gemeindemitglieder vorprogrammierter Erinnerungen, aufzurufen durch Gerüche, scheinbar harmlose, aber für mich unheilvolle Worte, durch Blicke, Bewegungen, eine Stimmlage, Musik, Bodenstrukturen unter meinen Füßen oder Händen, Berührungen, Pflanzen, Gelächter, Licht, Reflexe, eine nah vor mir zu betrachtende Augenfarbe, Tarotkarten, Grafiken, Bildszenen und andere für mich völlig unberechenbare Auslöser.

Es sind Träume, die urplötzlich in mein Leben einbrechen, während ich vielleicht beim Einkaufsbummel bin, mich mit Freunden treffe, koche, putze oder vor dem Spiegel stehe. Es geschieht im ganz gewöhnlichen Alltag. Ohne Vorwarnung, ohne Sicherheit, ohne Schutzzone. Immer lauern diese Träume im Hintergrund meiner Augen. Jederzeit und unverhofft schieben sie ihre Bilder vor meine Wahrnehmung, so dass mein Geist, meine Seele, meine Denkkraft von ihnen durchtränkt wird. Von Träumen und blitzlichtartigen Visionen, die mir meine Schuldlosigkeit rauben, indem sie mein Innerstes in Zeiträume und zu Taten entführen, als sei ich aktiv und willentlich dabei gewesen, als der Traum inszeniert wurde, als er Wirklichkeit war. Und niemals weiß ich genau, wo der Traum beginnt, wo die Wirklichkeit endet.

Man sagt ja, dass Menschen durch Tiefenhypnose bis in die Zeit im Mutterleib zurückgeführt werden können, ja, dass sie sich an frühere Leben erinnern und sich selbst in ganz anderen Zeitaltern erkennen. Ich habe jeden Bericht verschlungen, den ich auf der Suche nach Erklärungen für meine Erlebnisse fand. Darin las ich, dass diese Personen in der Hypnosetrance die ungewöhnlichsten Fremdsprachen oder Schriften beherrschen, von denen sie im Wachzustand nicht das Geringste wissen oder verstehen. Ja, dass sie tanzen und artistische Kunststückchen vorführen können, obwohl sie außerhalb der Trance die unsportlichsten oder unmusikalischsten Menschen sind.

Dies faszinierte und beruhigte mich ungemein, denn obwohl viele und namhafte Wissenschaftler derartige Rückführungen für Scharlatanerie halten, weiß ich, dass es funktioniert. Ich habe es unzählige Male erlebt; nicht nur an mir selbst. Es ist, als ob man durch einen langen Tunnel katapultiert würde, an dessen Ende sich ein schillernder Spiegel befindet. Tritt man durch ihn hindurch, zerspringt er in ein Kaleidoskop und weicht wie Wasser beiseite. Dahinter bist du eine andere und doch zurück bei dir selbst.

Ich erinnere mich an die ersten Rückführungen und Hypnosebehandlungen, die in der Familie des Seth gemacht wurden. Sie standen im Zeichen der Halluzination und fanden am Ende der »Familientreffen«, wie wir unsere regelmäßigen »Dienste am Tisch unseres Herrn Seth« zur Tarnung auch nannten, mit Alkohol und anderen Drogen, die bewusstseinserweiternd wirken, statt.

Mein Vater hatte seine Pflanzenkenntnisse als wertvolle und hoch willkommene Bereicherung in die Familie des Seth eingebracht. Er wusste, wo man zum Beispiel halluzinogene Pilze gegen Hanfsamen tauschen und wie man allerlei Pflanzen züchten konnte, deren Verzehr zu rauschähnlichen Zuständen führt.

Eines seiner Lieblingsmittelchen nannte er »Inga«. Dabei handelt es sich um ein Pulver, das er aus den Samen einer Hülsenfrucht, die er als »Acacia peregrina« bezeichnete, herstellte. Diese Samen trocknete er an der Sonne oder unter Rotlicht, zerstieß sie dann in einem Mörser und bewahrte sie in lichtdichten Flaschen auf. Zur Weiterverwertung verknetete er das Pulver mit Maismehl und pulverisiertem Muschelkalk zu einem trockenen Teig. Daraus formte er kleine Kugeln, die er zwischen den Handballen zu Fladen platt drückte, und ließ sie bei niedriger Temperatur im Backofen eher trocknen als backen. Fertig sahen diese Fladen fast wie Anisplätzchen aus. Und genau wie diese wurden sie auch gelagert.

Vor einem »Familientreffen« pulverisierte mein Vater eine bestimmte Menge »Inga« mit dem Mörserstößel. Dieses Pulver wurde dann in einer Linie auf eine Spiegelscherbe gestreut und in Strohhalme hinein angesaugt, die jeweils in drei Stücke zerteilt worden waren. Jedes dieser Stücke wurde anschließend an beiden Enden mit Bienenwachskügelchen verschlossen.

Da die Herstellung des »Inga« so aufwändig war, gestattete mein Vater, der Hohe Priester, den Gebrauch nur ganz besonderen Personen. Manchmal wurden Familienmitglieder ausgezeichnet. Manchmal wurden sie quasi gedopt, damit sie nach dem Genuss des »Inga« zu außergewöhnlichen Leistungen fähig waren.

Waren diese Personen auserwählt und im Kreis oder Dreieck aufgestellt, schnitt mein Vater, der Hohe Priester, die erforderliche Anzahl der Strohhalme sorgfältig auf. Pro Kopf benötigte er zwei Stücke. Diese schob er gleichzeitig in die Nasenlöcher einer der ausgewählten Personen und blies das Pulver mit aller Kraft hinein. Dies nannte man, »den Atem des Seth einhauchen«.

Wenig später setzte die Wirkung ein, und die »Ingas«, wie wir sie bezeichneten, begannen wirres Zeug zu reden, laut zu singen und zu schreien sowie in wilden Verrenkungen und Zuckungen zu tanzen oder zu springen und sich unersättlich sexuell zu vereinigen. All das animierte die nicht privilegierten Zuschauerinnen und Zuschauer, eifrig mitzumachen. Sehr beliebt war auch das Schauspiel, wenn man den »Ingas« heiße Platten oder Backsteine unter die Füße schob. Obwohl sie keinen Schmerz zu spüren schienen, tobten sie dann noch verrückter. Und wenn man sie befragte, antworteten sie in einem rätselhaften Kauderwelsch, welches als Orakel ausgelegt wurde.

Ich selbst hasste das »Inga«-Schnupfen, weil das Pulver wie Feuer in der Nase, der Stirnhöhle und dem Rachen brennt, ja, selbst in den Ohren schmerzt, dass es kaum auszuhalten ist. Schon die Aussicht darauf, zu den auserwählten »Ingas« zu gehören, versetzte mich in große Angst und Aufregung, sodass ich bereits zu schreien und zu tanzen begann, wenn ich noch gar keine Dosis erhalten hatte, sondern in der Reihe wartend anstand. Manchmal bewahrte dieses Verhalten mich davor, das Pulver tatsächlich eingeblasen zu bekommen. Aber meistens half es mir nichts.

In den Gewächshäusern und Gartenbeeten meiner Großmutter ließen sich Pflanzen aller Arten züchten. Da mein Vater Gärtner war, störte sich niemand daran, wenn er ausgefallene Sorten und Samen beschaffte und säte oder eigene Pflanzenkreuzungen ausprobierte. Im Gegenteil, die Leute kamen aus allen Himmelsrichtungen, um bei ihm exotische Blumen und andere seltene Pflanzen zu erwerben. Für meinen Vater war dieser Bekanntheitsgrad seiner Tagesbeschäftigung als Gärtner die beste Tarnung für sein Nachtleben als Hoher Priester des Seth.

Zu diesem Nachtleben gehörte das Werkeln in der Apotheke seines Vaters. Hier fanden sich nicht nur alle erforderlichen Gerätschaften und viele Pflanzenkundebücher, die mein Vater in seiner Funktion als heimlicher Drogen-Hersteller der Seth-Familie benötigte. Vielmehr durfte er diese hier auch völlig unauffällig, ja, selbstverständlich benutzen. Die Leute ringsum dachten, dass er als Gärtner seinem Vater, dem Apotheker, bei der Kräuterzucht und -verarbeitung zur Hand gehe. Und wie sollte ein Apotheker, der hauseigene Pillen herstellte, keine Giftpflanzen züchten bzw. keine Kräutermedizin daraus herstellen und verarbeiten dürfen? Schließlich gehört es zum Allgemeinwissen, dass es bei vielen Giften auf die Dosierung ankommt, um sie als Heilmittel zu nutzen.

Speziell ich unterlag vor allem deshalb der Hypnose und Halluzination, weil ich schwatzhaft und oftmals unfolgsam war. Wenn mir als dem Tagkind jemand liebevoll begegnete, konnte er mich wie Wachs in den Händen formen. Für ein nettes Wort, ein Lächeln, oder gar ein Streicheln gab ich meine Seele hin. Ich hungerte nach Liebe. Und dieser Hunger war oft so gierig, dass ich jede Hemmung, jede Angst verlor und mich wahllos jedem anvertraute, der diesen Hunger zu stillen schien. Das war natürlich gefährlich für die Familie des Seth und ihr geheimes Nachtleben. Also musste ich programmiert werden.

Wie dies geschah, möchte ich nicht schildern. Diese Art Tretminen haben den furchtbaren Zeitzünder, immer dann hoch zu gehen, wenn ich an sie denke. Sobald ich mich in der Erinnerung in ein Szenario zurückversetze, aktiviere ich die Wirkung. Deshalb meide ich die allzu intensiven Gedanken daran.

Doch wegen dieser alten Programmierungen meines Wesens auf vorbestimmte Reaktionen oder der Festlegung meiner Verhaltensmuster auf befohlene Abläufe, leide ich noch heute nur allzu oft an mir selbst. Inzwischen geschieht es nicht mehr täglich, doch jede Woche muss ich ganz sicher meditierend in mich gehen, um mich quasi abzufragen oder zu checken, mein Innerstes zu kontrollieren und mir selbst zu erklären, warum ich dies oder jenes fühle oder leider nicht fühle, warum ich gar nicht oder überempfindlich auf irgendetwas reagiert habe, oder wieso mich etwas verletzt hat, obwohl objektiv ganz klar ein harmloser, alle anderen Menschen erheiternder Scherz gemacht worden war. Und immer wieder gehört dazu, mich in meinem Leiden an mir selbst nicht als etwas Besonderes zu bewerten.

Die Verkehrung des Guten ins Böse und umgekehrt hat verheerende Wirkung, wenn man das einst so eingetrichterte, eingebläute Bild nicht ständig sehr gewissenhaft und immer wieder an der Realität prüft. Bedauerlicherweise muss man diese jedoch zuvor auch erst überprüfen und als solche erkennen. Das ist nicht einfach für mich. Nur allzu oft spielt mir dabei mein inneres Koordinatensystem einen Streich und lässt mich mit der Frage allein, wie »man« sich in dieser oder jener Situation verhält. Am schwierigsten ist es im Umgang mit Männern. Ihnen »Nein« zu sagen, ist eine der schwersten Übungen. Und das, obwohl ich nichts dringender will als dieses Nein.

In mühsamen Therapieerfolgen lernte ich zwar, dass ich ein Recht auf ein Nein habe. Doch die Anwendung dieses theoretischen Wissens verursacht mir Panik, weil die Erfahrung mir sagt, bei einem Nein erschlagen zu werden. Das sitzt wie in Abgründen, so tief. Und es führt dazu, dass ich Männer nicht nur bewusst meide, sondern mir ganz klar verbiete, selbst eine flüchtige Liebesbeziehung einzugehen. Ich weiß, dass ich in einer solchen Beziehung zugrunde gehen würde. Und zwar nicht deshalb, weil der Mann, den ich liebe, mich zugrunde richten wollte, sondern weil ich überzeugt bin, dass ich selbst dies für ihn ausführen würde. Der mir einprogrammierte Zwang zur Selbstaufgabe und Selbsterniedrigung ist aktiv. Er setzt ein, sobald ich Zeit und Raum mit einem Menschen teile, dem ich etwas bedeuten will. Und je mehr ich ihm bedeuten will, desto rückhaltloser verliere ich mich selbst. Vielleicht gelingt es mir eines Tages, auch diesen Mechanismus zu knacken. Noch kann ich es nicht.

Kampfer ist eines der Mittel, die mich zu dieser Einstellung brachten. Mein Großvater vertrieb die weißen Kugeln in seiner Apotheke als bewährtes Mottenschutzmittel. Diese steckte man zum Beispiel in die Ritzen der Polstermöbel, wo sie alsbald einen eigenartigen süßlich-stechenden Geruch verströmten, der mich bis heute an ungelüftete Räume und die Kleider meiner Großmutter erinnert.

Als Nachtkind lernte ich, dass man Kampferpillen oder -pulver in Milch oder Alkohol einnehmen kann. Meine Mutter, die Hohe Priesterin, schwor auf die Wirkung als Schönheitsdroge, welche Hautunreinheiten und Pigmentflecken beseitige. Mein Vater, der Hohe Priester, verabreichte es mir, um mich in rauschartige sexuelle Erregungszustände zu versetzen. Die Wirkung begann mit einem unglaublichen Wärmegefühl, welches sich in alle Adern zu verteilen schien. Die Haut kribbelte und juckte. Selbst meine Organe schienen nach Berührungen zu schreien. Ich hatte das Bedürfnis, mich unablässig selbst zu streicheln und zu kratzen. Doch dies war natürlich verboten.

Niemals werde ich vergessen, wie sie mir die Hände auf dem Rücken fesselten und dic Augen verbanden, ehe sie mir den Kampfertrunk verabreichten. Sobald die Wirkung einzusetzen begann und ich schrie, weil mich ein unerträglicher äußerlicher und innerlicher Juckreiz zu verbrennen schien, drehten sie mich lachend um die eigene Achse, bis mich schwindelte und stießen mich dann in die Mitte des Kreises. Von Hand zu Hand, von Berührung zu Berührung weitergereicht, weiter gestoßen, weiter gedreht, verspotteten sie mich mit ätzenden Worten und bedienten sich meines Körper, wie es ihnen gefiel. Ich spürte, was mir geschah. Mein Körper reagierte. Ich spürte, wie meine Unterleibsorgane sich immer wieder konvulsivisch entluden und meine Schenkel sich hoben, als schritte ich schwebend über hohes Gras. Aber ich konnte nicht willentlich denken. Gedanken stürmten auf mich ein, die ich nicht zu ordnen oder zu kontrollieren vermochte. Bilder, Szenen, Phantasien fluteten über mich hinweg. Ein Eindruck jagte den anderen. Nichts hatte Bestand. Nichts folgte meinem Willen. Ich vergaß, wer ich war.

Irgendwann erbrach ich mich immer. Danach setzte Klarheit ein, aber langsam und irgendwie unwirklich. Ich wusste nicht, was ich tatsächlich erlebt hatte und was nur geträumt war. Sie sagten mir, alles sei real, was es in mir gedacht hatte, und was geschehen sei, sei mein freier Wille gewesen. Ich sei geil auf alte Männer, sagten sie. Und die Alten im Kreis lachten und zeigten mir ihre schrumpligen Hodensäcke, die ich angeblich oder tatsächlich geleert hatte. Das Geld zeigten sie mir, welches die alten Kerle meiner Mutter, der Hohen Priesterin, und meinem Vater, dem Hohen Priester, dafür gezahlt hatten, von mir, der Seth bestimmten Isis, bedient worden zu sein. Viel Geld war es, denn niemand war Seth wertvoller als ich, seine Schwester und Braut, die zukünftige Mutter seines Sohnes und die Gebärerin seiner eigenen ewigen Wiedergeburt. Wer von mir gesalbt wurde, war von Seth gesalbt. Wer mich mit seinem Samen beregnen durfte, war wiedergeboren in Seth. Jeder der Alten wollte nichts lieber als das. Und jeder von ihnen war bereit, sein Vermögen dafür zu opfern und die Kasse des Seth klingeln zu lassen.

»Das letzte Hemd hat keine Taschen«, sagte meine Mutter zu ihnen und hielt den Klingelbeutel auf, um Schmuck und Edelsteine, wertvolle Münzen und Bargeld einzusammeln, welches die Alten für eine Berührung von mir und noch mehr für eine Berührung des Seth bestimmten Allerheiligsten meines Körpers gaben.

Niemand durfte mich ganz nehmen, für alle war ich im letzten Akt tabu, denn ich war Isis, die Eine und Alle, und gehörte Seth. Aber sie durften mich versuchen, mich verführen, mich berühren und mit ihrem Sperma segnen.

Alles das, sagten sie mir, habe ich schreiend und auf den Knien bettelnd von jedem im Kreis verlangt. Sie hätten mich in meiner Seth gefälligen Lust reich gemacht. Und ich wusste es nicht. Wenn die Wirkung des Kampfers nachließ, war Chaos in meinem Kopf. Selbst das Sprechen fiel mir schwer, weil mir plötzlich Worte fehlten. Manchmal hatte ich sogar vergessen, wozu meine Strümpfe da waren.

Meist dauerte es Stunden, bis ich wieder in meinen Körper einzog. Stunden, in denen ich immer wieder von Magenkrämpfen geschüttelt wurde und mich erbrach. Stunden, in denen sie mich auf dem nackten Boden liegen ließen. Stunden der Qual und des Selbsthasses, weil ich mich der behaupteten Geilheit nicht erinnerte und doch an den Spuren auf mir sah, was geschehen war. Stunden, in denen ich sterben wollte, um diesen Körper, der angeblich mir gehörte, aber ohne mein Einverständnis und gegen meinen Willen so reagierte, wie andere ihn haben und benutzen wollten, nicht mehr ertragen zu müssen.

Aus all diesen Manipulationen meiner Seele, meines Denkens und Handelns heraus, weiß ich nicht, ob ich mich heute an etwas tatsächlich Geschehenes erinnere, wenn ich an meine Entstehung denke, von der ich immer und immer wieder träume. Oder ob ich durch bestimmte Hirneinwirkungen zielstrebig manipuliert wurde, dieses Geschehene als Traum anzusehen, um mit meinen Erinnerungen in der Welt derer, die nicht zu uns gehörten, unglaubwürdig zu sein. Immerhin war ich ein Kind; und Kinder reden, plappern, verraten viel.

»Unsere Issi hat wirklich eine blühende Phantasie«, sagte meine Mutter gern. »Mit so einem Lügen-Mädchen ist man gestraft, das dürfen Sie mir glauben.« Dann schauten die Nachbarn mich auf diese Weise an, die kleine Kinder in den Erdboden versinken lässt. Und meine Mutter lächelte mit ihren Grübchen in den Wangen, als ob sie geradewegs als Engel vom Himmel geflogen wäre. Dabei wusste niemand besser als sie, welche Ursachen und Gründe mein angebliches Lügen hatte.

Als Jugendliche habe ich den Traum meiner Zeugung in meinem Tagebuch wie ein Märchen aufgeschrieben:

Es war einmal eine Frau, die ging auf einen verlassenen Heuboden. Irgendetwas in ihr trieb sie dorthin, und irgendetwas in ihr schien dort etwas zu suchen. Ihre Augen mussten sich erst an die herrschende Dunkelheit gewöhnen. Das Holz des Heubodens war grau vom Alter und dem Staub der Jahre. Das Einzige, was frisch war, waren die Häufchen der Holzwürmer. Der Heuboden war riesig. Nur in einer Ecke lag noch ein bisschen Heu. Heu, das in vielen Jahren vergessen und nicht gebraucht worden war. Auch das Loch, durch welches das Heu in den Stall nach unten geworfen wurde, war längst überflüssig. Dieses Reich hier oben hatten die Spinnen und andere kleine Tiere für sich erobert. Und sie waren lange schon nicht mehr gestört worden.

Als die Frau sich umschaute, fiel plötzlich ein Sonnenstrahl durch das schmutzige Dachfenster herein. Als wollte er ihr den Weg zeigen. Denn am Ende des Strahls gab die Dunkelheit des Heubodens einen alten Schrank frei. Neugierig öffnete die Frau seine Tür. Altmodische, verstaubte, von Motten zerfressene Kleidung kam zum Vorschein. Schon wollte die Frau den Schrank wieder schließen, da fiel ihr Blick auf ein ungewöhnliches Päckchen. Sie nahm es heraus. Es war ein längliches Bündel aus rotem Samt, den die Motten schon arg zerfressen hatten. Ein dickes schwarzes Band hielt das Ganze noch leidlich zusammen. Vorsichtig öffnete die Frau die Schleife und rollte das Etwas aus dem Samt. Hervor kam eine dunkelbraune Flöte. Sie sah wunderschön aus. Wie lange mochte sie hier oben gelegen haben? Und wer hatte sie hier unter all dem Durcheinander versteckt? Würde das kleine Instrument noch einen Ton hervorbringen? Dies waren die Gedanken der Frau, als sie mit ihren Händen ganz behutsam über das Holz strich.

Obwohl die Frau noch nie auf einer Flöte gespielt hatte und in der Schule nie mitsingen durfte, weil sie so unmusikalisch war, dass sie keinen Ton halten konnte, war ihr so, als müsste sie versuchen, auf dieser Flöte zu spielen. Tatsächlich kamen die Töne unter ihren Fingern wie von selbst hervor. Und es war, als erzählten sie eine besondere Geschichte:

An einem Waldrand stand ein einsames Haus. Es hatte zwei Stockwerke und vor den Fenstern grüne Läden, die mit roten Holzbändern verziert waren. Ringsum standen Tannen und Fichten, die finstere Schatten warfen, sodass fast kein Licht durch die Fensterscheiben nach innen fallen konnte. Es kam der Frau vor, als wäre das Haus nicht nur weit ab von anderer menschlicher Nähe und Gesellschaft, sondern als hätte sich auch das Glück hier noch nie gezeigt.

Dennoch wohnte in diesem Haus ein junges Ehepaar. Und sie hatten sogar ein Kind, ein Mädchen, das ein Wunschkind war. Das Mädchen hatte schwarze glatte Haare und zwei Grübchen rechts und links vom Mund, wenn es lachte. Die Eltern waren sehr stolz auf das schöne Kind. Und auch die Großeltern liebten es sehr, denn es war ihr erstes Enkelkind.

Es gab aber eine Tradition in der Familie der Mutter, dass alle Mädchen in dieser Familie dem Satan geweiht wurden, denn sie glaubten nicht an Gott, sondern an den Satan und dass er seinen Sohn als den wahren Messias in die Welt schicken würde, um allen Menschen den Glauben an Seth zu bringen, den wahren Herrn der Welt. Die Familie war aus dem Stamme Seth, der Wurzel des Erzengels Luzifer, und sie hatten erforscht, dass ihr Stammbaum älter war als die Wurzel Jesse, aus der Jesus Christus gekommen war.

Der Vater ahnte nichts davon, doch die Mutter wusste, dass sie ihr kleines Mädchen zur Satansbraut hergeben musste. Sie liebte das Kind jedoch so sehr, dass sie nicht gewillt war, es zu opfern. Sie wollte es gut behüten, obwohl ihr oft bewusst wurde, dass sie kein gutes Talent für das Kinderbetreuen hatte. Und es sollte in Frieden aufwachsen. Dies beschloss sie ganz fest für sich selbst und schwor, dass sie alles tun werde, um ihr Kind zu retten.

Aber als die Zeit reif war, das kleine Mädchen dem Satan zu weihen, bestand die Familie der Mutter darauf. Sie drohten, das Kind zu entführen und die Eltern schwer zu bestrafen, wenn sie das Kind nicht freiwillig hergeben würden.

Es musste ein Ausweg gefunden werden, damit die Eltern dieses schöne schwarzhaarige Kind für sich behalten konnten. Die Verzweiflung war groß. Die Eltern stritten viel, denn sie waren sich plötzlich nicht mehr einig, was das Beste für das Kind sei. In ihrer Not gestand die Mutter dem Vater, dass es in ihrer Familie einen Pakt mit dem Teufel gab.

Da bekam der Vater große Angst vor den Strafen des Satans und wollte lieber das Kind als sich selbst opfern. So schob jeder dem anderen die Schuld an dem Unglück zu. Die Mutter schrie, dass der Vater das Kind ins Verderben stoßen würde, wenn er den Pakt mit dem Teufel einhalten wolle. Der Vater schrie, dass die Mutter das Kind vernichten würde, weil sie den Pakt mit dem Teufel gebrochen habe. Einer drohte dem anderen mit Verrat. Aber sie waren zu verstrickt ineinander und kamen nicht von Satan los.

Kurz bevor der Tag der Satansweihe gefeiert werden sollte, konnte die Mutter die Angst um ihr Kind nicht mehr aushalten. Sie bat ihren eigenen Vater heimlich zu sich und flehte ihn an, er solle mit der Familie darüber verhandeln, unter welchen Bedingungen ihr kleines Mädchen verschont bleiben könne. Sie war zu allem bereit, was man von ihr verlangen würde. Sogar zu ihrem eigenen Tod.

Der Großvater versprach sein Bestes. Er wusste, dass es einen Tag im Jahr gab, an dem ein solcher Handel gestattet war. Das war der 24.12., der Tag des Großen Tieres 666. Nur an die-

sem Tag gehörten 6 aus 24 Stunden ab der heiligen Zeit des Satans um 15 Uhr auch tagsüber dem Satan. Und nur in diesen Stunden konnte der Vorschlag der Mutter Gehör finden und für das kleine Mädchen die Chance bringen, der Familie des Seth für immer zu entkommen.

Die Rückkehr des Großvaters wurde mit Ungeduld erwartet. Endlich erschien er sehr erschöpft und grau im Waldhaus. Niemals verriet er, was er erlebt hatte. Nur eines sagte er den angstvollen Eltern: »Seid beide in der Nacht der Sommersonnenwende am heiligen Felsen im Wald an der Schlucht. Ihr müsst pünktlich um Mitternacht dort sein. Verspätet euch nicht. Ich selbst werde euch zu dem vereinbarten Treffpunkt bringen.«

Nun begann eine lange Wartezeit. Die Eltern mussten sich sehr in Geduld fassen. Oftmals waren sie vor Angst fast wahnsinnig. Aber wenn sie ihr kleines Mädchen ansahen, war ihnen alles recht.

Irgendwie war es dann aber doch so weit. Der Tag der Sonnenwende brach an und verging so langsam, als sollte er ewig dauern. Als die Eltern vor Angst und Ungewissheit schon fast wahnsinnig waren, fuhr das schwarze Auto des Großvaters vor. Er selbst saß am Steuer und holte die Eltern ab. Nach einer langen Fahrt war er am Ziel, und alle stiegen am Waldrand aus.

Es war eine finstere, gruslige Nacht, selbst die Sterne hatten sich versteckt. Doch der Großvater schien den Weg durch den Wald im Schlaf zu kennen, so oft war er ihn schon gegangen. Die Bäume ringsum verwandelten sich in schwarze, grausige Gestalten. Überall knackte es. Es war, als schauten und beobachteten 1 000 Augen den Weg der drei. Angstvoll hielten sich die Eltern aneinander geklammert. Und so kam der seltsame Zug an den Felsen kurz vor der Schlucht.

Hier hielt der Großvater an. »Du wartest hier, bis du gerufen wirst«, sagte er zu dem Vater und nahm die Mutter an die Hand. »Du musst allein mit mir kommen. Hörst du die Glocken?

Es ist Zeit.« Tatsächlich läuteten die Glocken der Kirchen im Tal die Mitternacht ein.

Schnell gingen die beiden auf die Schlucht zu. Schon von weitem war der Lichtschein des Sonnenwendfeuers zu sehen. Als sie näher kamen, erkannten sie einen Kessel, der an einem Gestänge über dem Feuer hing. Eine schwarze Gestalt stand daneben und warf etwas hinein, so dass plötzlich ein seltsamer schwerer Geruch entwich, der das ganze Tal benebelte. Viele andere Gestalten kamen aus dem Dunkeln, alle in schwarzer Kutte mit Kapuzen, und zogen die Mutter und den Großvater mit sich zum Feuer.

Während der Großvater seine Tochter zu einem Opferstein führte, der sich neben dem Feuer befand, bildeten die Schwarzkittel einen Kreis, der sich nur an einer Stelle kurz öffnete, damit der Großvater verschwinden und ein neuer Kuttenträger in einer weißen Kutte in den Kreis gebracht werden konnte. Gleichzeitig traten zwei Schwarzkittel auf die junge Frau zu. Diese zitterte am ganzen Leib wie Espenlaub. Doch ein Entrinnen gab es jetzt nicht mehr. Sie wurde von den beiden Kuttenträgern entkleidet und gesalbt und bemerkte kaum, dass sich die anderen Gestalten ringsum an dem duftenden Getränk aus dem Kessel bedienten.

Plötzlich erschien eine anders gekleidete Kapuzengestalt im Kreis. Die anderen wichen ehrfurchtsvoll vor ihm zurück oder fielen auf die Knie. Es war der Hohe Priester. Nachdem er sich mehrmals mit dem Kreuz des Seth bekreuzigt und einen Duftkessel geschwenkt hatte, fragte er die Mutter: »Hast du dir diesen Schritt genau überlegt, Tochter des Seth?« Die Mutter dachte an ihre kleine Tochter, die daheim friedlich in ihrem Bettchen schlief. Und obwohl sie grausige Angst hatte, sagte sie laut: »Ja, ich will dies alles.«

Daraufhin gab der Hohe Priester ein Zeichen an die Kuttenträger ringsum. Sie beeilten sich, einen goldenen Kelch mit dem Getränk aus dem Kessel zu füllen und reichten ihn dem Hohen Priester. Dieser nahm ihn mit beiden Händen entgegen und trank einen großen Schluck daraus. Danach legte er der Mutter eine schwarze runde Scheibe des heiligen Brotes des Seth auf die herausgestreckte Zunge und wartete, bis sie diese im Mund zerdrückt hatte. Danach legte er den goldenen Kelch an ihre Lippen und befahl ihr, ihn auszuleeren.

Wenig später fühlte sie, wie sie fast ohnmächtig wurde und alles, was geschah, nur noch wie unter einer Wattehaube wahrnahm. Sie merkte, dass sie von den Schwarzkitteln auf den Opferstein gehoben und mit einer grausig roten Masse beschmiert wurde.

Danach fand die heilige Hochzeit statt. Die Augen der Mutter nahmen nur unscharf wahr, dass sie zuerst und immer wieder von dem Hohen Priester, danach von dem Weißkittel und danach von allen gebraucht wurde, die im Kreis standen, sich immer wieder neue Kraft aus dem Kessel antranken und die Mutter abermals gebrauchten. Ihre Sinne aber waren überwach, denn die rote Masse brannte wie Feuer auf ihrem Körper und in ihrem Geschlecht. Stundenlang wand sie sich im Schmerz.

Und nie vergaß sie, wie der Hohe Priester danach sprach: »Von nun an bist du untrennbar mit dem Satan verbunden. Als seine Satansbraut wirst du das Kind dieser Nacht gebären. Und es wird ein Kind des Satans sein. Sollte es ein Mädchen sein, wird es Isis sein, die Braut und Geliebte und Mutter des Seth, unseres Herrn. Sollte es ein Junge sein, ist er Seth geweiht und wird zu unserem inneren Kreis gehören. Denn du warst heute die Schale des Herrn, gesegnet durch seinen Geist, der sich in dem Samen aller Männer, die an ihn glauben, seinen Gläubigen zeigt.

Geheiligt bist du nun, Tochter der Hohen Priesterin, in dem Samen deines Vaters, des Hohen Priesters und Stellvertreters des Seth, geheiligt durch den Samen deines Gatten, der durch dich zum Hohen Priester bestimmt ist nach dieser Nacht, und besiegelt durch den Samen aller Jünger des Seth. Als Hohe Priesterin wirst du uns angehören von nun an bis zu deinem Tode in Seth. Und wisse, entrinnen – entrinnen wirst du deiner Bestimmung nie.«

Die Mutter fühlte kaum, wie sie nach Hause kam. Jeder Muskel, jeder Knochen schmerzte. Tage lag sie mit hohem Fieber zu Bett und wollte lieber sterben, als darüber nachdenken, was ihr widerfahren war. Doch ihr junger Körper überwand das Fieber und den Schock. Bald konnte sie wieder aufstehen und fühlte überglücklich, dass sie schwanger war.

»Du bist frei, frei, frei!«, jubelte sie ihrer kleinen Tochter zu und herzte und küsste sie.

Nur der Vater war unglücklich. Er hasste das Kind, das im Leib der Mutter heranwuchs, denn wer wusste schon, ob er selbst der Vater war. Nicht einmal seine Frau konnte sagen, welcher der Kapuzenträger sie in jener Nacht geschwängert hatte.

»Beruhige dich doch«, sagte die Mutter immer wieder, wenn er sich von ihr abwandte und ihre Umarmungen nicht erwiderte. »Ich habe es für unser Kind getan. Ich spüre, dass es ein Junge sein wird. Den müssen wir nicht großziehen. Er wird sofort von uns genommen. Gleich nach der Geburt. Niemand wird es wissen, denn sie werden sagen, das Kind sei tot geboren. Begreifst du denn nicht, dass wir frei sind, dass sie unserer Tochter nichts mehr anhaben können?«

Doch der Vater ließ sich nicht trösten. »Du bist nicht mehr die, die du warst«, sagte er. »Sie haben dich benutzt. Sie haben dich beschmutzt. Sie haben mir das Liebste geraubt, was ich besaß. Du hast unser Kind gerettet. Aber meine Liebe zu dir hast du getötet.«

Da hasste auch die Mutter das Kind in ihrem Leib, denn es hatte ihr die Liebe ihres Ehemannes geraubt. »Satansbraten«, nannte sie es, wenn es sich in ihrem Bauch bewegte, und schlug mit den Fäusten auf die Wölbung, unter der das Kind lag.

Doch das Kind, das am vorbestimmten Tag zur Welt kam, war kein Sohn. Es war ein Mädchen. Es war Isis, die Eine und Alle ist. Gezeugt und geboren zur Rettung ihrer Schwester, des Glückskindes.

Die Mutter hatte sich schon vorher so vollkommen von diesem Kind abgewandt. Sie hatte keinen Funken Liebe mehr in sich, als der Großvater, der vor der Tür auf die Geburt des Satanskindes gewartet hatte, zu ihr ans Bett trat. Sie hätte am liebsten die Augen geschlossen, um das Kind nicht ansehen zu müssen. Und sie hasste es, ihre Brust entblößen zu müssen, damit der kleine Mund an ihr saugen könne.

Der Großvater sah den Hass der Mutter genau und lächelte, denn dieser Hass war die rechte Liebe des Seth und für das Neugeborene bestimmt. Er nahm es aus der Wiege, hielt es nackt über sich und sprach: »Das ist Isis, die Tochter, Geliebte, Braut und Mutter des heiligen Seth. Sie ist dir, Tochter und Hohe Priesterin des Seth, anvertraut von Seth selbst, dem Vater und Geliebten in einer Person.«

Nach diesen Worten legte er das blau und rot gefrorene nackte Kind an die Brust der Mutter und schob selbst die Brustwarze in den winzigen, suchenden Mund. Zufrieden sah er zu, wie das Kind zu saugen begann, und sagte zu der Mutter: »Ernähre, lehre und erziehe sie nun in der finsteren Liebe des Seth. Aber wehe dir, wenn sie Schaden nimmt an Leib und Seele. Du weißt, dass dies bedeutet, sie im Glück des Seth zu erziehen, welches der verblendeten Welt als Unglück erscheint. Tränen sind ihre Glückseligkeit, Schläge sind ihre Liebkosungen. Wisse, die Strafe des Seth wird furchtbar sein und sich an dir rächen bis ins siebte Glied deiner Kinder und Kindeskinder, wenn du versagst. Denn sie ist Isis, die Eine und Alle, und die Schlange des Seth ruht in ihr bis zum Tage der Wiedergeburt.«

Und so kam dieses kleine, schutzbedürftige Wesen auf die Welt und wurde ohne einen Funken von warmer Liebe in die finstere Grausamkeit des Satans gestoßen. Das Leben der Isis als Preis für das Leben des Glückskindes. Ihre Seele für Satan, damit die Seele der Schwester frei sein konnte. Gehasst vom Vater, gehasst von der Mutter, das ist die Liebe des Seth.

In diesem Moment war der Schmerz der Flötenspielerin über die Geschichte, die sie erfahren hatte, so groß, dass sie die Flöte fallen ließ und die Hände vor die Augen schlug. Dennoch bemerkte sie, dass sie immer noch auf dem alten Heuboden war. Der dünne Sonnenstrahl, der ihr den Weg zu dem Schrank gezeigt hatte, war verschwunden. Doch die Flöte war noch da. Zerbrochen lag sie zu Füßen der Frau im Staub. Langsam beugte die Frau sich zu ihr nieder, nahm sie, wickelte sie wieder in den löchrigen Samt und band eine Schleife aus der schwarzen Schnur darum. Dann schob sie das Päckchen hinter ihren Hosenbund und stieg die Leiter hinunter ins Freie.

Sie wusste, dass sie die Flöte nie wieder weglegen wollte, sie nie wieder vergessen würde. So wie sie auch nie wieder ihre eigene Geschichte im dunklen Schrank der vergessenen Erinnerungen vergraben wollte.

Märchen wie dieses halfen mir, meine Erfahrungen und Erlebnisse zu reflektieren, ohne sie allzu nahe an mich heranlassen zu müssen. Natürlich war mir bewusst, dass ich die Frau aus meinem Traum und zugleich auch Isis war. Aber sie in zwei Personen zu teilen, die große und die kleine Isis aus ihr zu machen, viele Puzzleteile aus meiner Seele zu machen, die jedes für sich Erinnerungsträger eines insgesamt Unerträglichen wurden, lie-ßen mich ertragen, was ich erlebt hatte.

Vor allem das Bewusstsein, dass meine Mutter zwar nach außen perfekt vorgab, mich über alles zu lieben, mich aber in

Wirklichkeit für alles Unglück ihres Lebens verantwortlich machte und dafür bestrafte, mit dem falschen Geschlecht geboren zu sein, belastete mich unsäglich.

In jedem Kind ist doch der Glaube ganz tief verankert, dass es die Mutter ist, die einen beschützt, wiegt, und die nie Böses will. Diese Sehnsucht spürte auch ich. Und wie so viele Kinder, die lieblos aufwachsen müssen, flüchtete auch ich mich in die Phantasie. Ich malte mir aus, nicht das Kind meiner Eltern zu sein, sondern ein irgendwo gefundenes, ausgesetztes oder zufällig an meine Eltern verkauftes Waisenkind.

Wenn sie wütend war, keifte meine Mutter oft: »Dich hat doch der Esel im Galopp verloren!« Und so stellte ich mir vor, wie ich als hilfloser Säugling von meiner mich heiß und innig liebenden echten Mutter auf einem Esel transportiert wurde, der aus irgendeinem Grunde ausriss und mich im Galopp in einem Graben abwarf. Dort, so dachte ich, lag ich dann wimmernd und halb tot vor Hunger und Kälte im Regen, als zufällig meine Eltern mit ihrer Wandergruppe vorbei kamen und mich fanden. Und natürlich nahmen meine Eltern mich dann mit, weil alle anderen sie bewundern und denken sollten, wie gut sie doch wären. Aber in Wahrheit hatten sie mich mitgenommen, weil sie ein Aschenputtel brauchten, das ihnen den Dreck wegmachte und ihre Launen erdulden musste.

Irgendwo, so spürte ich das zutiefst in mir, wartete meine wahre Mutter auf mich. Irgendwo musste es für mich doch eine andere Mutter geben auf dieser Welt. Irgendeine Frau, irgendeinen Menschen, der mich lieb hat und mag und mich beschützt.

»Vielleicht«, dachte ich, » vielleicht muss man nur lange genug suchen.« Aber so lange ich auch hoffte und mit diesem schrecklichen Flehen, das keiner je hörte, nach der Liebe suchte, die mich einmal zärtlich umarmen würde, so erfolglos blieb ich doch.

Und das nahm ich mir jeden Tag unzählige Male übel. Wenn es mir nicht gelang, diese Mutter zu finden, die mir bestimmt war, dann musste meine Ausdauer zu kurz sein. Dann musste es wieder mal nur an mir und meiner Dummheit, meiner Ungeschicklichkeit, meiner Hässlichkeit, meiner Schlechtigkeit, in jedem Fall an meiner völligen Wertlosigkeit liegen.

Wie unendlich ich mich sehnte, in den Arm genommen zu werden, getröstet zu werden, mal zur Ruhe zu kommen, mal ein Recht und einen Platz zum Weinen zu haben, mal ein kleines Mädchen sein zu dürfen und nicht Isis, die aus teuflischer Boshaftigkeit im Körper eines hilflosen Kindes steckte.

Es ging mir nicht darum, meine Eltern irgendwo anschwärzen zu können. Ich kam nicht auf die Idee, dass mich jemand aus ihren Fängen abholen und retten würde. Ich wollte nur eines: dann, wenn es gar zu unerträglich wurde, Pausen finden.

In all den Jahren war es der schwerste Lernprozess für mich, dass es diese Mutter meiner Sehnsucht für mich nie gegeben hat. Mehr noch, dass ich begreifen lernen musste, dass es niemals Mutterliebe für mich gab, keinen Moment lang. Dass sich nie jemand auf mich gefreut hatte. Dass ich bereits vor meiner Geburt durch meine Mutter eine grausige Bestimmung zugeteilt bekommen hatte.

Ich musste zu dem Schluss kommen, dass mich meine Mutter nicht nur nicht geliebt hat, was schon schlimm genug wäre und fast nicht auszuhalten. Nein, meine Mutter hat mich dem Satan und seiner Sekte überantwortet, hat mich verkauft, seit frühesten Tagen auf den Satansstrich geschickt. Sie hat mit mir, ihrem eigenen Kind – ihrem, wie manche sagen: ihrem eigenen Fleisch und Blut –, ihren eigenen Hals, den Hals ihres Geliebten und den Hals ihres einzig geliebten Kindes, meiner Schwester, gerettet. Und dabei hat sie als Hohe Priesterin immer ganz klar die Art der Qual und die Dauer derselben bestimmt, die sie mir als die Wohltaten des Seth erwies oder erweisen ließ. Und das von dem Tag an, an dem sie mir zu Hause die erste Windel umlegte.

Wie sagte sie doch mal so schön zu mir: »Wenn du schon für die Sekte bestimmt warst, wenn du schon von und für Satan gezeugt worden bist, dann, bitte schön, will auch ich meinen eigenen Spaß mit dir haben.«

Diese, meine leibliche Mutter, hat den Wert ihres kleinen Kindes, meinen Wert, selbst bestimmt, und der war definiert in ihrer eigenen Lust an mir und durch mich, ihrem eigenen Spaß an der Grausamkeit des Seth und gemessen am Geld, das mit mir zu verdienen war.

Es ist, als sei ich sogar dazu verdammt worden, mir meine eigenen Wurzeln, meine unersättliche Sehnsucht nach der Zuwendung einer liebevollen Mutter aus dem Leib zu reißen, und damit auch mein Innerstes, meinen Ursprung. Ich musste unter den Schmerzen erkennen, dass meine Mutter mich nicht nur nicht geliebt hatte. Sie hatte mich gehasst, mich nur geboren, um mich zu verkaufen, um mich als Ersatzmensch auszuschlachten.

Ich hatte keine Mutter.

KAPITEL 5

Die Einzige, die mich liebte, war meine Oma. Doch es war keine freie Liebe. Oft, sagte sie mir, dass sie Angst habe, sie und mein Opa würden eines Tages die Strafe des Seth erdulden müssen, weil sie beide nicht immer die rechte Liebe empfunden hatten. »Ich habe dich mit warmem Herzen lieb«, sagte sie zu mir und zog mich in ihre Arme, um meine Stirn zu küssen und meine Wangen zu streicheln. »Du weißt, dass das Sünde ist, nicht wahr? Ich sollte dich in die Backen kneifen und dich beißen, wenn ich dich küsse. Aber ich kann es nicht, ich kann es nicht, Seth steh mir bei.«

»Es ist schön«, flüsterte ich dann und küsste sie mit geschlossenen Augen zurück, denn ich wollte sie nicht anschauen, weil ich sonst sehen musste, wie lieb sie mich ansah. Und wenn ich es gesehen hätte, hätte ich es gewusst. Und hätte ich es gewusst, hätte ich es sagen müssen. »Aber wen hat der Opa denn nicht richtig lieb?«

»Deine Mutter, mein Herz«, sagte meine Oma und schlug über uns beide das Kreuz des Seth.

»Und woher weißt du das?«, fragte ich, denn ich konnte mir kaum vorstellen, dass mein Opa etwas tat, was unserem Herrn Seth nicht gefiel.

»Ich weiß es, weil er sie vor der Strafe durch die Familie des Seth gerettet hat«, antwortete meine Oma. »Damals, weißt du, als du noch nicht geboren warst und sie deine Schwester Aimée im Christenglauben taufen ließ, damit sie nicht zu uns und der Familie des Seth gehören sollte.«

»Warum nicht?«, wunderte ich mich.

»Weil«, gab meine Oma zurück und schaute mich aus ihren grünen Meerjungfrauenaugen lange an, ehe sie meinen Kopf an ihre Schulter drückte, »weil deine Mutter wusste, dass deine Schwester nicht Isis ist. Nur du bist Isis, mein Hexlein, nur du allein bist die Eine, die Alles ist, nicht deine Schwester. Deine Mutter wollte Seth keine falsche Isis schenken. Darum, nur darum ließ sie deine Schwester im Christenglauben taufen.«

›Wie sehr muss meine Oma mich geliebt haben‹, denke ich heute oft, dass sie es damals nicht über sich brachte, mir zu verraten, dass meine Mutter, die mich niemals auch nur ein wenig lieb gehabt hat, vollkommene Liebe für meine Schwester Aimée empfand und deshalb für sie zu sterben bereit gewesen war. Stattdessen schwindelte die alte Frau mir trotz ihrer Angst vor der Strafe des Seth vor, meine Mutter habe mich für würdiger erkannt, Isis zu sein, als meine Schwester. »Ach, Oma«, flüstere ich zärtlich. »Meine liebe, liebe Oma.« Und jedes Mal ist es mir, als lächle sie mir aus einer anderen Ebene des Lebens aus ihren wundersamen Augen zu.

»Wie hat der Opa die Mutti denn gerettet?«, bohrte ich damals weiter.

Und meine Oma antwortete: »Damals hat der Opa deine Mutter gerettet, denn er wusste, dass Seth sich an deiner Mutter ganz entsetzlich rächen würde, weil Seth will, dass alle Kinder, die in der Familie des Seth geboren werden, an ihn glauben und ihm gehören. Doch dein Opa ist der Hohe Priester des Seth, und es ist ihm die Macht des Seth auf Erden gegeben. Deshalb hat er die Macht, sogar Seth zu versöhnen und einen Fehler, den man ihm angetan hat, wieder auszulöschen. Nur dein Opa konnte das. Und er hat seine Tochter so sehr aus warmem Herzen geliebt, dass er ihr keinen Schmerz zufügen konnte. Das ist die Liebe der Christenmenschen, mein Mädchen. Das ist die Sünde des Osiris. Und doch hat dein Opa dies für deine Mutter getan, indem er alles tat, um ihr eine Strafe zu ersparen. Nur weil er sie so sehr aus warmem Herzen liebte, hat er den einzigen Tag der Gnade des Seth abgewartet und deine Mutter zusammen mit deiner Schwester Aimée und sogar mit ihrem Mann freigekauft.«

»Freigekauft?« Verständnislos schaute ich meine Oma an. »Was bedeutet das?«

»Das heißt, dass er deine Schwester Aimée von unserem Herrn Seth gekauft hat«, sagte meine Oma. »Du weißt, wie es im sechsten und siebten Buch Mose heißt, wie der Hohe Priester die Erscheinung des Herrn Seth befehlen kann. So hat dein Opa es auch getan. Er hat die Kraft des größten Zaubers benutzt und Seth beschworen, zu ihm zu kommen. Und dann geschah es, wie es im Buche geschrieben steht.« Dabei schlug sie das Buch auf, welches sie in einer Schublade ihres Schrankes aufbewahrte, und las mir vor: »Die Erde wird erbeben, und alle Himmel werden erzittern, und es wird euch so furchtbar und schauerlich durch alle Gebeine rieseln, als stündet ihr mitten in Gewitterwolken, umzüngelt von Tausenden von Blitzen und Donnern. Aber alles dauert nicht länger als das Zucken einer Augenwimper. Wenn alles Licht plötzlich verschwunden ist, dann wird vor euch ein Wesen stehen, so schön wie keine Erdentochter je eines geboren hat! Das Antlitz ein Ebenbild Gottes, nur leicht entstellt durch einen Zug von Hochmut, durch ein unheimliches Gefunkel der Augen und einen Anflug von höhnischer Verneinung in den Mundwinkeln: das ist der große Luzifer, der gefallene Erzengel und Oberster aller finsteren Mächte, der Herr der Unterwelt.«

»Und so hat er wirklich ausgesehen?«, fragte ich und kuschelte mich mit wohligem Schaudern an meine Oma.

»Ja«, nickte sie und glaubte es wohl selbst. »Genau so. Und dann hat dein Opa ihm einen Handel vorgeschlagen, dass er ihm alles Geld geben will, was er hat, damit er dieses Kind freigibt und deine Mutter ihm ein neues Kind, die rechte Isis, gebären kann.«

»Mich!«, sagte ich.

»Dich!«, nickte sie, und dabei stiegen ihr Tränen in die Augen, die ich mit dem Zeigefinger auffing und mit der Zunge kostete. Sie schmeckten salzig und bitter. So wie der Schmerz schmeckt, den die Liebe des Seth uns bringt.

Wie viel Geld mein Opa für meine Schwester Aimée bezahlte, weiß ich nicht. Er hatte in seinem früheren Leben als Uhrmacher und Juwelier große Vermögenswerte ansammeln können, die er über den Krieg hinaus zu retten und während des Krieges zu vermehren vermochte, indem er Juden zur Flucht verhalf, von denen er sich reich bezahlen ließ. Nach dem Tode meines Opas wurde dieser Reichtum unter seinen Kindern aufgeteilt. Noch heute besitzt meine Mutter, die nach dem Mauerfall die in der ehemaligen DDR obligatorische Gütergemeinschaft mit ihrem Ehemann aufheben ließ, in einem geheimen Safe in einer Schweizer Bank Edelsteine, Perlen, Gold- und Silberbarren sowie Schmuck, Porzellan und Gemälde, die ein Vermögen wert sind.

Sicher ist, dass mein Opa die Freiheit meiner Mutter und ihre Weihe zur Hohen Priesterin damit bezahlte, sich selbst an der Zeugung der Isis beteiligen zu müssen und daher ebenso wie der Vater meiner Schwester und jeder andere erste Jünger des Seth mein Erzeuger sein könnte. Auf diese Weise wurde meine erstgeborene Schwester zum Sonnenkind des Osiris erklärt und die Weihe meiner Mutter zur Hohen Priesterin in jenem besonderen Zeugungsakt vollzogen, der es ihrem Ehemann nachträglich nach und trotz ihrer christlichen Hochzeit ermöglichte, zum neuen Hohen Priester zu werden und auf diese Weise das Gesetz des Seth zu erfüllen. Ich aber war die eigentliche Bezahlung und das wahre Sühneopfer meiner Mutter zur Errettung ihres eigenen Lebens sowie der ewigen Seligkeit meiner Schwester Aimée.

Als ich erwachsen war, fragte ich meine Mutter. Ich wollte wissen, was sie mir erzählen würde. Die Gelegenheit bot sich, als wir zusammen die Kleidungsstücke meines Vaters für sein neues Zuhause im Pflegeheim auswählten.

»Du warst schon in der Planung für Seth bestimmt«, begann ihre Geschichte. »Aimée war 18 Monate alt, als ich von schwerer Unruhe erfasst wurde. Ich begann unter rasenden Migräne-Anfällen und quälenden Magenschmerzen zu leiden. Tagsüber lag ich im abgedunkelten Schlafzimmer und ertrug kein Geräusch im Haus, keinen Lichtschimmer. Nachts brachen Albträume über mich herein, in denen ich Aimée in tausend Gefahren erlebte, sodass ihr lautes Weinen und Schreien auch deinen Vater um den Schlaf brachten.

Irgendwann förderte Aimée im Spiel ein seltsames kleines Ding unter der Matratze hervor und ans Tageslicht. Es fühlte sich wie eine schrumplige Rettichwurzel an, sah aber aus wie ein verrenktes, missgebildetes Kind mit einem ururalten Gesicht. Und es hatte tief ins Fleisch getriebene Stecknadeln im Kopf sowie im Magen. ›Eine Alraune‹, sagte dein Vater und betrachtete die Wurzeln von allen Seiten, denn als Gärtner faszinierte ihn die seltene Pflanze. ›Wie kommt die denn hierher?‹

›Wie schon? Ich soll das sein‹, rief ich und riss ihm die Pflanze aus der Hand. ›Siehst du die Nadeln? Hier am Kopf und da, genau im Magen. Jetzt ist mir alles klar. Das war's. Darum halte ich es fast nicht aus.‹

›Dummes Ding.‹ Dein Vater lachte und schüttelte den Kopf über so viel Aberglauben. ›Komm, wir geben es meinem Vater, der zerstampft es im Mörser und macht Liebestränklein für alte Jungfern daraus.‹ Ich war aber nicht zum Spaßen aufgelegt. Ich wusste, was die Alraune mir sagen sollte: ›Eine Hohe Priesterin des Seth, die im dritten Jahr nach der Geburt eines Tagkindes kein Nachtkind gebiert und Seth weiht, ist des Todes.‹«

Und so entschloss ich mich in jener Nacht, deinen nichts ahnenden Vater einzuweihen.«

»Und wie hat er es aufgenommen?«, fragte ich mit gesenktem Kopf, damit meine Mutter nicht sehen sollte, wie es in mir brodelte.

»Du kennst ihn doch«, lachte meine Mutter auf. »Als er hörte, wen er sich da angelacht hatte, war er zuerst ganz schön geschockt. Du weißt ja, dass seine Leute dauernd in die Kirche gerannt sind – und das, obwohl es in der ehemaligen DDR nicht gern gesehen wurde. Aber das war dann auch wieder ein Glück, denn so hatte er schon eine gewisse Vorbildung. Da gab es so einen Spruch in seiner Familie, dass es in der Hölle sowieso besser sei, weil man da alle wieder trifft, die man im Leben gekannt hat. Er hat die ganze Geschichte dann nicht so schwer genommen, mehr wie eine Art Abenteuer. Es war, glaube ich, auch ganz spannend für ihn.«

»Spannend?«, brachte ich hervor.

»Na ja«, nickte sie und packte die übrig gebliebenen Hosen ein. »Er war jung, und scharfer Sex ist nicht zu verachten.«

Ich wandte mich ab, um sie nicht an den Haaren zu packen und zu schütteln. »Und du?«, fragte ich. »Du warst nicht erschrocken, als du die Sache mit der Nellie und dem Inzest gehört hast? Hattest du da nie Angst um Aimée?«

Meine Mutter hatte wenig Lust, mir zu antworten. Das merkte ich. Schnell hakte ich nochmals nach. »Es hätte doch sein können, dass er genau wie sein Bruder ist und kleine Mädchen liebt.«

»Nicht bei mir«, trumpfte meine Mutter selbstbewusst auf. »Du hast ja noch nie Spaß an der Sache gehabt, wenn du weißt, was ich meine. Aber ich nicht. Wer's mit mir hat, der weiß, was er an mir hat. Dein Vater wäre schlecht beraten gewesen, wenn er das aufgegeben hätte.«

Ich schwieg. Es lag mir nichts daran, Näheres über die Sexbeziehung meiner Eltern zu erfahren.

»Dass es in seiner Familie Geschwisterliebe gab und sogar Nachkommen entstanden waren, die unter Missbildungen litten, erschreckte mich wirklich nicht«, gestand meine Mutter. »Ich war damals fest überzeugt, dass der Mann, den ich liebe, so etwas niemals tun würde. Vielmehr erschien es mir wie die Offenbarung des Seth, welche mir verkündete, dass dein Vater der mir wahrhaftig von Seth bestimmte Gefährte sei.«

Sie hielt einen Moment inne und zog mich zu sich auf die Bettkante nieder. »Du bist jetzt zwar drüber weg«, sagte sie. »Aber warum soll ich dir das nicht erzählen? Du gehörst dazu. Du kannst das nie abschütteln. Das klebt an dir wie eine zweite Haut. Das wirst du nie los. Auch wenn du jetzt anders denkst und nichts mehr von allem wissen willst. Wer einmal dazu gehört, gehört immer dazu. Und deshalb habe ich keine Geheimnisse vor dir.«

Mir war fast schlecht vor Abscheu vor ihr. Aber mein Bedürfnis, mehr über mich und meine Vergangenheit zu erfahren, war stärker als der Ekel. Ich wusste, dass sie sich ihre Weltsicht zusammenbastelte, wie es ihr in den Kram passte. Und ich wusste, dass ich so weit von Seth und seiner Familie entfernt war und bleibe, wie Licht und Dunkelheit getrennt sind. Also hörte ich zu.

»Ich dachte, ein Mann aus einer solchen Familie müsse der ausersehene neue Hohe Priester sei, mit dem ich Isis zeugen und zur Erlösung des Seth wiedergebären werde. Seth verbot ja die Liebe unter Geschwistern nicht. Im Gegenteil, er heiligte sie durch sein eigenes Beispiel, da er zugleich Bruder und Geliebter, Bräutigam und Vater der Kinder der Isis ist. Nur aus der Geschwisterliebe entsteht Seth als das Große Tier 666 und die Wiedergeburt der Seth-Schlange zum ewigen Leben.«

Nach und nach entstand das Szenario von damals vor meinem inneren Auge. Es hatte sich inmitten desselben Schlafzimmermobiliars abgespielt wie jetzt. Meine Mutter hatte in der rechten Bettecke gesessen, die Arme um die in die Bettdecke gewickelten Knie gelegt. Mein Vater war aufgesprungen und lief in der ihm eigenen Hektik hin und her.

»Aber wieso glaubst du, dass ich dir auserkoren wurde, weil es in meiner Familie Missbildungen gibt? Wie könnte sich in einer Missgeburt die Gestalt deines Gottes zeigen?«, fragte er zweifelnd. »Ist nicht Gottes Gestalt stets erhaben und vollkommen?«

»Das Große Tier 666 zeigt sich in verschiedener Gestalt«, erwiderte meine Mutter. »Es ist nicht wie der Mensch-Sohn des Osiris. Es muss nicht im Angesicht der Dummen bestehen, die sich vor Angst in die Hosen machen, sobald sie etwas sehen, was sie noch nie gesehen haben. Seth kann in jeder nie da gewesenen Gestalt erscheinen. Er ist die Schlange im Leibe der Isis, die Eine und Alle ist. Er ist das Große Tier 666, in schwarzen Pelz gekleidet wie der Nachthimmel über uns, von den Hörnern der Mondsichel gekrönt und mit den Augen des Kohlefeuers, welches die Dunkelheit durchdringt. Und sein Phallus ist Seth in der Wiedergeburt der Schlange, ehe sie die Yoni der Isis durchdringt, um den unendlichen Kreis des ewigen Lebens zu schließen.«

»Meinst du nicht, dass das alles ziemlich hochtrabende Spinnerei ist?«, fragte mein Vater und rieb sich die Augen, als müsse er meine Mutter völlig neu erkennen. »Willst du damit sagen, dass du an einen Gott glaubst, der als Missgeburt geboren wird?«

»Woran glauben die Christen?«, fragte meine Mutter zurück. »Sie sind die Gemeinde des Taglichtbringers und glauben, dass ihr Gott als das Wunder der Vollkommenheit geboren wird. Wir sind die Gemeinde des Nachtlichtbringers und glauben, dass unser Gott als das Wunder der Unvollkommenheit geboren wird. Merkst du denn nicht, dass das alles zusammenpasst? Dass dein Gott und mein Gott beides Söhne von Gott-Mutter und ihrem Geliebten Gott-Vater sind?«

Mein Vater sprang aus dem Sessel auf, in dem er es sich bequem gemacht hatte, und trat mit auf dem Rücken verschränkten Händen ans Fenster. »Woher willst du das alles wissen?«, rief er. »Wo sind deine Zeugen? Wo ist deine Bibel?«

»Zweifle du nur.« Meine Mutter lächelte und stellte sich hinter ihn, sodass ihre Stirn an seinem Schulterblatt lag. »Ich weiß es, weil wir Überlieferungen haben, die älter sind als deine Bibel. Alle Völker der Welt kennen sie. Die Christen haben ihre Missionare in die Welt geschickt, damit sie dieses alte Wissen auslöschen und der Taglichtbringer als alleiniger Gott verehrt werde. Aber sie haben es nicht geschafft, das alte Wissen zu vernichten. Es gab immer Wissende, die es weitergaben. Wir sind ihre Kinder, die geheime Gemeinde des Nachtlichtbringers Seth.«

»Und was ist mit der Bibel?«, schrie mein Vater auf. »Willst du behaupten, alles sei falsch, was darin steht?«

»Nein«, sagte meine Mutter und drehte meinen Vater zu sich um, sodass er ihr in die Augen schauen und die Grübchen in ihren Wangen sehen musste, die er so liebte. »Eure Bibelschreiber haben geschrieben, was sie wussten. Sie waren ebenso verblendet wie die drei Weisen, welche die Ankunft des Osiris geweissagt und die Ankunft des Seth nicht erkannt hatten. Wir, die Gemeinde des Seth, sind da, um die fehlende Hälfte der Bibel zu ergänzen.« Sie lächelte stärker. »Wenn du beide Hälften des Wissens erkennst, weißt du, dass Maria, die von den Christen verehrt wird, weil sie die Mutter des Gott-Sohnes Jesus Christus war, in Wahrheit Isis war. Wie es ihr vorbestimmt war, kam Osiris in der Gestalt des Heiligen Geistes über sie. Er zeugte mit ihr seine eigene Wiedergeburt, den die Menschen Messias nannten, weil sie sich an die alte Weissagung erinnerten, dass Gott ihnen seinen Sohn schicken werde. Dieser Messias, der sich selbst Jesus Christus nannte, war die Auferstehung und das ewige Leben für alle, die den Taglichtbringer lieben. »

»Willst du damit sagen, dass Maria eigentlich noch einen zweiten Sohn Gottes zur Welt bringen sollte? Dass sie versagt hat, weil sie nur einen Sohn bekam?«, murmelte mein Vater.

»Genau. Es fehlt der zweite Messias, das Kind des Nachtlichtbringers, das in der Wiedergeburt die Auferstehung und das ewige Leben gewinnt. Es fehlt das Große Tier 666.«

»Und du meinst, wir … ?«, flüsterte mein Vater und mochte den angefangenen Satz nicht zu Ende bringen.

Doch meine Mutter lachte zufrieden auf. »Du hast es!«, rief sie. »Begreifst du jetzt, dass Gott-Mutter uns, dir und mir, ein Kind, eine kleine Isis schicken wird, um die Welt und die Menschheit endlich vom Tod zu erlösen? Dass wir die auserwählten Eltern sind, die dieses Kind zeugen und gebären und auf die ihm vorbestimmte Aufgabe vorbereiten und es erziehen sollen, damit Isis endlich den Willen Gott-Mutters erfüllt und auch Seth, den Nachtlichtbringer, zur Unendlichkeit erlöst? Begreifst du das jetzt?«

»Heißt das, wir können eine Tochter zeugen, die diese Isis sein wird?« Mein Vater zweifelte immer noch. »Bedeutet das, dass unsere Tochter eines Tages den Messias des Seth, das Große Tier 666, zur Welt bringen und ihm das ewige Leben der Wiedergeburt schenken wird?«

»So ist es!«, verkündete meine Mutter. »Wir sind das auserwählte Paar Seths. Du bist erkoren, Isis zu zeugen, die aus ihrem Schoß das Große Tier 666 gebären wird.«

»Ich glaube, mir wird schlecht«, sagte mein Vater.

Ich stand auf. Es hielt mich nicht mehr in diesem Schlafzimmer, dessen Möbel die alten Geheimnisse gespeichert zu haben schienen, um sie als Gespenster in meinen Kopf schicken zu können. »Komm«, sagte ich zu meiner Mutter. »Lass gut sein.«

»Womit?«, fragte sie listig und verzog das Gesicht, so dass sich die dünn gewordene Haut unter dem Kinn in eine Reihe welker Falten legte.

»Mit allem«, gab ich zurück.

KAPITEL 6

Erwachsen werden konnte ich erst, als ich meine Mutterlosigkeit und Vaterlosigkeit hinnehmen lernte und aufhörte, nach der Liebe der einen mir bestimmten Mutter zu suchen. Anfangs war es, als sollte ich ein Haus in den Wolken errichten. Ich hatte keinen Boden unter den Füßen. Da ich nie geliebt worden war, liebte auch ich mich nicht. Mir fehlte jeder innere Halt, jedes positive Gefühl zu mir selbst. Es gab nichts, worauf ich hätte aufbauen können. Keine Erfahrung, aus der heraus ich hätte Zuversicht schöpfen können, dass ich in der Lage wäre, mich zu mögen und etwas Gutes zu vermögen.

Als die Todessehnsucht, die mich vor allem zu den großen kirchlichen Feiertagen, die zugleich Feste des Seth waren, erfasste, so übermächtig wurde, dass sie meine Gedanken zu jeder Tages- und Nachtzeit beschäftigte, bekam der Teil in mir, der im Alltag verhaftet und auf meine Tochter konzentriert war, Angst. Angst, dass ich als Mutter mein eigenes Kind ebenso im Stich lassen könnte, wie meine Mutter mich im Stich gelassen hat. Angst, mein Kind zu verraten, wie ich einst verraten wurde. Angst, mich wirklich in einer tiefen Phase der Depression umzubringen und mein Kind nicht mehr vor dem Zugriff meiner Eltern und der Seth-Familie beschützen zu können.

Nicht mir, doch meinem Kind zuliebe beschloss ich, allen Mut zusammenzunehmen und eine Therapie zu machen.

Ich hatte in unserer Tageszeitung ein Inserat entdeckt, welches eine Therapie bewarb, die mich in drei Tagen zu einem neuen Menschen machen sollte. Am Ende, hieß es, würde ich in der Lage sein, meine Probleme mit dem anderen Geschlecht zu beherrschen, mich selbst positiv anzunehmen und gestärkt in die Zukunft zu gehen.

Das war genau das, was ich brauchte. Ich war Mitte 20 und konnte es mir leisten. Sowohl zeitlich, denn ich wollte meine Tochter nicht lange in fremde Obhut geben, als auch finanziell. Kurz entschlossen lieferte ich Marlene bei einer Freundin mit einem gleichaltrigen Kind ab. Dann machte ich mich mit Zuversicht, Isomatte und Schlafsack auf den Weg ins Ungewisse.

Nach einer netten Begrüßung durch ein Ehepaar, das sich uns als Pastor und Pastorin vorstellte, die in ihrer Freizeit Paar- und Tanztherapien anboten, begann die erste Übung damit, Körperkontakt aufzubauen. Wir stellten uns Männlein zu Männlein, Weiblein zu Weiblein und in einem zweiten Durchgang im gemischten Doppel einander gegenüber auf. Nach kurzem Absprechen und Entscheiden, wer anfangen durfte, begann das Berühren. Dieses sollte nach und nach immer herzlicher werden und endete alsbald schon mit den ersten Paaren, die es in der Liegeposition am herzlichsten fanden.

Derartige Übungen kannte ich so genau, dass ich sie nicht erneut lernen musste. Also schnappte ich mir mein Bündel und wollte gehen. Doch weit gefehlt. Ich hatte bezahlt. Und wer bezahlt hatte, erwarb einen Anspruch auf die volle Leistung. Der konnte anscheinend nicht mir nichts, dir nichts aus der Tür gehen und verschwinden. »Das musst du doch einsehen«, sagte der Kursleiter in seinem weißen Kittel mit seiner einfühlsam sanften Stimme und versuchte, mich mit festem Griff wieder in den turnhallenähnlichen Saal zurückzuführen. »Wir wollen doch nur dein Bestes.«

Diesen Spruch kannte ich. Meine Eltern hatten auch angeblich immer nur mein Bestes gewollt und an sich genommen. Aber jetzt endlich wollte ich mein Bestes für mich selbst.

Da ich mich gegen die freundliche Überredungskunst des sanften Herrn Pastors und seiner lieben Pastorin nicht mit Worten, sondern tatkräftig wehrte, schloss irgendjemand aus dem Kurs hinter mir die Tür zu, damit ich das Haus nicht verlassen konnte, sondern bleiben musste. Er hat es gewiss nicht als Freiheitsberaubung gemeint. Woher hätte man denn auch wissen sollen, dass ich verriegelte Türen zu oft erlebt hatte? Immer waren dahinter Schrecken zum Vorschein gekommen.

Wie so oft völlig unverhofft, aktivierten sich meine inneren Tretminen jedoch sofort, sodass ich zu schreien anfing und, ohne das geschlossene Fenster zu registrieren, buchstäblich mit der Glastür ins Haus und zugleich auch aus dem Haus fiel.

Die dabei entstandenen Schnittwunden mussten medizinisch versorgt und teilweise genäht werden. Meine geistige Abwesenheit und seelische Verwirrtheit musste behandelt werden. Jemand stellte mir Fragen, weil man vermutete, ich habe mir das Leben nehmen wollen. Dieser Jemand war der erste Therapeut meines Lebens.

Er war weder jung noch alt, ein schlanker Mann mit den feingliedrigsten Fingern, die ich je gesehen hatte. »Wenn dir die Finger gefallen, gefällt dir auch der ganze Mensch«, hatte meine Oma mich gelehrt. Und zumindest diesmal hatte sie Recht.

Gemeinsam mit diesem Therapeuten machte ich mich auf die Suche nach Mikrospuren des Selbstvertrauens in mir. Wie ein Kletterer an der freien Wand hangelte ich mich von Fetzchen zu Plätzchen meines Erinnerungsvermögens. Wo ich innehielt, machten wir Rast, um im Gespräch genauer hinzuschauen, mein Ich zu finden, meine nur mich betreffenden Wurzeln zu erkunden, die mich als eigene Persönlichkeit definieren und im Lebensalltag festhalten.

Erst seitdem wir diese Flickarbeit begonnen haben, kommt das verlassene kleine Kind in mir mehr und mehr zur Ruhe.

Aber obwohl ich seit Jahren darum ringe, mich ohne Eltern, ohne Herkunft, ohne Ursprungsfamilie, ohne tragfähige Bindungen innerhalb eines Familienstammbaums zu akzeptieren und meinen Wert aus mir selbst heraus zu bestimmen, ist all das noch immer sehr neu. Selbst ein Mensch, der vom Esel im Galopp verloren wurde, hat eine Mutter und einen Vater. Ich aber habe eine Frau, die mich aus dem Samencocktail satanistischer Geheimbündler empfing, als Gebärmutter. Und ich habe einen Spermaspender als Erzeuger, der mir als Vater ewig unbekannt bleiben wird. Ich weiß nicht, wer mein Vater ist. Es können viele sein, sogar mein Großvater. Meine Mutter wusste es nie. »Sie haben mich alle genommen«, sagte sie mir in jenen Tagen, als wir die Siebensachen meines Vaters für das Pflegeheim packten, in dem ich ihn heute manchmal besuche. »Ich habe sie nicht gezählt. Es waren, glaube ich, alle Männer der Seth-Familie. Und mein eigener Vater war zuerst an der Reihe. Er hatte das Recht des ersten Mals, denn er war der Hohe Priester und Stellvertreter des Seth. Sie alle haben den Cocktail des Seth gemixt. Und ich war die Schale dazu.«

Noch da lachte sie über meine Tränen. »Mädchen, was soll das Geplärr?«, sagte sie. »Glaub mir, die wenigsten Kinder kennen ihren echten Vater. Du kennst immer nur deine Mutter genau, denn aus ihrem Bauch bist du gekommen. Wie du rein gekommen bist, bleibt das wahre Mysterium.«

Jahrelang habe ich jedem Mann, der mir im Umfeld meiner Familie begegnete, prüfend ins Gesicht geschaut und nach Ähnlichkeiten mit mir gesucht. Verstehen kann das vielleicht nur jemand, der weiß, wie es ist, wenn man heiße Augen und einen Kloß im Hals bekommt, während man zusieht, wie andere Kinder von ihrem Vater umarmt, auf den Schoß genommen werden. Wenn man innerlich bebt vor Verlangen, einmal nur einen solchen Vaterblick geschenkt zu bekommen. Einmal nur eine so große, starke und doch sanfte, milde Hand an der eigenen Haut zu fühlen. Einmal nur dieses Glück zu spüren, von dem eigenen Vater geliebt zu werden, ohne dafür bezahlen zu müssen. Wenn man das Verstoßensein durch den Vater nur erträgt, indem man böse wird. Indem man aktiv zurückstößt, um nicht immer nur leiden, erdulden, ertragen zu müssen. Wenn man den Hass genießt – den eigenen wie auch den des Vaters –, weil es die einzige Form der Liebe ist, die man bekommt. Und gleichzeitig den Hass hasst, den man selbst nicht empfinden will.

Inzwischen ahne ich, was Liebe ist und was sie bedeutet. Ich habe hart um diese Erkenntnis gerungen und den größten Teil meines Einkommens dafür bezahlt, dass ein therapeutischer Fachmann mich lehrte, Gefühle aus der Gefühlsverdrehung der Seth-Gemeinde zu lösen, sie im Sinne der Mitmenschlichkeit neu zu drehen, sie unter Berücksichtigung von Ethik und Moral neu zu definieren und in ihrer emotionalen Fülle neu anzunehmen. Die Angst, die es weckt, wenn ich zurücklächle, weil mir ein Lächeln geschenkt wurde, oder wenn ich einen mir lieben Menschen umarme, anstatt ihn vielleicht zu kneifen oder zu boxen, ist einem Menschen, der nicht Ähnliches erlebt hat wie ich, nicht begreiflich. Es ist die Angst vor der Strafe des Seth. Sie überwinden zu wollen, bedeutet, sie in jeder Sekunde des Lebens erneut überwinden zu müssen, denn sie ist mir in den Verstand eingetrichtert, unter die Haut implantiert, in die Seele gespritzt.

An Tagen, an denen ich schon beim Aufwachen mutlos und depressiv bin, ertrage ich nicht einmal einen unverbindlichen Anruf, weil schon die ferne, freundliche Stimme zu viel positive Energie zu mir trägt. In solchen Momenten kann ich die aus der Vergangenheit auf mich eindringende Erfahrung kaum abstreifen, dass positive Energie schlecht ist und unweigerlich in die Strafe des Seth münden muss. Kopfschmerzen, die mich überfallen, dann nicht spontan oder intuitiv als eine Form dieser

Strafe anzunehmen und Seth ergeben zu ertragen, sondern mir eine Tablette zu gönnen oder mich gar eine Weile bei schöner Musik auszuruhen und ein wenig zu verwöhnen, bedeutet einen enormen geistigen Kraftakt. Oft bin ich dem nicht gewachsen. Dann bleibt mir nur, mich in meinem Bett zu vergraben, meine Angst in die Kissen zu heulen und irgendwann genug Mut zu entwickeln, den Kopf wieder hervorzustrecken, einen Menschen anzurufen, von dem ich sicher weiß, dass er mich nicht erschlagen wird, und mir von dessen Kraft so viel für mich abzuzweigen, dass ich mich wieder ans Tageslicht wage.

KAPITEL 7

Solange ich der Gemeinde des Seth angehörte, wurden mir Mixturen aus Hypnosebehandlungen und das Bewusstsein erweiternder Pflanzendrogen zuteil. Im Kräutergarten und im Gewächshaus meiner Großmutter väterlicherseits gediehen sie alle: Schneerose, Beifuß, Eisenkraut, Tollkirsche, Fliegenpilz, Eisenhut, Fingerhut, Raute, Bilsenkraut, Stechapfel, Kanna, Hanf, Gundermann, Mandragora, sogar der Kampferstrauch und viele mehr.

Der Stechapfel, den man heute als Engelstrompete oder Datura kennt und wegen seiner außerordentlichen Schönheit in großen Kübeln als Terrassenpflanze liebt, war meiner Mutter, der Hohen Priesterin, vorbehalten. Nur sie bestimmte die Anwendung und deren Zeit.

Aus dem Orient stammend, war der Stechapfel schon den antiken Heilkundigen als Kraut bekannt, das tötete, nachdem es geisteskrank gemacht hatte. Meine Eltern hatten ein Buch mit dem Titel »Phantastica«, worin die Wirkung in einer altertümlichen Sprache sehr ausführlich beschrieben wurde:

Wenn man jemandem nur ein wenig davon eingiebt, wird er in seinen Sinnen dermaßen zerrüttet und begauckelt, dass man vor ihm thun kann was man will und er des andren Tages gar nichts drum weiss. Solche seine Sinn-Beraub-oder Bethörung und Betöbnerung währt 24 Stunden lang. Indessen kann man einem die Schlüssel aus dem Schiebsack ziehen, Truhen- u. Schreibtisch aufsperren vor seinen Augen: und muss er mit sich umgehen lassen wie man will: Er merckt und versteht nichts davon; so ist ihm auch folgenden Tages nichts davon bewusst.

Mit den Weibsbildern kann gleichfalls vermittelst dieses Mittels mancher seines Gefallen pflegen und viel, ja gleichsam alles von ihnen zu Wege bringen. Daher ich nicht glaube, dass ein schädlicheres Kraut auf Erden zu finden sei, durch welches man so viel böse Sachen wiewohl natürlicher Weise stiften könnte.

Bei uns hieß der Stechapfel immer nur *Herboseth.* »Das kommt aus dem Altägyptischen«, hatte meine Mutter erklärt, als ich wissen wollte, warum niemand außer uns den richtigen Namen der schönen Pflanze kenne. »Man sagt, mit solchen Trompeten hätten die törichten Jungfrauen die Ankunft des Taglichtbringers ankündigen sollen. Doch da sie die Zeit verschliefen, verwandelten sich die Trompeten in ein Nachtschattengewächs. Mit ihren Blüten, die wie Trompeten aussehen, erinnern sie an die Dummheit der Christen. Erst am Tage der Geburt des Großen Tieres 666 werden sie wieder richtige Trompeten sein und die Ankunft des Seth, unseres Nachtlichtbringers, verkünden.«

Die Zucht, Ernte und Auswahl aller Pflanzen oblag der Mutter meines Vaters, die erstens für ihren Ehemann, den Herrn Apotheker und Drogisten, arbeitete und zweitens für meinen Vater, dessen sprichwörtlich »grünen Daumen« sie stolz als von ihr geerbt ansah. Von seiner Funktion innerhalb der Seth-Familie wusste sie nichts. Ja, sie ahnte nicht einmal, dass es eine Seth-Familie gab. Sie war strenggläubige Christin, für die der Sonntag heilig war. An Satan glaubte sie nur als an den Höllenfürsten der Bibel, in dessen Fegefeuer die Sünderinnern und Sünder geschmort würden. Insofern hatte sie keine Ahnung, dass sie für ihren Sohn nicht nur deshalb Pflanzen züchtete, weil er Gärtner war und Setzlinge benötigte. Für sie war es selbstverständlich, für meinen Großvater Heilpflanzen und für meinen Vater Nutzpflanzen zu säen und aufzuziehen. Selbst die ungewöhnlichsten Wünsche erschienen ihr nie suspekt. Und wenn mein Vater neue Ideen mitbrachte, welche Heilpflanzen mein Großvater testen könne, war es meiner pflanzenbegeisterten Großmutter nur allzu recht, denn dies gab ihr die Gelegenheit, ihre Fähigkeiten unter Beweis zu stellen.

»Dein Vater konnte seiner Mutter jeden Blödsinn beibringen«, lästerte meine Mutter oft. »Sie baute in ihrem Gewächshaus erstklassigen Hanf an, erntete die Samen und trocknete das Kraut und ließ sich von ihm weismachen, dass er das ganze Zeugs nur zu Forschungszwecken brauche, weil man ja früher aus Hanf von der Creme bis zur Hose alles angefertigt habe und er diese Verwendung erneuern wolle. Jeder Depp hätte Lunte gerochen. Seine Mutter nicht. Die hing an seinen Lippen und träumte schon von wogenden Hanffeldern hinter ihrem Haus wie zu Kaiser Wilhelms Zeiten.«

Ich selbst wusste als Kind nur, dass meine Großmutter ihre Pflanzen über alles liebte. Allenfalls die zahlreichen Hühner, die frei auf dem Vorhof des Hauses und überall im Garten liefen, waren ihr ähnlich wichtig, denn diese Menagerie lieferte ihr den kostbaren Dünger für ihre Pflanzen. Deshalb machte es meiner Großmutter nicht das Geringste aus, dass die Kunden ihres Ehegatten, des Herrn Drogisten und Apothekers, stets zwischen all dem Federvieh und dessen glitschigen Tretminen hindurch mussten, wenn sie die Apotheke betreten wollten. Schließlich gab es ja rechts und links neben der Eingangstür je einen eisernen Kratzer. Wie ein überlanger Dackel geschmiedet, hielt er geduldig seinen Rücken hin, an dem die Damen und Herren die zentimeterdicke Borke aus schwarzweißem Hühnerdreck von ihren Schuhsohlen abscharrten.

Mein Großvater sah die Sache anders. Er fand es peinlich, dass die Kundschaft sich ihren Weg zwischen Hühnern hindurch zu ihm bahnen musste. Doch meine Großmutter kümmerte auch das nicht. »Die sollen sich nicht so anstellen«, konnte sie bei solchen Gelegenheiten in der ihr eigenen trockenen Art brummen. »Die, die am vornehmsten tun, waren schon immer die, die zu Hause von der Mistforke essen.«

Folglich blieb alles, wie es war. Und ich hatte als Kind das schönste Vergnügen, in einem Versteck zu sitzen und die Hühner über den Hof zu scheuchen, wenn Kunden kamen, denen sie dann in gackernder Aufregung vor die Füße rannten oder gar mit stiebenden Federn zwischen die Beine flatterten.

Ansonsten schaute ich mit Vorliebe neugierig zu, wie mein Großvater die Verarbeitung all der sorgsam handverlesenen Pflanzen vornahm, denn das war Kunst und hohe Wissenschaft, wie er zu sagen pflegte. Oben in dem stillen, alten Heuschober, der mein absoluter Lieblingsplatz war, hatte er sowohl einen Trockenboden, einen so genannten »Darre-Raum«, als auch eine Art Alchimistenlabor eingerichtet.

Im »Darre-Raum« wurden die Pflanzen auf die verschiedensten Weisen getrocknet. Manche hingen in Büscheln an Wäscheleinen von der Decke. Besonders empfindliche Teile lagen auf einem Leinentuch, das mein Großvater mit Hilfe von Rahmenlatten ausgespannt hatte. Dieses Lattengerüst war etwa mannshoch über dem Dielenboden an einem Schwebegalgen befestigt. Zu besonders erntereichen Zeiten hängte mein Großvater mehrere Rahmen untereinander an diesen Galgen. Die Pflanzen darauf mussten immer wieder gewendet werden, damit sie von allen Seiten gleichmäßig welkten und trockneten. Blieben die einzelnen Blüten, Stängel und Blätter zu dicht beisammen liegen, faulten sie schnell oder setzten in der feuchten Wärme Schimmel an. Dessen Sporen verteilten sich rasch und steckten andere Pflanzen an. Schon ein einziger verdorbener Pflanzenteil konnte eine ganze Reihe der kostbaren Ernte verderben. Dieses Wenden und Auslesen der Pflanzen liebte ich. Nie wurde es mir zu viel, die verfilzten Blätter zu entwirren, die immer brüchiger werdenden Kräuter zu sortieren, die Blütenblätter in Beutelchen zu raffen und die verschiedensten Samen in kleine Faltkistchen auszulesen. Und bei alledem genoss ich den zunächst blumig frischen, nach und nach heuartig veränderten Pflanzenduft, der schwer und betäubend durch die Scheune, über den Hof und bis in die Küche meiner Großmutter zog. Wochenlang musste der trocknende Wind zwischen den ohne jeden Dämmschutz verlegten Dachziegeln der Scheune hereinfahren, um ungehindert von allen Seiten sein Werk als natürliches Trockengebläse zu vollbringen. Unter seinem säuselnden Atem in einer dämmrigen Ecke zu liegen und mich im Duft des sterbenden Sommers zu Hause zu fühlen, war das wundersamste Glück meiner Kindertage.

Der Stechapfel erfuhr unter all den Pflanzen, die meine Großmutter züchtete, stets eine Sonderbehandlung und wurde weder bei der Aufbereitung der frischen Pflanze noch bei der Trocknung mit den anderen Pflanzen vermischt. Tropfen, die mein Großvater aus der ganzen Pflanze gewann und in dunkelbraunen Fläschchen mit Schliffkorken verschloss, waren eine begehrte Medizin, die wegen ihrer betäubenden Wirkung als Schmerzmittel verwandt wurde. Die Kunden meines Großvaters kamen wegen dieser Tropfen von weit her, doch auch in der Region schätzte man die Qualität seiner medizinischen Drogen, sodass die Herstellung mit der Nachfrage meist nicht Schritt halten konnte. Mein Vater konnte deshalb immer nur wenige Fläschchen des kostbaren Stoffes für sich abzweigen und musste meinem Großvater stets wortreich erläutern, zu welchem Zweck er diese benötigte. Ich erinnere mich gut, dass er ihm erklärte, er leide an Darmwürmern und Nierenkoliken, die er nur mit diesen Tropfen wirksam bekämpfen könne.

In Wahrheit benötigte er die Tropfen der Datura aber zu bestimmten Anlässen und Feierlichkeiten in der Familie des Seth. Ostern, Maria Himmelfahrt und Weihnachten ohne »Murana«, wie meine Mutter die Tropfen nannte – unvorstellbar.

An diesen Tagen wurde das Kraut des Stechapfels mit Tabak und Cannabis vermischt. Das krümelige Gemisch wurde sodann in dunkle Zigarilloblätter gerollt, die zu einer festen Tüte gedreht wurden, angezündet und langsam geraucht. Dabei inhalierte man tief, indem man den Rauch so lange wie möglich in der Lunge und mit geblähten Wangen im fest geschlossenen Mund behielt, bis man ihn in Zeitlupe durch die Nase wieder ausstieß.

Dieser Genuss war für die gesamte Seth-Familie erlaubt. Es wurden jedoch zum jeweiligen Anlass stets nur drei oder sechs, manchmal auch neun Personen ausgewählt, die sich im Laufe des Seth-Jahres durch besondere Leistungen hervorgetan hatten und nun durch den Genuss der »Muranette« ausgezeichnet wurden.

Diese Auszeichnung war sehr begehrt, denn es galt als besondere Ehre, eine »Muranette« rauchen zu dürfen. Aber letztlich hatten nur die Umstehenden einen Gewinn davon, denn die Ausgezeichneten selbst konnten sich nach dem Abflachen der Murana-Wirkung an nichts mehr erinnern und waren oftmals unter keinen Umständen bereit zu glauben, was sie angeblich getan hatten.

Öfter als die Austeilung des Murana-Krauts zum individuellen Gebrauch fand die kollektive Anwendung statt. Zu diesem Zweck wurde das Kraut mit oder ohne zusätzliche Duftstoffe in einem Räucherbecken verbrannt, damit alle Familienmitglieder gleichzeitig den Rauch einatmeten und gemeinsam in Ekstase und von dort ins gemeinsame Nirwana des Vergessens gerieten.

Nur für den innersten Kreis der Seth-Familie stand eine besondere Form des Genusses zur Verfügung. Diese war von meiner Mutter kreiert worden und wurde deshalb auch nur von ihr, der Hohen Priesterin, zelebriert. Sie liebte es, den Samen der Datura in einem Mörser zu zerstoßen und anschließend in schwerem Rotwein einzuweichen. Diese Mischung ließ sie je nach ihrer persönlichen Laune einen oder zwei Tage und Nächte zugedeckt an einem mild warmen Ort stehen. Danach filterte sie den Wein ab und verschnitt ihn mit Zimt und Nelken. Vor allem zu Weihnachten konnte es vorkommen, dass sie zusätzlich Orangenschale hineinrieb sowie Piment, Koriander nebst einer Prise Cayennepfeffer untermischte. Dieser scharf-würzige, stark duftende und alle Sinne anregende Wein wurde als Abendmahlswein ausgegeben. Doch nur die am Altar des Seth den Dienst Ausübenden sowie die zur Schale des Seth Auserkorene durften davon trinken. Allein meine Mutter trank niemals davon. Als Begründung führte sie an, als Hohe Priesterin müsse sie nüchtern bleiben, um innerlich völlig rein zu sein. Ich glaube aber, dass sie den Rausch mied, um mit klarem Kopf fotografieren zu können. Die anlässlich der Feiern geschossenen Bilder bedeuteten ihr viel und umso mehr, je schärfer und aussagefähiger sie gerieten.

Heute weiß ich, dass alle diese Zubereitungen des Stechapfels durch meinen Großvater in seinem Labor sowie die verschiedenen Anwendungen der Stechapfel-Droge innerhalb der Seth-Familie kein Geheimwissen meines Großvaters oder meiner Eltern noch der Familie des Seth waren. Im Gegenteil, unter religiösen Fanatikern, Hellsehern, Wunderheilern, Magiern und Exorzisten aller Welt ist die Wirkung des Stechapfels seit Jahrhunderten als das prädestinierte Wunderwerk des »Zauber- oder Teufelskrauts« bekannt. Nicht zuletzt fand dieses in der Zeit der Inquisition Anwendung, wenn Unschuldige des Hexenzaubers und der Teufelsbuhlschaft überführt werden sollten und zu diesem Zweck vor den Augen der fassungslosen Inquisitoren ebenso hinterlistig-verstohlen mit der Droge manipuliert wie danach urplötzlich in Raserei versetzt wurden.

Dazu passend wird der Stechapfel im Französischen *Herbe aux sorciers* oder auch *Herbe au diable* genannt. Bei uns war daraus *Herbe au Seth* bzw. für meine des Französischen unkundigen Ohren *Herboseth* geworden.

Jeder, der das Kraut des Seth einnahm oder rauchte, wurde vom Geist des Seth erfasst. Es kam vor, dass man stundenlang tanzte, unter Gliederverrenkungen und mit Schaum vor dem Mund tobte, ungerührt über glühende Kohlen schritt, scheinbar ohne zu frieren in Tiefkühlschränken saß oder ununterbrochen an einem Platz stand und immer wieder eine Handbewegung vollführte, weil man sich einbildete, bestimmte Arbeiten zu verrichten. Manche Familienmitglieder hatten Visionen und schrien in Panik, dass sie verbrennen würden oder böse Geister über sie herfielen. Andere wurden verrückt vor Wut und mussten gefesselt werden, um keinem ein Leid anzutun. Wieder andere glaubten, in Tiere verwandelt worden zu sein und benahmen sich zum Beispiel wie ein Wildschwein, das auf der Nahrungssuche mit dem Rüssel den Waldboden durchpflügt und mit den Klauen umgräbt.

Zum Osterfest, welches wir zur freudigen Erinnerung an den Tod des Osiris bzw. des christlichen Gottessohnes Jesus sowie aus Jubel über die Auferstehung des Seth bzw. Luzifers als des wahren Lichtbringers feierten, gehörte es dazu, einem auserwählten Kind einige Tropfen Murana zu verabreichen. Es musste blond und blauäugig, durfte nicht älter als drei Jahre und nur aus dem Stamm der innersten Seth-Familie geboren sein. Da die Ursprungsfamilien der Gründer der Seth-Familie weit verzweigt waren, mangelte es an nie geeigneten Kindern. Ideologisch betrachtet diente sein Korper dem heiligen Geist der Schlange des Seth und wurde für Stunden zu dessen menschlicher Inkarnation.

Der Brauch befahl, dieses Kind nach dem sichtbaren Beginn der Murana-Wirkung in Bewegung zu setzen und es kräftig anzufeuern, so lange und so weit in den Wald zu laufen, bis es vor Erschöpfung zusammenbrach. An dieser Stelle, so glaubte man, würde sich uns der Tod des Osiris offenbaren.

Kaum war das Kind in einen komaähnlichen Tiefschlaf gefallen, wurden alle den von Seth erwählten Platz umstehenden Bäume mit scharfen Kehlmessern tief eingeritzt, bis aus den langen, schrägen Schnitten Harz hervorquoll. Dieses Harz wurde in kleinen Blecheimerchen gesammelt, die an einem Nagel unterhalb der Austrittsstelle des Harzes befestigt wurden. War genug Harz zusammengekommen, vermischte mein Vater es mit flüssigem Kerzenwachs und einem brennbaren Farbstoff. Diesen stellte mein Großvater vor Silvester in seinem Alchimistenlabor auf dem Trockenboden her, um damit lange Holzstäbe als Wunderkerzen zu bestreichen und zu verkaufen. Sie waren besonders zu Silvester beliebt, weil selbst Kinder sie abbrennen und sich an dem dabei aufsteigenden mehrfarbigen Nebel ergötzen konnten.

In jedes Eimerchen wurde zuletzt ein langer Holzspan gestellt und angezündet. Er brannte mit einem dicken, schweren und in schönen Farben glühenden Rauch, der in der Kehle kratzte und die Augen tränen ließ, wenn man zu nah stand.

In diesem Rauch tanzten nun die Frauen der Seth-Familie den Seth-Zauber zwischen den Bäumen und um die Stelle herum, wo das manipulierte Kind niedergesunken war. Dabei vollführten sie allerlei fließende Bewegungen und ergriffen sich immer wieder bei den Händen, schwangen diese gemeinsam empor und riefen: »Heiliger Seth, segne diesen Platz!«, bis aus dem Waldesdunkel urplötzlich ein großer weißer Hund herbeisprang, sich unter lautem Geheul und Gewinsel auf dem Boden zu wälzen begann und schließlich mit Schaum vor dem Maul tot liegen blieb.

»Siehe, Herr unser Seth, dein Widersacher ist besiegt!«, schrien dann alle umstehenden Familienmitglieder im Chor und begannen den Tod des Osiris zu feiern, der uns in der Gestalt des weißen Hundes erschienen und von unserer magischen Macht besiegt worden war.

Da damit gleichzeitig die Auferstehung des Seth besiegelt war, musste wenig später in einiger Entfernung ein großer schwarzer Hund erblickt werden, der freudig bellend in den Wald hinein- und davonsprang. Erst wenn sein Bellen verklungen war, brach das Fest der Auferstehung los. Zum Zeichen der neuen Fruchtbarkeit des Seth-Jahres wurde es bis zum Sonnenaufgang mit sexuellen Ritualen und Seth wohlgefälligen Vereinigungen aller Mitglieder der Seth-Familie untereinander gefeiert.

Auch zum Fest der Himmelfahrt Mariens wurde Murana benötigt, welches zu diesem Zweck allerdings »Kraut der Gräber« oder auch *Yerba* genannt wurde. Alljährlich am Tage des christlichen Festes begingen auch wir diesen Tag, weil es für uns das Fest der Himmelfahrt der Isis bedeutete. Da Isis in Menschengestalt zu uns kam, war sie sterblich. Sie musste sich nach ihrem Tode mit unseren Vorfahren in der finsteren Helligkeit des Seth vereinigen. Vor ihnen und ihrer göttlichen Mutter musste sie ihren Lebenswandel auf Erden rechtfertigen und Buße tun. Erst danach konnte sie aus dem Schoß der Hohen Priesterin und Stellvertreterin Gott-Mutters auf Erden wiedergeboren werden.

Da nicht jedes Jahr eine Isis, die Eine und Alle ist, starb oder geboren wurde, wählten die Hohe Priesterin und der Hohe Priester eine einzige Frau aus der Seth-Familie aus, welche sie für die Dauer der Zeremonie zur geistigen Stellvertreterin der Isis kürten und mit einer Krone aus Tausendschön und roten Marien-disteln schmückten. Nackt im Lotussitz auf dem Altar sitzend, nahm sie von meiner Mutter einen Kelch entgegen und trank das Murana in langsamen, kleinen Schlucken, während die Gemeinde im Kreis stand und mit an- und abschwellenden Stimmen »Yerba, Yerba, Yerba!« murmelte. Sobald der Kelch geleert war, glaubten wir, dass sich die vor uns sitzende Frau in eine *Yerba* verwandelt hatte und zum Geist der büßenden Isis geworden war, welcher aus den Gräbern der Zeit nach ihr griff und in sie schlüpfte.

Die *Yerba* verfiel alsbald in einen tiefen, schlafähnlichen Betäubungszustand. Wenn man sie mit Nadeln stach oder mit glühenden Kohlestückchen verbrannte, schien sie dies nicht zu spüren. Sie saß mit weit geöffneten Augen da, bewegte sich nicht und starrte ins Leere. Erst nach etwa einer halben Stunde trat eine Veränderung ein. Diese begann damit, dass die Augen der *Yerba* wild zu rollen anfingen, bis schließlich der ganze Körper zuckte, sich aus der Lotushaltung wand und sich zuletzt wie bei einem epileptischen Anfall am Boden ringelte, während dicker Schaum aus dem Mund quoll.

»Heiliger Seth, Schlange des heiligen Geistes, komme, fahr in sie und mache sie zum Haus deiner Lust!«, beteten die Hohe Priesterin und der Hohe Priester abwechselnd, während wir als Gemeinde uns selbst oder gegenseitig mit Lederschnüren kasteiten. Dies sollte zu einer Reinigung der Seele führen und uns Jüngerinnen und Jünger des Seth für den großen Augenblick bereitmachen, wenn uns die *Yerba* von ihren Offenbarungen berichtete. Da sexuelle Handlungen zur tiefsten Reinigung der Seele und geistiger Erleuchtung führen sollten, waren wir außerdem verpflichtet, jedem zu dienen, der dies verlangte, und auch selbst entsprechende Dienste einzufordern. Einzig ich, als Isis, deren Yoni Seth vorbehalten war, musste nur für andere Handreichungen ausführen, ohne eigene Wünsche zu äußern.

Wenn die Schlange des Seth sich in der *Yerba* zur Ruhe gelegt hatte und ihr Körper starr wurde, begann auch für uns die lange Wartezeit. Niemand durfte einen Laut von sich geben, jeder musste im Lotussitz verharren, die Hände aufwärts gewölbt, keiner eine Regung zeigen. Wer diese Regel brach, wurde bei der nächsten Zusammenkunft in den Block geschlossen. Eine schreckliche Strafe. Ich habe sie nicht nur einmal erlitten.

Der Block bestand aus einem zweiteiligen, genau gegengleich gearbeiteten Holzgerät, welches an den Seiten mit langen Schrauben versehen war, die mit Muttern zusammengezogen wurden. In der Mitte des Holzes befand sich jeweils eine halbrunde Mulde, welche weit genug für den Hals war und ihn im geschlossenen Zustand des Geräts wie ein Kragen umspannte. Rechts und links der Halsklemme waren Löcher in der Größe der Handgelenke ausgesägt, welche die Hände festhielten. Zusätzlich konnte an diesen Block eine weitere Ebene angeschraubt werden, welche passende Öffnungen für die Beine enthielt und entweder an den Knien oder den Fußgelenken angelegt wurde. Je nachdem, wo diese Ebene fixiert wurde, musste der Rücken stärker gebeugt werden. In diesem Block zu sitzen war unendlich qualvoll. Bereits nach Minuten begann der Schmerz durch alle Glieder zu rasen. Nach der ersten Stunde fühlte man sich zu schwach zum Schreien oder auch nur zum Stöhnen. Nach der letzten Stunde war man unfähig sich aufzurichten, geschweige denn zu gehen. Noch heute leide ich an den Folgen dieser Strafe, die meine Wirbelsäule und Hüftgelenke geschädigt hat.

Sobald die *Yerba* erwachte, hatten alle sofort um sie herum im Kreis Platz zu nehmen und ihren Worten zu lauschen, mit denen sie uns beschrieb, wie der Geist der Isis aus den Gräbern zu ihr aufgestiegen und die Schlange des Seth in ihr lebendig geworden war, wie sie als Geist der Isis mit den Seelen unserer verstorbenen Seth-Schwestern und Seth-Brüder verkehrte und wie sie im dunklen Licht des Seth von Gott-Mutter gesegnet und zurück ins Leben gestoßen wurde. Ihre Schilderungen waren grausig und unheimlich, sodass ich mir am liebsten die Ohren zugehalten hätte. Aber natürlich wäre das für eine, die Isis ist, die Gott-Seth einen Sohn gebären und diesen Sohn als Geliebten annehmen sollte, unverzeihlich gewesen.

Erst nach dem Bericht über das Seelentreffen durfte die *Yerba* von den Befehlen Seths sprechen. Und wie immer stand am Anfang das folgende Gebet, welches die ganze Seth-Familie mitsprach:

»Mein Heiland Seth und Luzifer, Fürst und Gebieter finsterer Geister, Herrscher und Bringer des ewigen Lichts, ich flehe dich an, deine Wohnung jetzt zu verlassen, in welchem Teil der Welt sie sich auch befinden möge, hiernach zu kommen und mit mir zu sprechen. In tiefster Ehrfurcht bete ich dich an. Ich begebe mich unter deine würdige und gnädige Obhut mit unbegrenztem Vertrauen und reinstem Glauben. Du bist mein Herr, meine Stütze und mein himmlischer Meister. An dich nur glaube ich und beteure dir jetzt, dass ich niemals etwas anderes wünsche und will, als dir anzugehören von Ewigkeit zu Ewigkeit. Im Namen Seth-Vaters, Seth-Sohnes und des heiligen Seth-Geistes. In Ewigkeit, Seth.«

Schon bei den letzten Worten veränderte sich die Stimme der *Yerba* und nahm die dunkle Farbe einer rauen Männerstimme an. Und diese war es, welche uns den Willen Seths verkündete.

Welche Befehle er uns im Einzelnen gab, will ich nicht beschreiben. Ich habe Angst, mit der genauen Erinnerung und klaren Benennung dieser Befehle einen Mechanismus in mir in Gang zu setzen, dem ich erst so mühsam entkommen bin. Es mag genügen, dass es Befehle darunter gab, die bestimmte, namentlich aufgeführte Einzelne mit ganz konkreten Anweisungen dazu zwangen, sich allein oder mit einer Freundin von einer Brücke in den Tod zu stürzen oder sich vor einen Zug zu werfen, sich die Pulsadern aufzuschneiden oder sich mit Tabletten umzubringen, sich als Falschfahrer auf die Autobahn einzufädeln und einen Unfall zu provozieren oder an einen Baum zu rasen.

»Tut dies zu meinem Gedächtnis!«, hieß es. Und hinzugefügt wurden Weissagungen über die Folgen eines Ungehorsams. Der freiwillige Tod sei Seth wohlgefällig. Wer Seth diesen Dienst erweise, werde sofort in seine milde himmlische Ewigkeit eingehen. Der Ungehorsame hingegen werde eines baldigen jähen Todes sterben und nach dem Tode die schlimmsten Qualen erdulden müssen.

Tatsächlich ereignete sich dieser befohlene oder angedrohte Tod immer. Diejenigen, die den Befehl zur Selbsttötung erhalten hatten, gehorchten meist. Wer nicht gehorchte, kam innerhalb weniger Wochen durch einen Unfall oder eine Gewalttat ums Leben. Dieser wurde dann in der Familie diskutiert und als Beweis für die Allmacht Seths angesehen. Diese Ereignisse und die uns vorgegebene Interpretation führten dazu, dass wir alle in der Familie des Seth unsägliche Angst vor dem Fest und den Weissagungen der *Yerba* hatten. Nicht einmal ich, die ich Seth den ersehnten Sohn gebären und sein ewiges Leben garantieren sollte, war vor diesen Prophezeiungen sicher. Hätte die *Yerba* jemals meinen Namen genannt und mir den Befehl des Seth zur Selbsttötung übermittelt, wäre mir der Tod sicher gewesen.

Nun könnte man vielleicht meinen, dass der Tod für mich eine Erlösung bedeutet hätte. Theoretisch ist das sicher sogar richtig. Aber praktisch ist der Überlebensdrang stärker. So sehr ich den Tod oft herbeisehnte, so sehr hing ich doch am Leben. Wenn ich mir den Tod wünschte, dann deshalb, weil ich das Leben mit seinen Qualen nicht mehr zu ertragen glaubte. Im Grunde wollte ich niemals das Leben wegwerfen. Ich wollte, dass die Not aufhörte, die mit diesem Leben verbunden war. Und da ich überzeugt war, diese Not nur beenden zu können, wenn ich starb, hielt ich den Tod für die letzte Möglichkeit zu einem besseren Leben. Tot sein wollte ich eigentlich nicht. Nur leben wollte ich anders. Und so versetzte mich das Fest der *Yerba* in schlimmste Angstzustände.

Heute ist mir klar, dass die Menschen, die auf Befehl des Seth in den Freitod gingen oder scheinbar zufällig verunfallten, dieses Schicksal nicht erlitten, weil Seth allmächtig war. Vor allem die Ungehorsamen mussten den ihnen angedrohten Tod und die Folgen ihres Ungehorsams so sehr fürchten, dass sie in Erwartung des Schlimmsten das Schlimmste geradezu anzogen, indem sie zum Beispiel unvorsichtig oder kopflos in den Alltag hinausgingen. Manche von ihnen starben bei einem Verkehrsunfall oder einem schweren Sturz, weil sie vor einer vermeintlichen Gefahrenquelle flüchteten oder in Panik über die Straße rannten. Eine Frau stieg in ihrer Angst auf der falschen Seite des Zuges aus und wurde von dem vorbeirasenden Gegenzug erfasst. Zufälle, Unglücksfälle allesamt, vermeidbar mit etwas mehr innerer Ruhe. Für uns aber sah es damals aus, als regiere Seth unser Schicksal mit der Zuverlässigkeit eines Zeitzünders.

Oftmals habe ich als Kind gesehen, wie mein Großvater die *Yerba*-Droge zubereitete. Er selbst stellte sie natürlich nicht für die ihm unbekannte Familie des Seth her, sondern zu seinem eigenen Vergnügen. Als passionierter Cannabisraucher liebte er die den Geist beflügelnde Wirkung und nahm dafür die zwar unschönen, doch bei entsprechender Dosierung kurzfristigen Nebenwirkungen der Krampfzustände in Kauf.

Obwohl es mir bei Strafe verboten war, ihm bei der Herstellung der Yerba-Droge zuzusehen, und obwohl er mir ernsthaft drohte, dass es lebensgefährlich sei, wenn er in der Scheune ein offenes Feuer anzünden müsse, kroch ich doch immer wieder heimlich über die Leiter zu ihm hinauf, versteckte mich zwischen den Kleidertruhen meiner Großmutter und beobachtete neugierig, was geschah.

Als etwas Besonderes erschien es mir damals allerdings nicht. Mein Großvater zündete lediglich ein offenes Feuerchen in einem dreibeinigen Feuerkessel auf dem Labortisch an, warf Daturasamen in eine kleine Eisenpfanne mit einem langen Stiel und röstete sie über den Flammen. Den dabei aufsteigenden Rauch fing er in einer seltsamen Vorrichtung, durch welche dieser in ein Gefäß mit einer klaren Flüssigkeit geleitet wurde. Darin blubberte er ein wenig, sodass ich das Zuschauen lustig fand und mir die Hand vor den Mund legen musste, damit mich mein Kichern nicht verriete.

Wenn die Daturasamen so angebrannt und trocken geröstet waren, dass die ersten aus der Pfanne zu Boden sprangen, stellte mein Großvater das Feuer ab. Danach zermahlte er die Samen in einer Schrotmühle und warf das eher feine Schrot in das Gefäß, worin zuvor der Rauch geblubbert hatte. Dieses verschloss er fest mit einem Gummistopfen und stellte es unter einem schwarzen Tuch auf einen Schrank. Zu diesem Zeitpunkt war ich meines Bleibens auf dem Trockenboden nicht mehr sicher, sodass ich schleunigst den Rückzug antrat.

Einmal schlich ich jedoch zurück und roch an dem geheimnisvollen Glaskolben. Sofort brannte mir ein stechender, scharfer Geruch die Nase hinauf, so dass ich kaum einen Aufschrei unterdrücken konnte und das Gefäß auf der Stelle wieder verschloss. Tage später beobachtete ich, wie mein Großvater die klare Flüssigkeit in eine Flasche abfilterte, aus welcher an einem anderen Tag mein Vater seinen Anteil in eine braune Phiole umgoss. Diese sah ich dann in der Nacht des darauf folgenden Himmelfahrtstages wieder.

Dennoch glaube ich, dass alle diese Wirkungen des *Herboseth* wohl eher nebensächlich waren. Sie dienten zwar erfolgreich dazu, Angst und Druck sowie den Eindruck der ständigen, allwissenden und allmächtigen Gegenwart des Seth zu erzeugen. Ein Nährboden, auf dem wahrhaft absoluter Gehorsam gedieh, welcher die Familie des Seth zu einem festeren Geheimgebilde verschwor. Aber die von meinen Eltern eigentlich gewollte Reaktion war letztlich der Zustand vollkommener sexueller Enthemmung.

Aber ich wollte nichts davon wissen. Und ich will nie mehr etwas davon wissen.

KAPITEL 8

Erst als Erwachsene las ich, dass *Herboseth* in all seinen Formen bei entsprechender Dosierung leichte bis extreme Sinnestäuschungen und hochgradigste sexuelle Erregungszustände auslöst, die von Störungen in der Auffassungs-, der Bewegungs- und der Orientierungsfähigkeit begleitet werden.

Dieses Wissen ließ mich endlich begreifen, warum *Herboseth* vor allem zu den magischen Ritualfesten angewandt wurde, in denen das Große Tier 666 beschworen und angerufen wurde, bis es leibhaftig aus der Welt der Finsternis erschien und die Familie ehrte, indem es das Opfer einer der Jungfrauen annahm und sie zur Schale seiner Lust erhob.

Klar wurde mir auch, warum der Zauber definitiv vorbei und ausgelöscht sein musste, wann immer der innere, der eigentliche Machtzirkel der Seth-Familie dies wollte. Oder warum das, was man während des Zaubers erlebt hatte, wenn nicht vergessen, so doch für unwahr erklärt werden musste. Wer tatsächlich aus diesen Stunden Resterinnerungen behielt und in gewissem Umfang resistent gegen die Wirkung von Kampfer, Fliegenpilz-Zubereitungen oder Belladonna und anderen schwere Rauschzustände erzeugenden Drogen blieb, durfte nur Vages von einer so dubiosen Qualität wissen, dass niemand die Erlebnisse von Traum- und Wachzuständen zu unterscheiden vermochte.

Ich begriff, dass gerade in dieser Ungewissheit und der Frage, wer verrückt sei, man selbst oder die anderen, der Schutz der Familie des Seth bestand. Schließlich wird niemand Anzeige oder Strafantrag stellen, der selbst nicht weiß, ob er spinnt und eine kranke, perverse Phantasie oder tatsächlich Grauenhaftes real erlebt und obendrein wirklich und wahrhaftig aktiv daran teilgenommen hat.

Die Frage, warum ich als Kind nicht ausgerissen bin, warum ich mich niemandem anvertraut habe, habe ich mir nur allzu oft selbst gestellt. Zeitweilig habe ich mich dafür gehasst, dass ich noch lebe, dass ich zu feige war, diesem Grausen ein Ende zu machen. Aber eine Sekte, insbesondere eine satanistische Sekte und in noch höherer Potenz eine, in der grausamste satanistische Rituale praktiziert werden, ist eine geschlossene Gesellschaft. Nichts darf nach außen dringen. Nichts erzählt, nichts gezeigt werden. Jeder, der redet, wird für wahnsinnig erklärt. Wer redet, ist des Todes. Ganz klar. Niemand aus der Familie des Seth kann daran zweifeln. Und einem Kind kann man diese Drohung so ungeheuer eindrucksvoll als sich unerbittlich erfüllende Wirklichkeit beibringen. Das Mittel der Wahl sind Todeserfahrungen. Durch sie wird ein Kind zum Schweigen abgerichtet. Zum Beispiel über Scheinhinrichtungen.

An die ersten Todeserfahrungen erinnere ich mich aus meinem zehnten Lebensjahr. Damals hatte ich eine Lehrerin, zu der ich mich magisch hingezogen fühlte. Sie war noch jung und neu an unserer Schule. Vielleicht schaute sie deshalb noch genauer hin, wenn von einem Kind behauptet wurde, es sei faul, ewig unausgeschlafen, schmuddlig und geistesabwesend, obwohl es doch aus einem phantastischen Elternhaus käme. Eventuell gehörte sie nicht zu denen, die annehmen, eine Familie sei allein deshalb schon untadelig und eine Mutter nur deshalb garantiert erziehungsfähig und liebevoll, weil sie von Beruf Lehrerin ist. Jedenfalls fiel ihr an mir wohl auf, wie verwahrlost ich vor allem in meiner Seele war. Und das tat ihr Leid.

So kam es, dass sie mir manchmal über den struppigen Haarschopf strich oder mir einmal einen Schokoladenriegel schenkte, obwohl ich wieder keine vollständigen Hausarbeiten erledigt hatte und von jedem anderen Lehrer dafür Nachsitzen bekommen hätte. Mein Kinderherz flog dieser Lehrerin zu. Für sie begann ich zu lernen und immer meine Hausaufgaben zu erledigen. Ihretwegen schrieb ich in der mir schönst möglichen Schrift. Allein wegen ihr putzte ich meine Zähne und Fingernägel. Und wenn ich mit zerschlissenen Strümpfen oder schmutzigen Schuhen ins Klassenzimmer humpelte, weil ich wieder einmal die »Papstkrankheit« hatte, wie meine Schwester Aimée es stichelnd nannte, wenn ich gestürzt war und den Erdboden »geküsst« hatte, dann schämte ich mich vor dieser Frau.

Und dann passierte es: Eines Tages nach dem Sportunterricht fragte sie mich, warum ich denn so einen dicken blauen Bluterguss auf dem Rücken habe. Und ich vertraute ihr an, dass meine Mutter mich mit dem Besenstiel geschlagen habe. »Du armes Ding«, sagte sie, zog mich auf ihren Schoß, tröstete mich, die nie getröstet worden war. »Warum hat sie dich denn so geschlagen?«

»Weil«, sagte ich und lehnte meinen Kopf an diese weiche, warme Schulter, in dieses nach Shampoo duftende goldene Haar, das mir von ihrer Stirn halb in meine Stirn hing und mich lockte, ganz hinein zu kriechen, für immer darin einzutauchen und niemals mehr aus dieser zärtlichen Flut an den Tag zu kommen. »Weil wir an Seth glauben.«

Sie stutzte: »Seth? Wer ist das?«, schob mich auf Armeslänge von sich, schaute mich prüfend an, doch mit einem Anflug derselben Strenge, die ich kannte, die ich fürchtete, die mir zeigte, dass ich erschlagen würde, wollte ich auch nur noch ein Wort von mir geben. Da sprang ich mit einem gellenden Aufschrei von ihrem Schoß, rannte davon, über Flure und Korridore, die Treppen hinunter, zu einer Tür hinaus und fand mich erst wieder, als ich draußen vor der Schule und im Regen des trüben Spätwintertages stand. Hinter mir eilte die Lehrerin. »Was hast du denn?«, rief sie. »Was schreist du denn so?« Falten standen auf ihrer Stirn, zwischen den braunen Augen, die ich so geliebt hatte. Das Haar schien mir nicht mehr golden, sondern gelb wie altes Heu. Und ihre Hände, die nach mir griffen, kamen mir wie Hexenkrallen vor. Ich spüre noch heute, wie ich zitterte und bebte und kein vernünftiges Wort zwischen den klappernden Zähnen hervorbrachte.

»Du bist krank«, sagte die Lehrerin. »Komm, ich bringe dich nach Hause. Ich werde mit deiner Mutter reden. Du hast Fieber. Komm.«

»Nein, nein, nein!«, wollte ich schreien, flehen, vor ihr auf die Knie fallen. »Nicht nach Hause. Nicht zu meiner Mutter.« Aber ich schwieg und schwieg und fühlte die Erde unter mir beben, denn ich begriff, dass es vor Seth keine Zuflucht gab. Meine Mutter hatte die Wahrheit gesagt: »Seth weiß alles. Seth hört alles. Seth sieht alles. Nenne seinen heiligen Namen im Licht des falschen Erlösers und seine Strafe wird dich treffen, jetzt und immerdar.«

In der auf diesen Tag folgenden Nacht wurde es wahr.

Das Kind, das ich damals war, bekam eine Augenbinde – wie im Film. Dann Stunden, die eine Ewigkeit dauerten. Ich wurde auf einen dreibeinigen Hocker gestellt. Er wackelte bei jeder kleinsten Regung. Angst! Angst! Angst! Ein Knebel wurde mir in den Mund gestopft. Mit einem Tuch hinter dem Kopf festgebunden. Keine Luft! Die Augen quollen an die Lider. Irgendjemand stieß gegen den Hocker. Fast stürzte ich ab, ruderte mit den Armen um Gleichgewicht und dachte doch, es sei um mein Leben. Lautes Gelächter ringsum. Jemand kniff mich in die Seiten, kitzelte mich. Nur nicht zittern, nicht zucken, nicht dem Wunsch nachgeben, sich zu winden. Eine grobe Seilschlinge fiel über mich, wurde ganz eng, kaum Platz für die nötige Luft lassend, um den Hals gelegt und stramm, hoch nach oben gezogen. Der Kopf musste mitgehen, der Hals lang gestreckt bleiben. Hinter mir wurden Messer geschärft. Ausgiebig, gründlich, Stahl auf Stein, hin und her. Die Schärfeprobe durch zischend reißendes Papier. Dann die Klinge an meinem Hals. Ein wenig geschnitten. Nicht der Schmerz war zu spüren, sondern das warme Blut. Die Klinge an die andere Halsseite angelegt. Tief in die Haut gedrückt. Durchgezogen. Mit der stumpfen Seite. Dieser Schrei in meinem Kopf! Dieses Spüren, wie der Kopf davonrollt, obwohl nichts geschieht, weil es der stumpfe Messerrücken war! Nur nicht schwanken, nicht in Ohnmacht fallen. Der Gedanke: »Wenn du fällst, hängst du dich auf!« Wieder um Standfestigkeit rudern. Wieder ein Tritt gegen den Hocker. Fest und kurz diesmal, dass er umkippte, ich in die Seilschlinge fiel. Zappelte. Kurz vor dem Ersticken aufgefangen werden, auf den Hocker zurückgestellt. Die Arme gefesselt, damit das Rudern aufhörte. Und bei alle dem wurde laut darüber debattiert, welche Art des Todes man heute bevorzuge.

Kein Kind, das dabei nicht innerlich in tausend Stücke zerspringen würde. Keines, das danach nicht um alles in der Welt schwören würde, auf die Bibel des Seth, auf das Blut des Satans, auf das eigene Leben, einfach auf alles, nie zu sprechen. Niemals!

Und natürlich musste man weitere Methoden anwenden, diese widerspenstige, ewig nach Liebe suchende, sich bei wildfremden Personen einschmeichelnde Göre kirre zu machen und das Schweigegebot zu festigen.

Zum Beispiel dadurch, dass man mich fesselte und in den Kellern des Krematoriums, zu denen mein Opa als Bestattungsunternehmer Zutritt hatte, in den kalten Ofen steckte. Dann um mich herum Holz und Papier schichtete, ein Streichholz anriss, entzündete, scheinbar an das Papier hielt, die Ofentür schloss und mit lauten Schritten und Türenknallen fortging, mich im Ofen liegend zurücklassend, auf das Feuer wartend, das jede Sekunde aus dem Stapel neben mir aufschießen und mich verschlingen musste. Das Wiederkommen der Kapuzenleute dann, das Türöffnen, Fragen: »Na, noch nicht verbrannt?« Und die Tortur aufs Neue. Die ganze Nacht hindurch.

Kein Kind wird nach einer solchen Nacht von diesen Erlebnissen reden. Noch heute, da ich geredet habe, suchen mich rasende Angstträume heim, Bilder, Szenen, in denen ich sofort getötet werde. Die Worte, Beschwörungen: »Du bist Isis, die Eine und Alle ist. Niemals darfst du reden, oder du bist des Todes. Du entkommst uns nie!«, wirken immer noch, obwohl sie unter dem Eindruck der Realität allmählich schwächer werden. Ich habe ja seit Jahren über mein Leben als Isis und Fürstin der Nacht gesprochen, bin jetzt mit diesem Buch einverstanden, das über mich geschrieben wurde, und lebe immer noch. Aber ich habe auch geschworen.

Dass diese Schwüre unrechtmäßig sind, mir unter Todesangst abgepresst wurden und deshalb völlig wirkungslos sind, lerne ich nur langsam. In schlechten Zeiten, wenn mich das Grauen eingeholt hat und mir das Leben vergällt, »fesseln« mich die Drohungen, Angstqualen und Schwüre noch immer. Selbst an guten Tagen, wenn ich mich innerlich stark und gesund fühle und das Leben lieb habe, bleibt alles ein Kampf. So oft erfasst mich die Panik, man könne mir an meinem Körper ansehen – jederzeit –, dass ich einmal zur Familie des Seth gehörte, könne meine Gedanken lesen und jederzeit wissen, was ich verschweige, denn noch immer trage ich das Zeichen der Menat auf meiner Haut. Was für andere Frauen vielleicht Freude bedeutet, sich zu pflegen, schön zu kleiden, sich zu schminken, sich zu frisieren, ist für mich mit Ekel besetzt. Es wird eine lebenslange Aufgabe für mich sein, mich und meinen Körper anzunehmen, ihn bewusst anzusehen und zu berühren, um ihm Gutes zu tun, ihn zu pflegen. Gern werde ich das vermutlich niemals tun. Auch dass die Creme von heute nicht die Salbe von damals ist, muss ich mir jedes Mal aufs Neue erklären, wenn ich einen Tiegel oder eine Tube öffne. Sie haben mir beigebracht, dass alles Stinkende, Grobe, Kratzende gut für mich sei. Mich mit duftenden, wohlriechenden, hilfreichen Cremes und Parfüms zu pflegen ist eine Hürde, die bewusst genommen sein will. Ich musste auch erst lernen, mich im Spiegel aushalten zu können. Mich ausziehen und anschauen, anfassen zu können, anstatt in Unterwäsche zu duschen.

Manchmal habe ich den Eindruck, all diese Hände, all diesen Schmutz, all diese Qualen und all dieses Grauen sichtbar an mir zu tragen wie ein Schandmal. Es ist schwer zu lernen, dass dieser Körper mein ist, mir allein gehört, obwohl er fremdgesteuert wurde und nichts dagegen unternehmen konnte, Fremdeinflüssen zu gehorchen. Keine Dauerdusche der Welt kann die meinem Körper aufgezwungene Verschmutzung abwaschen. Kein Aufarbeiten der Vergangenheit kann das Gebraucht- und Benutztwerden meines Leibes ungeschehen machen. Kein Gebet kann die Scham von mir nehmen, dass dieser Körper reagierte, obwohl meine Seele ihm befahl, zu versteinern. Ich kann mir verzeihen, unschuldig zum Opfer brutalster Gewalt geworden zu sein. Aber ich kann mir die Reinheit nicht wiedergeben.

Gar nicht zu reden davon, dass in meinem Unterbewusstsein der durch Hypnose verankerte Befehl eingepflanzt wurde: »Solltest du jemals reden, bist du des Todes. Richte dich selbst! Töte dich! Zerstöre dich!«

Jedes Mal, wenn ich nur den Gedanken daran habe, jetzt reden zu wollen, jedes Mal, wenn ich rede oder nachdem ich geredet habe, jedes Mal, wenn ich auf diese Weise einen Schritt weiter in die Unabhängigkeit wage, tritt dieser Befehl zur Selbstzerstörung in Kraft. Ich kann ihn nicht auslöschen. Aber ich habe gelernt, Widerstand zu leisten, ungehorsam zu sein, diesen Befehl zu verweigern. Jahre waren dazu nötig.

Geblieben ist die Angst, vor und während der kirchlichen Feiertage, die alle auch die heiligen Zeiten des Seth sind, einmal zu schwach zum Widerstand zu sein und niemanden mehr anrufen, zur Hilfe rufen zu können. Weihnachten, Ostern und all die Tage der Maria, die auch Feiertage der Isis sind, sind für mich Schreckenstage. Ihre Feierlichkeiten, Gerüche, Bilder, Gesänge sind eine Art geistiger Tretmine für mich. Jederzeit könnten sie zünden, mich zerstören.

KAPITEL 9

Meine ersten Erfahrungen mit dem Stechapfel müssen bereits wenige Tage nach meiner Geburt stattgefunden haben. Ich erinnere mich nicht an das konkrete Ereignis, doch wurden mir Erinnerungen durch intensive Hypnosesitzungen spätestens seit meinem dritten Lebensjahr suggeriert, um mich auf meine Aufgabe als Isis vorzubereiten. Außenstehenden mag es widersinnig erscheinen, dass man Kleinstkindern Situationen ins Gedächtnis brennen will, in denen sie misshandelt und grausam gequält wurden. Begreiflich wird dies erst, wenn man sich bewusst macht, dass die Liebe für alle, die an Seth glauben, aus Grausamkeit besteht. So sollte ich mich als Isis nicht daran erinnern, jemals sanft gestreichelt oder in irgendeiner anderen Weise angenehm behandelt worden zu sein. Eine solche Behandlung wäre in den Augen der Seth-Familie falsche Liebe gewesen, nämlich die sündige Liebe des Christenmenschen. Wir aber waren Seth-Menschen, Satansmenschen. Für uns galt das Gegenteil dessen als gut und schön sowie als richtig und als wahre Liebe, was Christenmenschen wertvoll erschien. Konsequenterweise musste ich lernen, dass für mich Schläge das richtige Streicheln waren, dass für mich alles das gut und schön sein musste, was mir wehtat. Nach diesen Schmerzen sollte ich mich sehnen, nicht nach der sündigen Christenliebe. Und ich sollte wissen, dass ich immer schon, von der ersten Stunde an, in der wahren Liebe des Seth aufgewachsen und erzogen worden war.

Zusätzlich zu diesen suggerierten Früherinnerungen habe ich miterlebt, wie andere Babys in die Gemeinde des Seth aufgenommen wurden. Ich hatte nie einen Zweifel daran, dass ich bei meiner Einführung genau wie sie zur allgemeinen Belustigung an meinen kleinen Füßen in die Luft gezogen und Kopf unter hängen gelassen worden war, bis ich krebsrot war und meine Lungen zusammenzufallen drohten. Kein bisschen anders wird es mir ergangen sein als denen, die mit heißem Kerzenwachs beträufelt und mit dem Pulver der spanischen Fliege zwischen den prallen Schenkelchen eingerieben wurden, bis die kleinen Münder wie in Agonie schrien und die Körper in Eiswasser getaucht wurden, um den wie Flammen brennenden Schmerz und die Spuren der Qual zu löschen.

Dass ich mich recht erinnere, beweisen medizinische Unterlagen, die ich im Laufe der Jahre auf der Suche nach mir selbst fand und die meine zahlreichen Kindheitserkrankungen dokumentieren. Manches erfuhr ich aus Gesprächen mit allerlei Verwandten und Bekannten. So kann ich lückenhaft rekonstruieren, was geschah.

Anders als meine Schwester Aimée brachte meine Mutter mich zu Hause zur Welt. Der vorbestimmte Geburtstag sowie die erwünschte Geburtsstunde waren von den Tarotkartenlegern und Astrologiekundigen in der Familie als Seth willkommener Zeitpunkt meiner Ankunft errechnet worden.

Daher konnte meine Schwester rechtzeitig zu ihrer christlichen Patentante außer Hauses gebracht und in Ruhe alles für die Entbindung Erforderliche in die Wege geleitet werden. Dazu gehörte unter anderem ein Testament meiner Mutter, welches sie bei einem Notar hinterlegte. Dieses besiegelte die Sicherheit meiner Schwester, da meine Mutter darin alles niedergeschrieben hatte, was sie über die Gemeinde des Seth wusste. Für den Fall, dass die Gemeinde es nach dem eventuellen Tod meiner Mutter wagen würde, sich meiner Schwester Aimée bemächtigen zu wollen, sollte mein Vater den Notar zur Weiterleitung des Testaments an den Staatssicherheitsdienst und die westdeutsche Botschaft ermächtigen.

Ich selbst erfuhr von diesem Testament, als ich heimlich ein hitziges Streitgespräch meiner Eltern belauschte und mein Vater meiner Mutter drohte, er besitze dieses Testament und werde es der Gemeinde des Seth zeigen, wenn meine Mutter es jemals wagen sollte, sich tatsächlich von ihm zu trennen.

Am Tage meiner Geburt trafen meine Großeltern mütterlicherseits sowie eine zur Seth-Familie gehörende Hebamme nebst einer ebenfalls eingemeindeten Ärztin im Haus meiner Eltern ein. Während die Frauen meine Mutter zur Entbindung vorbereiteten, richtete mein Vater alles her, was ihm aufgetragen wurde, sodass reichlich heißes Wasser, frische Tücher und die mit Rosshaarkissen ausgestattete Wiege für mich bereitstanden. Mein Opa mütterlicherseits aber schlug sein tragbares Tryptichon auf und zelebrierte ganz allein die erste Messe des Seth für mich.

Dieses Tryptichon war das Heiligtum meines Opas. Er hatte es auf einer seiner vielen Überlandreisen in der Nähe einer Kirche entdeckt, die seit Jahren nicht mehr als Gotteshaus, sondern als Baustofflager diente. Da mein Opa wusste, dass viele Kirchen von den Landwirten und Hausbauern der Umgebung als Steinbruch ausgeschlachtet wurden, fragte er im Umfeld aller Kirchen stets nach Bildern, Figuren oder sonstigen kirchlichen Gegenständen. Eines Tages kam er auf einen Bauernhof, dessen Besitzer so schlau war, meinen Opa sämtliche Uhren im Haus und obendrein auch noch das Räderwerk der zugehörigen Wassermühle reparieren zu lassen, obwohl er ihm nichts weiter als Bezahlung bieten konnte als ein dreifach zusammengeklapptes Holzkästchen, an dessen Innenseiten sich ein paar abgeblätterte Vergoldungen und verblasste Heiligenbilder befanden. Sowohl der Bauer als auch mein Opa waren danach der Meinung, ein gutes Geschäft gemacht zu haben. Mein Opa glaubte sogar, es sei das Geschäft seines Lebens gewesen.

Nach der sorgfältigen Reinigung des Klappaltärchens zeigte sich nämlich auf dem mittleren und größten Bilderfeld die Darstellung der Verstoßung der heiligen Schlange des Seth durch den Erzengel Gabriel. Auf dem linken Seitenbild befand sich die jungfräuliche Gestalt der Maria auf einer Erdkugel, um die herum sich die Schlange des Seth windet und ihren Phallus unter das Gewand, hinauf zur Yoni der Jungfrau schiebt. Auf dem rechten Seitenbild wurde die Verkündigung der Ankunft des Gotteskindes durch den Erzengel Gabriel dargestellt.

Mein Opa war durch diesen Anblick immer wieder tief berührt, denn er erkannte als vielleicht Einziger sofort, dass in Wahrheit nicht der Jungfrau Maria die Geburt des Gotteskindes Jesus angekündigt wurde. Vielmehr hatte der Künstler den Sturz und die Wiedergeburt des göttlichen Sohnes Seth dargestellt. Nicht Maria, sondern Isis wurde durch die Vereinigung mit dem Phallus des Seth geschwängert. Nicht die Geburt des alles verbrennenden Taglichtbringers Jesus und Sohnes Gott-Vaters, sondern die Geburt des Leben erhaltenden Nachtlichtbringers, des Großen Tieres 666 und Sohnes Gott-Mutters, wurde der jungfräulichen Isis verkündet. Und ganz sicher hatte nicht irgendein Christ, sondern ein Mitglied der Gemeinde des Seth diesen Altar einst gestiftet. Mein Opa, der fest an die Vorsehung glaubte, war Zeit seines Lebens sicher, durch diesen Fund ein persönliches Zeichen des Seth erhalten zu haben, der an ihm als seinem Hohen Priester ein besonderes Wohlgefallen habe.

Obwohl meine Mutter so felsenfest von der Geburt eines Sohnes überzeugt war, dass sie zusammen mit meinem Vater lediglich Jungennamen für das Ungeborene ausgewählt hatte, war es ihre Pflicht gewesen, sich auch auf die Geburt einer Tochter, der Isis, vorzubereiten. Hätte sie dies verabsäumt, wären die Folgen furchtbar gewesen: Sie hätten den Tod meiner Schwester Aimée bedeutet.

Dies ist nur zu begreifen, wenn man die Gesetze des Seth kennt. Nach dem Verständnis der Gemeinde des Seth war meiner Mutter mit ihrer Bestimmung zur Hohen Priesterin die höchste Gnade des Seth zuteil geworden. Er hatte sie und ihren Leib erwählt, um die Zeugung und Geburt einer Isis zu bewirken. Wer diese Gnade erfuhr, hatte die höchste menschenmögliche Auszeichnung erfahren. Keine Frau in der Gemeinde hätte die geringste Chance gehabt, sich dagegen zur Wehr zu setzen. Im Gegenteil, als Hohe Priesterin hatte die Auserwählte ihre heilige Pflicht freudig zu erfüllen, sich erstmals und so oft von den treuesten Jüngern Seths in seinem heiligen Namen schwängern zu lassen, bis sie Isis gebar.

Wenn es eine, die durch ihre Geburt und Abstammung zur Hohen Priesterin vorbestimmt war, gewagt hätte, sich zu verweigern, wäre sie gesteinigt worden. Niemand sollte meinen, dass dies in unserer heutigen Zeit unmöglich wäre. Erwachsene wie Kinder verschwinden jeden Tag, ohne dass ihr Verschwinden oder Verbleib je geklärt oder sie irgendwann aufgefunden würden. Und in einem Land unter Diktaturherrschaft, wie es die ehemalige DDR war, verschwinden Menschen noch einfacher.

Meine Mutter hatte bereits gefrevelt, als sie es gewagt hatte, eigene Weg zu gehen, indem sie den Vater meiner Schwester Aimée ohne Zustimmung der Gemeinde zu ihrem Geliebten und Ehemann und somit ohne die Heiligung des Seth zum neuen Hohen Priester bestimmt hatte, welcher meinem Großvater im Amt folgen musste. Sich christlich trauen und meine Schwester christlich taufen zu lassen war beinahe ihr eigenes Todesurteil gewesen. Und ich bin sicher, dass meine Mutter sich schließlich doch noch überwand, ihrer Bestimmung zur Hohen Priesterin zu folgen, geschah allein vor dem Hintergrund dieser Todeserwartung. Sie musste damals ja jeden Augenblick ihres

Lebens darauf gefasst sein, irgendwo geschnappt, entführt und ermordet zu werden. Wobei dies nicht bedeutete, eines schnellen Todes sterben zu dürfen. Niemand aus der Gemeinde des Seth hätte meiner Mutter diese Gnade erwiesen. Niemand hätte auf die Folterstrafe verzichtet. Niemand hätte als Erster einen Stein auf sie geworfen, der ihren Kopf tödlich getroffen hätte. Sie hätte die Hexentortur durchmachen müssen, weil jede Schonung die grausame Bestrafung des Verschonenden nach sich gezogen hätte.

Aus diesem Grund hatte meine Mutter in den Monaten der Schwangerschaft ein prachtvolles Paradekissen aus rotem Samt genäht und über und über mit winzigen Mondzeichen der Isis bestickt. Dazu gehörte eine Täuflingskappe aus weißer Klöppelspitze, die an der Stirn spitz zulief und an beiden Seiten des Kopfes mit steif wegstehenden silbernen Hörnchen besetzt war. Auch das lange Taufkleid war aus weißer Klöppelspitze gefertigt, dessen Muster nach uralten keltischen Kriskel-Mäandern kunstvoll durcheinander liefen. Auf der Brust hatte es eine Art eingenähten Latz aus gewebten Silberfäden, über die als erhabene Form das Zeichen des Seth gestickt war.

Wie meine Mutter gern berichtete, wurde die Geburt künstlich eingeleitet und dauerte nur kurze Zeit, sodass schon damals der Spruch »vom Esel im Galopp verloren« seine besondere Bedeutung in meinem Leben erhielt. Meine Oma, die ich liebte, wie auch sie mich liebte, und deren Liebe die einzige Zuflucht war, die ich jemals im Leben hatte, sagte mir, ich sei gesund gewesen und ein hübsches Kind mit zarten Fingerchen und einem Flaum goldener Haare auf dem Kopf. Ich habe auch gleich heftig geschrien, da ich mit besonders kräftigen Schlägen auf meinen »kleinen blauen Schinken« empfangen wurde.

In den ersten Tagen nach meiner Geburt wurde ich nur aus der Wiege hervorgeholt, wenn ich gestillt und gewickelt werden musste. Da meine Mutter sich von der Entbindung erholen sollte und bettlägerig war, wurde ich von meiner Oma versorgt, die ihrer Tochter in dieser Zeit auch den Haushalt führte.

Von ihr weiß ich, dass ich zwölf Tage später, im Zeichen der Heiligen Drei, dem Herrn und wahren Lichtbringer der Seth-Familie geweiht wurde. Nicht erst abends, sondern schon nachmittags trafen nicht nur die wichtigsten, aus dem engsten Kreis stammenden Familienmitglieder des Seth bei uns ein, sondern auch meine Großeltern väterlicherseits, allerlei Nachbarn, Arbeitskollegen meiner Eltern und sonstige Bekannte. Es war offiziell der Tag, an dem meine Eltern ihr Haus für alle Leute öffneten, die ihnen zur Geburt ihres zweiten Töchterchens gratulieren wollten. Es musste ja nach außen hin alles mit rechten Dingen zugehen. Selbstverständlich mussten deshalb die Verwandten und Freunde bereits zu den Uhrzeiten kommen und feiern, zu denen auch andere Leute zur Kindsbegehung einluden.

Es wurden Kaffee und Likör aus der Destille meines Großvaters angeboten, Kuchen und hübsch dekorierte Schnittchen gegessen sowie so mancher Verdauungsschnaps getrunken. Der Gabentisch, den mein Vater auf Anweisung meiner Mutter extra zu diesem Zweck ins Wohnzimmer stellen musste, füllte sich mit Geschenken und Blumen. Man plauderte, lachte, bewunderte das Kind in der Wiege, stupste es mit freundlichem »Dutzi-Dutzi!« an und freute sich, wenn die kleine Isis die blauen Augen und das zahnlose Mündchen aufriss.

Doch das eigentliche Fest, an dem weder die Eltern meines Vaters noch andere Außenstehende teilnehmen durften, begann erst in der Nacht. Meine Oma hatte Fotos in einem alten Album, das sie hervorzog, während sie mir immer wieder ausführlich und gern so lebhaft von den Geschehnissen berichtete, dass ich glaube, mich aus eigenem Erinnern ganz intensiv und genau darauf zurückbesinnen zu können.

Feierlich war die Gruft unter der Kirche hergerichtet worden, für deren Reinigung und Blumenschmuck meine Oma zuständig war, sodass es nicht auffiel, wenn sie sich immer wieder darin zu schaffen machte oder andere Familienmitglieder ihr dabei behilflich waren. Oftmals habe ich in meiner Kinderzeit Gelegenheit gehabt, ihr dort bei ihrer Arbeit zur Hand zu gehen und den Ort meiner Taufe mit eigenen Augen zu betrachten.

Ein enger Torbogen, der von der Straßenseite aus nicht einzusehen war, führte am hinteren Ende des Grundstücks meiner Oma und meines Opas durch die Einfriedungsmauer und mündete schräg in die kaum drei Schritte entfernte Türnische der Kirchenapsis. Von dort aus führte eine niedrige Seitenpforte in die Sakristei, die ringsum an den Wänden mit Paneelen und Einbauschränken aus reich beschnitzter Eiche versehen waren. Zwischen ihnen gelangte man über einen tief ausgetretenen Treppenabgang hinunter zu einem schmiedeeisernen Ziergitter und in die Krypta.

Der düstere Raum wurde von schmalen, deckenhohen Spitzbogenfenstern durchbrochen, durch die am Tage die Sonne schien und die blau und rot gefärbten Glasmosaike in ihren Bleifassungen zum Glühen brachte. Nachts waren die Fenster schwarz. Auf ihren tiefen Laibungen hatten die Frauen die silbernen Altarleuchten platziert, die mein Opa aus den Schränken in der Sakristei entnahm und mit Seth geweihten Kerzen bestückte, welche zuvor sorgfältig in schwarz eingefärbte Bienenwachsplatten gerollt wurden. Als mein Opa eine Kerze nach der anderen mit einem langen Fidibus anzündete, hüpften in ihrem Lichtschimmer gespenstisch anmutende Schatten über die Wände.

Mutterseelenallein lag ich auf meinem Paradekissen, über dessen Rand die kostbare Spitze meines Taufgewandes wie Schnee auf den marmornen Doppelsarg des Ritters und seiner Frau rieselte, die man einst in der Gruft bestattet hatte. Ihre vornehm gewandeten Specksteinfiguren ruhten im Halbrelief auf dem schweren Sarkophag und schliefen mit betend verschränkten Händen für immer aus. Zur Ehre der Feiernacht des Seth hatte mein Opa ihnen umgekehrte Kreuze zwischen die Finger geschoben, sodass sie wie Urahnen der Gemeinde an der Zeremonie teilzunehmen schienen.

Auf ein Klingelzeichen hin kamen die Jüngerinnen und Jünger des Seth in ihren schwarzen Kapuzenkitteln um den Sarkophag herum zum Kreis zusammen. »OM«, summten sie und wiegten sich wie Korn im Wind, bis die Bewegung zu einer einzigen Welle verlief.

Plötzlich hörte man das schmiedeeiserne Gittertor der Krypta aufspringen und Schritte, die sich näherten. Dann zogen sie herein: vorneweg und vornehm schreitend der Hohe Priester und die Hohe Priesterin, die eine silberne Schale mit duftendem Wein zwischen sich trugen. Hinter ihnen aber ging es wie im Tollhaus zu, denn da sprangen, kreischten, trampelten und tobten zehn weiß gekleidete Jünger herein, welche ihre Köpfe unter grässlichen Wolfsmasken verbargen, denen zu beiden Seiten des schwarz-zottigen Kopfes unterschiedlich gebogene, spitze oder stumpfe silberne Hörner wuchsen. Ihr grausames Geheul begleiteten sie mit lautem Schellen- und Kettenrasseln sowie dem Klirren eines großen silbernen Weihwasserkessels, den sie einer nach dem anderen im Zeichen des Seth-Kreuzes über mir schwenkten, bis der austretende Nebel des Räucherwerks mich völlig verhüllte. Nur mein entsetztes Schreien blieb wie in höchster Agonie im Raum.

Erst als der Höllenlärm verstummte und der Räucherdunst sich verflüchtigte, beruhigte auch ich mich wieder. Nun traten die Wolfsmasken näher heran. Mit ihren schwarzen zottigen Krallenhänden entkleideten sie mich. Keiner achtete auf meine kläglichen Jammertöne und Schmerzlaute. Einer nach dem anderen salbten sie mich mit einem stark duftenden Öl, welches in die Haut einzog, bis sie hochrot war und wie Feuer brannte. Zuletzt setzten sie einen kleinen Trichter an meinen Mund und flößten mir etwas von dem Wein aus der silbernen Schale ein, welche der Hohe Priester und die Hohe Priesterin immer noch zwischen sich trugen. Danach steigerte sich mein Schreien zu höchstem Kreischen, um plötzlich völlig abrupt abzubrechen. Ich war nicht ohnmächtig geworden, doch betäubt und wand mich in stummen Zuckungen auf meinem herrlichen Kissen. Jetzt war es so weit. Es war Zeit für die grausame Weihe.

An dieser Stelle ihrer Erzählungen spürte ich stets, dass meine Oma Mühe hatte, ihre Stimme fest und ruhig zu halten. »Was hast du denn, Oma?«, fragte ich einmal, als ich noch kleiner war. »Weinst du?« Sie schüttelte den Kopf mit einem seltsamen schiefen Auflachen und zog die Nase hoch, obwohl sie mir immer erklärte, das gehöre sich nicht und ich solle ein Taschentuch benutzen. »Nein, nein«, sagte sie. »Warum sollte ich wohl weinen? Es war doch ein schönes Fest. Es war deine Taufe, mein Herz. Jede Oma freut sich, wenn ihr Enkelkind getauft wird. Es war ja die Liebe unseres Herrn und Heilands Seth, die du erfahren hast. Wie sollte ich da weinen?«

»Aber du weinst ja trotzdem«, sagte ich und wischte ihr zum Beweis mit meinen Handballen über die feuchten Wangen.

Da lachte sie und küsste mich und rief: »Aber nur Freudentränen, du kleiner Racker.«

Ich weiß nicht, ob ich es damals geglaubt habe. Später glaubte ich es nicht mehr. Aber da war ich bereits erwachsen und meine Oma längst tot.

Ihre Stimme glaube ich immer noch zu hören, wenn ich meinen Gedanken erlaube, mich auf die Reise in meine eigene Vergangenheit mitzunehmen. Sie zitterte, als sie mir beschrieb, wie der Hohe Priester mit dem Buch des Seth in der Rechten und die Linke auf meiner Stirn höchstpersönlich den Weiheakt zelebrierte.

Worte und geheimnisvolle Sätze in Kirchenlatein vorlesend, umschritt er den Sarkophag, ohne mich auch nur eine Sekunde aus den Augen zu lassen. Langsam wanderte seine Hand dabei von meiner Stirn über den kleinen Leib bis hinunter zur Vagina, um dort mit einem plötzlichen Fingerstoß einzudringen und zu verletzen.

Diese Szene musste meine Oma mir nicht ausdrücklich beschreiben. Wann immer sie davon sprach, fühlte ich unmittelbar und ganz intensiv, was mir damals widerfahren war und hasste die Schlange des Seth in meinem Bauch, welche sich mit den Bildern regte, die vor meinem inneren Auge aufstiegen. Bilder von den anderen Babys, die in den Jahren meiner Zugehörigkeit zur Seth-Familie ebenfalls geweiht wurden. Bilder von lustvoll seufzenden Erwachsenen, die um diese Babys herumstanden. Bilder der Wolfsköpfe, welche die Babys anstarrten und sich mit obszönen Bewegungen gegenseitig zu begatten schienen.

Zwar waren alle diese Babys nicht mit dem Finger penetriert worden wie ich, Isis, der eine besondere Form der Seth-Weihe zuteil wurde, aber ich hatte all die kleinen, hilflosen Körperchen gesehen, hatte das verzweifelte Weinen vernommen, wenn man sie unter Qualen zu vollwertigen Jüngerinnen und Jüngern des Seth erhob. Wie viel bitterlicher musste ich geweint haben, der so viel Schlimmeres widerfuhr.

Ich konnte mir vorstellen, wie sich mein weicher, zarter Körper nach dem Fingerstoß des Hohen Priesters, welcher die in mich fahrende Schlange des Seth symbolisierte, mit einem schrillen Aufschrei aufgebäumt hatte. Wie ich in entsetztem Schmerz auf dem Spitzenkissen gezappelt haben musste. Genau das war das Ziel der furchtbaren Prozedur, denn je stärker ein Baby in seinem Schmerz aus dem Mund schäumte und je heftiger zappelnd es sich in Zuckungen wand, desto lustvoller schien die Schlange des Seth in den winzigen Leib eingezogen zu sein.

Genau wie bei der Feier der anderen Babys wurde ganz sicher auch während meiner Weihezeremonie das OM-Summen der Seth-Gemeinde immer lauter und eindringlicher, als mir meine eigene Mutter, die Hohe Priesterin, winzige Fußschellen um meine Handgelenke legte, an denen ich nun mit Hilfe eines Flaschenzuges hochgezogen wurde.

Wie üblich jauchzte die Menge: »Hosiannah, Seth in der Tiefe!«, und fiel dankbar auf die Knie, bis mein Wimmern und nach Luft ringen fast verstummte und mein Körper blau anzulaufen begann.

»In diesem Moment«, schilderte mir meine Oma später, »haben sich der Hohe Priester sowie die Hohe Priesterin und ihre zehn Werwölfe an dem Blut bedient, welches an deinen Beinchen entlang zu rinnen begann. Und dann wurdest du auf den Namen Isis getauft, bei dem du am Jüngsten Tage von Seth gerufen und für gerecht befunden oder zu den Sündern der falschen Gläubigen geworfen werden wirst.«

Der Taufspruch und die Zeremonie sind bei allen Kindern des Seth gleich. Der einzige Unterschied bestand darin, dass die anderen Babys einen kleinen Piks am Ohrläppchen erdulden mussten, damit sie ihre Taufe mit eigenem Blut besiegeln konnten, mein Blut aber aus dem allein der Schlange des Seth vorbehaltenen Ort meines Leibes stammen musste.

»Du bist Isis, die Eingeborene des Seth«, sprach der Hohe Priester, während er meinen Körper aus dem Flaschenzug löste und mir in einer Mund-zu-Mund-Beatmung den Odem des Seth und neues Leben einhauchte. »Dein Blut erneuere das Blut der Welt«, fuhr er fort, während ich zu wimmern begann, und zeichnete mir mit meinem Blut ein Seth-Kreuz auf die Stirn. »Dein Blut schenke das ewige Leben denen, die an Seth glauben, und erhebe dich zu Isis, die Eine und Alle ist.«

Wie bei allen anderen Täuflingen nahm er sodann achtsam eine lange schwarze Kerze aus der Hand der Hohen Priesterin entgegen und ließ die Flamme an meinem nackten Körper entlangfahren, wobei er mit beschwörender Stimme murmelte: »Seth lasse leuchten sein Licht über dir, unter dir, zur Rechten, zur Linken und lasse dich brennen in Ewigkeit, Seth.«

Gleich, ehe sich Brandmale auf meiner zarten Haut bilden konnten, riss die Hohe Priesterin mich von meinem Paradekissen herunter und warf mich blitzschnell in eisgekühltes Wasser, worin mein Schreien augenblicklich verstummte und einer tiefen Ohnmacht wich. Das war die Liebe des Nachtlichtbringers und die Läuterung der Isis, in deren Leib die Schlange des Seth fortan bis zu ihrer Auferstehung und Wiedergeburt ruhen sollte.

Sollte! Das ist wichtig, geradezu überlebenswichtig für mich, denn meine gesamte Kindheit und Jugend hindurch habe ich die Schlange des Seth in meinem Leib spüren können, spüren müssen und mich selbst dafür so abgrundtief gehasst und verachtet, dass ich diese Regungen mit aller Macht und Gewalt abzutöten versuchte. Wie elend verzweifelt stellte ich fest, dass ich es trotzdem nicht schaffte. Mein Körper entwickelte diese verhassten Gefühle. Sie kamen ungewollt. Sie waren unverlangt da. Sie ließen sich nicht abstellen. Nicht einmal mit Kerzen, die ich aus christlichen Kirchen vom Altar entwendete, um sie mir in einsamen Stunden wütender Lust in den Leib zu rammen.

Erst als Erwachsene, erst in der Therapie und nachdem ich Mutter geworden war, begann ich allmählich zu begreifen, dass diese Regungen in mir nichts abgrundtief Schlechtes, kein teuflisches Gefühl, kein Beweis der Existenz des Seth in mir und meiner ewigen Isis-Verdammnis zur Fürstin der Nacht sind, sondern etwas ganz Natürliches, Gutes, Reines. Dass sie als Lust einen Namen im ganz alltäglichen Leben haben. Dass sie ihren tiefsten Ursprung nicht in einer anderen Person und deren Körper haben, nicht in einer Schlange, welche in mir schläft oder wacht, sondern ganz aus mir selbst entstehen, ganz mir allein gehören, ganz aus meinem eigenen Gefühl gemacht sind. Und dass dies bei allen Menschen so ist. Nicht nur, sondern auch bei mir.

Dies zu erkennen, war eine Offenbarung. Und ich schäme mich nicht, sie als Gotteserfahrung als meinen kostbarsten geistigen Besitz zu hüten, ja, den Augenblick dieser Erkenntnis für immer als den Moment eines Schöpfungswunders zu bestaunen, weil mir erstmals bewusst wurde, dass ich ein freier Mensch, ein ganz eigener Mensch bin. Auch ich, Isis.

Erst danach lernte ich, mir zu gestatten, Lust als etwas Schönes zu fühlen. Zunächst nur selten, wie im Sekundentakt, von ständigen Rückfällen in den Versuch unterbrochen, diese Gefühle zu unterdrücken, doch in langsamster Zeitlupe immer öfter.

Bis dahin hatte ich Lust in einem Wirbel der widerstreitendsten Empfindungen gehasst und doch ersehnt, gemieden und doch erwartet, verleugnet und doch praktiziert. Meine Erziehung im Glauben an Seth hatte mich dazu gebracht, Lustregungen als Bewegungen der Schlange des Seth in mir zu erkennen, von Grund auf zu hassen und diesen Hass als sethgewollt Gutes zu heiligen. Zugleich aber hasste etwas in mir mich selbst unter Todesängsten dafür, dass ich Seth gehorchte und ihm das höchste Gefühl schenkte, welches er verlieh und verlangte. Irgendetwas in mir wusste, dass es da noch etwas anderes gab.

Ich glaube, ein Teilstück meiner Seele hielt die kurzen Wonnemomente der warmen Liebe für immer fest, die ich von meiner Oma erfahren hatte. Die Erinnerung daran, wie sie mich in diesen verbotenen und doch gestohlenen Augenblicken gehalten, umarmt, gestreichelt, angeschaut und sogar geküsst hatte, erfüllten mich jedes Mal mit einer Wärme, als stünde ich an einem kalten Januartag plötzlich für Sekunden inmitten eines Sonnenflecks. »Ich liebe dich mit warmem Herzen«, hatte sie gesagt.

Und genau das war es, was ich fühlte: ein warmes Herz in mir. Und das wollte die kalte Liebe des Seth nicht.

Manchmal tastete meine Seele sich diesem warmen Gefühl entgegen, an das ich mich sehnsüchtig erinnerte. Dabei konnte es passieren, dass ich die Schlange des Seth in mir zum Rasen und Explodieren brachte. Es genügte, mir in allen Details auszumalen, wie es wohl sei, wenn ich, Isis, die Eine und Alle ist, die in Seth gezeugt und zu seinem alleinigen Besitz geweiht wurde, nicht nur Seth als meinen Fürsten der Nacht, in der von ihm gewollten kalten, finsteren Liebe des Hasses empfing, sondern auch Osiris, als meinen Heiland des hellen Tages, mit warmem Herzen liebte. Gefühle schlugen da über und in mir zusammen, für die ich im Widerstreit des Wollens und Nichtwollens jederzeit die Strafe des Seth als verdient erwartete und fürchtete, obwohl ich wusste, dass diese Strafe umso mehr der wahre Liebesbeweis des Seth sein würde, je grausamer sie ausfiele.

In der Therapie zu begreifen, dass jede Form der sexuellen Lust und Erregung mir allein gehörte, hieß begreifen, dass ich es bin, die darüber bestimmt, wie und mit wem ich sie fühlen will. Es hieß begreifen, dass die Lust nicht automatisch und unausweichlich zwingend den Satan auf den Plan ruft, der in mich fahren will und fahren darf oder muss, und dass nicht jeder erigierte Penis das silberne Horn des finsteren Lichtbringers ist.

Nicht zuletzt begriff ich plötzlich, was man mir mit dieser grässlichen Seth-Weihe angetan hatte. Ich war ein wenige Tage altes Kind gewesen, ein Säugling, das hilfloseste, wehrloseste Wesen. Ich war kein Monster gewesen, keine Zeugung und Ausgeburt des Bösen schlechthin. Nein, ich war unschuldig wie die Unschuld selbst. Nichts an mir war schlecht, nichts war böse. Nichts berechtigte dazu, mich als Besitz des Satans zu deklarieren und mich dem an Schlechtigkeit unübertrefflichsten Übel zu weihen. Meine Seele, mein Körper, meine Würde waren ebenso unantastbar wie die jedes anderen Menschen. Und dennoch wagten sie es, taten mir hemmungslos grausamste, sadistischste Gewalt an, indem sie meinen Körper schändeten und meine Seele zerbrachen. Ungestraft. Bis heute.

Ich könnte sie anzeigen? Meinen senilen Vater, der nachweislich an Alzheimer leidet, bereits entmündigt wurde und im Pflegeheim vor sich hinsiecht? Meine ebenso alte Mutter, die ihre geilen Sexphantasien vor dem Fernsehgerät auslebt und sich zur Winterzeit mit allerlei wunderlichen Gestalten aus angeblich esoterischen Zirkeln auf Mallorca oder in Tunesien und auf griechischen Inseln trifft, um dort die Reste ihrer sexuellen Kräfte zu mobilisieren? Zwei alte Leute – der eine entmündigt und jenseits der Strafbarkeit, die andere nicht weit davon entfernt?

Und weswegen könnte ich sie anzeigen? Wegen sexuellen Kindesmissbrauchs, wegen Kindesmisshandlungen, wegen Freiheitsberaubung und seelischer Grausamkeit, wegen Zugehörigkeit zu einer satanistischen Sekte? Alles das haben sie begangen.

Aber ist es auch strafbar? Und wenn ja, würde die Strafe mir gerecht, ihnen gerecht?

Sexueller Kindesmissbrauch, Kindesmisshandlung, Freiheitsberaubung und seelische Grausamkeit sind strafbar. Dafür gibt es maximal zwölf Jahre Gefängnis. Und alles das verjährt. Kinder zu quälen und zu schänden gilt immer noch als minder schweres Vergehen.

Kinder haben in Deutschland nicht einmal eigene Rechte. Welche Auswirkungen das hat, habe ich am eigenen Leibe erlebt. Meine Eltern betrachteten mich als ihren Besitz.

»Du gehörst uns«, sagten sie, wenn ich mich auf meine ohnmächtige kindliche Weise gegen ihre Gewalt zu wehren versuchte. »Wir haben dich gemacht. Du bist Fleisch von unserem Fleisch, Blut von unserem Blut. Wir können mit dir machen, was wir wollen. Wenn wir dich umbringen, kräht kein Hahn danach. Deine einzige Liebe ist in Seth. Ihm haben wir dich geweiht. Wir wollen, dass du ihm gehörst. Und also gehörst du ihm. Du hast nichts zu wollen. Du bist nur gezeugt worden, weil wir dich Seth versprochen haben. Du hast kein Recht zu sein ohne uns. Du hast kein Recht, dich gegen uns zu wehren. Mach die Augen zu, was du dann siehst, gehört dir. Wir sind deine Eltern. Du musst uns ehren, nicht wir dich. Du bist nichts ohne uns. Du würdest nicht einmal auf der Welt sein ohne uns. Merk dir das!«

Ich habe es mir gemerkt. Und ich sehe jeden Tag, dass es immer noch überall in Deutschland und auf der ganzen Welt Eltern und andere Erwachsene mit dieser Einstellung zu Kindern gibt. Pädophile und Päderasten zum Beispiel, die allen Ernstes behaupten, Kinder fänden Sex mit Erwachsenen erregend schön und würden erst dann darunter leiden, wenn jemand ihnen sagte, dass es falsch und verboten sei. Weltweit sind Netze gesponnen, in denen diese Personen untereinander Tonbandaufnahmen, Fotos und Filme tauschen, auf denen Kinder zu hören und zu sehen sind, die mit Erwachsenen Sex haben oder vor deren Augen selbst Hand an sich und ihre unschuldigen Körper legen müssen. Sextouristen zum Beispiel, die sich im Ausland an kleinen Mädchen und Jungen vergehen, weil sie glauben, dort nicht bei diesen Verbrechen erwischt zu werden. Oder all die vielen Männer und sogar Frauen, die oftmals eigene Kinder haben und sich dennoch an Kinderpornographie verlustieren und diese Filme drehen, verkaufen, kaufen oder im Internet anschauen und auf diese Weise dafür sorgen, dass überall auf der Welt Kinder sexuell missbraucht und ausgenutzt werden. Mir wird schlecht, wenn ich an diese Menschen denke. Und um jedes Kind möchte ich unendlich weinen, denn ich kenne ihre Qual, ihre Hilflosigkeit, ihr Ausgeliefertsein, ihre Rechtlosigkeit.

Wer sich an Kindern vergreift, darf fast immer auf die Milde der Richterschaft zählen. Beinahe jeden Tag kann man in der Zeitung oder dem Fernsehen von Fällen erfahren, in denen jemand wegen sexuellen Kindesmissbrauchs vor Gericht steht und den Gerichtsaal als freier Mann mit einer lächerlich geringen Strafe von unter zwei Jahren, die zur Bewährung ausgesetzt wird, verlässt. Mit einer Strafe also, die gar keine ist, weil sie erst im Wiederholungsfall greift und auch nur dann eine Inhaftierung nach sich zieht. Schreien möchte ich, wenn ich das lese und höre.

Ich war bei Gerichtsverhandlungen und Urteilsverkündungen anwesend, da verhängten die Richter Bewährungsstrafen, weil der Täter Familienvater war und eine Haftstrafe für ihn aus der Sicht des Richters einer Kollektivstrafe oder Sippenhaft für die Familie des Täters gleichgekommen wäre. Schließlich sei der Mann der einzige Ernährer, hieß es. Wenn man ihn inhaftiere, gerate die Restfamilie ins soziale Aus. Nicht der Täter kam ins Gefängnis und aus der Familie fort. Nein, die Kinder dieses Vaters, seine unschuldigen Opfer, wurden ins Kinderheim oder in Pflegefamilien verschoben. Sie, nicht er, wurden mit dem Verlust ihres Zuhauses und ihrer Freunde bestraft. Dass man ihnen damit genau die Strafe antat, die ihnen der Vater oder die Mutter immer versprochen hatten, falls das Kind den Mund auftun und etwas verraten würde, war dem Richter völlig egal. Hauptsache, der Familienernährer bleibt auf freiem Fuß. Hauptsache, das Geld stimmt. Hauptsache, die Rechte der Erwachsenen sind geschützt.

Und dann schaue ich mir die Kinder an, die Jugendlichen, die sowohl als Zeugin oder Zeuge wie auch als Nebenklägerinnen oder Nebenkläger aufgetreten sind. Schau mir an, wie elend sie sich fühlen, weil sie ihre eigenen Eltern verklagt haben. Spüre, dass sie alles dafür geben würden, wenn die Eltern sie mit warmem Herzen lieb hätten. Ich kenne das. Oh, wie gut ich das kenne!

Was diese Kinder und was ich erlebt habe, ist schlimmer als der brutalste Mord. Es war Folter in höchster Perfektion. Täglich stundenlange grausamste Unterdrückung, Erniedrigung, höchste körperliche und seelische Qual. Wirklich jeden Tag. Meine ganze Kindheit und Jugend lang. Schon als winziges Baby.

Diese Form des schleichenden Mordes hat mich so schwer geschädigt, dass ich bis zu meinem Tode an den Schäden leiden werde. Kein Gericht der Welt, kein Urteilsspruch kann das jemals wieder gutmachen. Keine Strafe kann dies sühnen.

Und trotz dieses unverzeihlichen Gewaltmaßes würden meine Eltern bei Gericht schlimmstenfalls mit ein paar Jahren Haft davonkommen. Auf Bewährung vermutlich, weil sie schon so alt sind, oder weil ihre Taten so lange zurückliegen, dass eine Wiederholung nicht zu erwarten ist. Das Gesetz dient ja nur dazu, Strafen für vergangene Straftaten zu verhängen und Sühne für das zu erzwingen, was bereits geschah. Da diese Strafe öffentlich verkündet wird, soll sie andere abschrecken und ähnliche Straftaten verhindern. Ob diese Abschreckung wirkt, interessiert den Gesetzgeber wenig, denn es geht ja, wie gesagt, vor allem um Vergangenes, nicht um die Zukunft. Im Grunde steht nicht einmal das Opfer im Mittelpunkt des Gesetzes und des richterlichen Interesses, sondern der Täter oder die Täterin. Gesetze sind nicht für und zugunsten von Opfern gemacht. Sie richten sich gegen Gesetzesbrecherinnern und Gesetzesbrecher. Und während ein Opfer immer den vollen Schaden davonträgt, ohne diesen jemals mindern zu können, müssen Täterinnen und Täter selten die volle Verantwortung übernehmen.

Sobald eine Gerichtsverhandlung vorbei ist, ein Urteil gefällt und gesprochen wurde, wenn der Täter oder die Täterin bestraft wurde, kümmert sich der Gesetzgeber nicht mehr um das Opfer. Würde ein Opfer nicht als Nebenkläger oder Nebenklägerin mit einem eigenen Rechtsbeistand auftreten, würde es vor Gericht lediglich als Zeugin oder Zeuge gehört und hätte nicht einmal das Recht, die Gerichtsakten einzusehen oder der ganzen Verhandlung beizuwohnen. Mit ihrem Leid und den Problemen, wie sie ihr zerstörtes Leben in den Griff bekommen, sind Opfer allein.

Täterinnen und Tätern hingegen werden vielfach mildernde Umstände zugebilligt. Für sie gibt es tausend Erklärungen und Entschuldigungen, welche wie auf dem Rechenschieber von dem für ihre Straftaten gesetzlich festgelegten Strafmaß abgezogen werden.

Wenn mein Vater angeklagt würde, käme sein Rechtsbeistand ganz sicher auf die Idee, dass er als Kind aus einer Familie, in der sexueller Kindesmissbrauch an der Tagesordnung war, selbst zum Opfer wurde und deshalb sozusagen zum Täter werden musste. Sie würden ihn bedauern, weil er eine so schwere Kindheit hatte. Und sie würden ihn noch mehr bedauern, weil er wegen seiner geschädigten Psyche nur eine Frau fand, die ihn noch tiefer ins Elend zog. Nie würde meinen Vater das mögliche volle Strafmaß treffen.

Und meine Mutter? Auch sie stammt ja aus einer verhaltensauffälligen Familie. Ihr Vater zog sie in einer satanistischen Sekte auf. Seine Erziehung zwang sie dazu, Mitglied dieser Sekte zu werden, ja, sogar die höchste Führungsposition darin einzunehmen. Völlig überzeugend würde vor Gericht dargelegt, dass sie vor diesem familiären Hintergrund zwangsläufig selbst zur Täterin werden musste. Es würde der Richterschaft das Herz abschnüren, weil meine Mutter ja nichts dafür konnte, was mit ihr geschah, und weil sie sich gegen ihren dominanten und grausamen Vater niemals wehren konnte. Und natürlich wäre jedem, der sie wegen ihrer Taten verurteilen sollte, voller Mitgefühl klar, dass meine arme Mutter dadurch ein so erniedrigtes Selbstwertgefühl entwickeln musste, dass sie lediglich einen wie meinen Vater heiraten konnte, der ihr an Minderwertigkeitskomplexen in nichts nachstand und ebenfalls ein misshandeltes, fehlgeleitetes Kind war. Sicher kämen den Richtern die Tränen, wenn sie meine arme fehlgeleitete, unschuldig schuldig gewordene Mutter mit ihren Grübchen unter dem weißen Lockenschopf auf der Anklagebank erlebten.

Ich weiß, dass ich bitter bin, wenn ich so denke und rede. Aber noch viel bitterer ist das Wissen, dass ich meine Eltern selbst dann nicht anzeigen könnte, wenn ich dies jemals wollte. Dank der gültigen Gesetzgebung sind ihre Straftaten Schnee von gestern. Sie sind offiziell verjährt und damit nichtig geworden.

Nur ich trage noch immer die volle Last ihrer Verbrechen und deren Folgen. Nur ich bin zu lebenslänglich verurteilt. Und das führt an manchen Tagen dazu, dass ich mit den verdammten Prägungen ringe, die mir mit dem Brandeisen des Seth in die Seele gepresst wurden: dass ich für Seth gezeugt wurde, Seth geweiht wurde, Seth zum Eigentum gegeben wurde und mich folglich doch gar nicht wundern muss, nun auch tatsächlich mit Höllenqualen zu leben. Gegen diese Gedanken anzukämpfen ist Schwerstarbeit. Ob ich eines Tages damit fertig bin?

Sicher weiß ich nur eines: dass eine Anzeige keine Lösung für mich darstellt. Ich könnte niemanden nennen, der der Familie des Seth angehörte, denn unsere Zusammenkünfte fanden im Schutz der Kapuzen statt. Und auch, wenn ich es könnte, würde ich niemanden nennen. Ich bin keine Märtyrerin. Mir liegt nichts daran, eines Tages aus dem fahrenden Zug zu stürzen, weil ich angeblich leichtsinnig an der Klinke gespielt habe, oder unter die Räder zu kommen, weil ich vermeintlich betrunken war. Vor allem aber habe ich eine Tochter. Sie allein ist nach mir die einzige in direkter Linie von der Hohen Priesterin abstammende rechtmäßige Fürstin der Nacht. Ich habe sie im Namen Gott-Vaters taufen lassen. Ihre Seele ist für Seth verloren. Aber ihr Leib?

Niemand würde sie schützen.

KAPITEL 10

Immer wieder quälte mich die Frage, warum ich meiner Schwester Aimée nichts von Seth erzählen durfte. Denn wenn wir wussten, wer Gott in Wirklichkeit ist, warum sollte nicht auch Aimée daran teilhaben?

»Aimée«, pflegte meine Mutter mir immer wieder zu erklären, »ist dein Schutzengel von der anderen Seite des ewigen Lebens, denn sie ist Osiris, dem Zwillingsbruder unseres Herrn und Retters Seth geweiht. An ihn zu glauben und Kind seines hellen Lichtes zu sein, ist ebenso der Wille Gott-Mutters wie an Seth zu glauben und Kind seines dunklen Lichtes zu sein. Seth und Osiris, ihre beiden heiligen Söhne zusammen, sind von Gott-Mutter dazu bestimmt, die Welt zu regieren, ihr das Licht des ewigen Lebens und den Menschen die Unsterblichkeit des Paradieses zurückzubringen.«

»Warum sie und nicht ich?«, rief ich. Oder protestierte: »Immer Aimée!«, und duckte mich unter dem Schlag, der unweigerlich kam, während meine Mutter bereits antwortete: »Weil mir, deiner Mutter und Stellvertreterin Gott-Mutters auf Erden, die übergroße Gnade zuteil wurde, der Schöpferin des Einen und Allen zwei Kinder zu gebären, wie sie uns Menschen auch zwei Kinder gebar. Sie gab uns Seth und Osiris. Ich gab ihr deine Schwester und dich. Beide seid ihr gezeugt und geboren, Gott-Mutter zu dienen, jede auf ihre Weise.«

»Und wie muss Aimée ihr dienen?«, fragte ich.

»Indem sie der Stachel im Fleische des Osiris ist, den sie Jesus nennen«, sagte meine Mutter feierlich. »Indem sie lernt und uns lehrt, was seine Kirche weiß und tut, damit wir wissen und tun, wie unsere Kirche die seine bekämpfen und besiegen kann, damit geschehe, was unseres Herrn Seth und unserer Schöpferin Gott-Mutter ist.«

»Aber warum?«, fragte ich weiter. »Du sagst doch, Osiris ist gut, weil er auch der Sohn von Gott-Mutter ist. Warum bekämpfen wir ihn dann?«

»Weil«, gab meine Mutter zurück und sprach mit dieser Stimme, die sie annahm, wenn sie am Altar unseres Herrn Seth ihren Dienst ausübte, »weil wir dazu auserkoren sind, den pflichtvergessenen Sohn Gott-Mutters von seinem falschen Thron zu stürzen. Es ist uns die Macht gegeben, das wahre Reich Gott-Mutters auf Erden zu errichten und die Schöpfung von der Gewalt des Todes zu befreien, die Osiris mit seiner falschen Lehre über uns gebracht hat.«

»Und wie hat er das gemacht?«, flüsterte ich, denn die Stimme meiner Mutter erzeugte Schauer der Angst auf meinem ganzen Körper und Vorahnungen der Strafen, die mich treffen würden, wenn ihr mein Fragen zu dumm würde.

Doch über Seth und seinen Kampf für Gott-Mutter mochte meine Mutter stundenlang reden. »Er muss gestürzt werden, weil er vergessen hat, dass es neben ihm einen zweiten Heiland und Lichtbringer gibt. Osiris ist der Versuchung erlegen, allein über Tag und Nacht zu regieren. Die heiligen drei Weisen aus dem Morgenland zuerst und danach immer mehr Unwissende haben es ihm seit der Stunde der ersten Wiedergeburt eingeflüstert, dass er allein der Heiland und Sohn Gottes sei.«

An dieser Stelle unseres Dialogs sprang meine Mutter meist vor Erregung auf und musste ein paar Mal um den Küchentisch eilen, ehe der gerechte Zorn des Seth sie wieder verließ. »Männer«, sagte sie dann und spie das Wort beinahe aus, »Männer haben es dem dummen Jungen eingeredet. Männer, die sich einbildeten, Frauen müssten ihr Haupt bedecken und demütig schweigen, wenn Männer sprechen. Männer waren es, welche die Macht des männlichen Geschlechts auf Erden begründen und Frauen zu Sklavinnen unterdrücken wollten. Männer, die nie verstanden hatten, dass die Schlange des Seth das Wissen und die Freiheit des Menschen ins Paradies gebracht hatte und dass Frauen es waren, welche die Gabe des Seth nicht nur erkannten, sondern mit den Männern teilten, damit sie nicht unwissend blieben. Männer lehrten den kleinen Osiris in seiner letzten Inkarnation in der Gestalt des Christen-Jesus, dass die Gabe des Seth nicht der Apfel der Liebe und des ewigen Lebens, sondern der Apfel des ewigen Todes gewesen sei. Das Schlimmste aber war: Sie lehrten ihn, nicht an seine und unsere unsterbliche Gott-Mutter zu glauben, sondern ihren Gemahl, einen sterblichen Menschen anzubeten.«

Meine Mutter hatte Tränen in den Augen, so tief ergriffen war sie von der Torheit des Kindes Osiris, den die Christen Jesus nennen, und von den Folgen dieser Torheit für Seth und die Welt. »Stell dir vor«, sagte sie, »diese Männer logen dem kleinen Osiris-Kind vor, dass die Welt nicht von Gott-Mutter, sondern von Gott-Vater geschaffen wurde. Ja, sie redeten ihm ein, dass er nur diesen einen Gott-Vater und Schöpfer der Welt im Himmel habe und dazu eine kleine, lächerliche Menschenmutter, die Gott-Vater lediglich dazu benutzt hatte, um seinen einzigen Sohn als menschliches Wesen auf die Erde kommen zu lassen. Kannst du dir das vorstellen?«

Ich schüttelte den Kopf, denn das konnte ich mir wirklich nicht vorstellen.

»Und sie redeten ihm auch noch ein, wenn er nur recht an seinen heiligen Vater im Himmel glaube und diesen Glauben allen Menschen verkünden werde, werde Gott-Vater ihn als seinen eingeborenen Sohn niemals verlassen«, ereiferte sich meine Mutter. »Osiris solle in den Tempel gehen, sagten sie. Dort solle er predigen, was diese Männer ihn gelehrt hatten. Er solle den

Menschen die wahre Lehre Gott-Vaters verkündigen. Und er solle sich nicht fürchten, wenn die Menschen sich seine Predigten nicht gefallen lassen würden und seine Worte nicht glauben wollten. Er müsse nicht einmal Angst haben, wenn sie ihn umbringen wollten. Gott-Vater, so behaupteten diese falschen Lehrer, werde ihn retten und unsterblich machen. Selbst wenn sie ihn ans Kreuz schlagen würden, werde Gott-Vater aus dem Himmel steigen und seinen Sohn Osiris hochstpersönlich abnehmen und retten.«

»Und das hat das kleine Osiris-Kind geglaubt«, sagte ich.

»Genau!« Meine Mutter nickte. »Das glaubte dieses dumme, unwissende Kind. Und nur deshalb versündigte es sich an Gott-Mutter, die ihn seiner Menschenmutter in den Schoß gelegt hatte, damit er als ihr geliebter Sohn den verblendeten Menschen das Heil und den ewigen Frieden bringe. Er versündigte sich, indem er Gott-Mutter leugnete und den Menschen tatsächlich verkündete, es gebe nur einen Gott-Vater im Himmel, neben dem die Menschen keine anderen Götter haben dürfen.«

Meine Mutter schwieg eine Weile. »Was er davon hatte, kannst du bis heute mit deinen eigenen Augen sehen. Geh in ihre Kirchen. Da haben sie sein Abbild ans Kreuz genagelt für seine Dummheit und seinen Hochmut. Da hängt er noch heute.«

»Und muss er da für immer und ewig hängen?«, fragte ich. »Kann Aimée machen, dass alles wieder gut wird?«

»Sie kann es«, sagte meine Mutter. »Sie kann es, weil sie die Männer der falschen Kirche des Osiris ausspionieren wird. Sie kann es, weil sie mir, der Hohen Priesterin Gott-Mutters und den Rechtgläubigen des Seth, verraten wird, was wir tun müssen, um Seth zu helfen, seinen rechtmäßigen Platz einzunehmen, der ihm von Osiris und den Männern dieser Welt geraubt wurde. Sie kann es, weil sie durch mich eine Abgesandte Gott-Mutters ist, um Osiris durch Seth zu erlösen und die Menschheit zu befreien.«

Wieder einmal spürte ich brennenden Schmerz darüber, dass meine Mutter meine Schwester Aimée so über alles liebte. »Und darum hast du sie lieber als mich?«, presste ich hervor. »Weil sie der Schutzengel des Seth und auch mein Schutzengel ist?«

»Nein«, sagte meine Mutter und gab meinen schüchternen Hoffnungen, dass sie ein einziges Mal sagen werde, sie liebe Aimée nicht anders als mich, den Todesstoß. »Nicht, weil sie dies tun kann. Ich liebe sie nicht mehr, aber anders als dich, weil sie Osiris gehört und alle Menschen, die Osiris geweiht sind, geliebt werden müssen aus warmem Herzen. Dich aber liebe ich mit der Liebe des Seth, die aus kaltem Herzen kommen muss. Das ist der Wille von Gott-Mutter. So muss es sein.«

So oft meine Mutter mir diese Geschichte erzählte und meine fast immer gleichen Fragen beantwortete, so oft hörte ich ihre nachfolgenden Sätze eher undeutlich. Dass sie aus warmem Herzen lieben konnte und mich doch auf immer und ewig nur aus kaltem Herzen lieben werde, tat so unaussprechlich weh. Und auch wenn ich wusste, dass die Liebe aus kaltem Herzen die Form der Liebe ist, welche mir, Isis, vorbestimmt war, so wusste ich doch auch, wie süß die Liebe aus warmem Herzen ist und wie bitter die kalte Liebe, der Hass.

»Hörst du mir überhaupt noch zu?«, rief meine Mutter dann meist und rüttelte mich aus meinem Kummer auf. »Wenn du deinen Kindern eines Tages dieselben dummen Fragen beantworten sollst, die du jetzt stellst, musst du schließlich wissen, warum wir als die Auserwählten des Seth geboren sind, die Welt zu retten. Wir sind dazu bestimmt, uns zu mehren und über die ganze Welt auszubreiten, damit wir die wahre Lehre und den rechten Glauben verbreiten können. Durch uns wird die Kirche Gott-Mutters begründet werden hier und überall. Durch uns wird der dieser Kirche innewohnende Geist des Osiris seine furcht bare Sünde begreifen und seine Hybris ablegen, um gemeinsam mit Seth den Willen Gott-Mutters zu erfüllen. Durch uns wird die Schlange des Seth in die Welt kommen und in der Gestalt des Großen Tieres 666 wiedergeboren werden zu richten die Lebenden und die Toten auf Erden und das Reich Gott-Mutters zu erneuern, jetzt und immerdar. Durch dich, Isis, meine Tochter und Tochter Gott-Mutters in einer Person, aber wird die Schlange des Seth leben und ihren Samen erheben zur Gestalt des heiligen Tieres 666, welche uns zum unendlichen Leben erlösen wird. Das ist deine Pflicht und Bestimmung. In dir ruht Seth und sein heiliger Geist, die Schlange. In dir wird sie erwachen und auferstehen. Durch dich wird das Paradies auf Erden einkehren. Durch dich wird uns die Weltherrschaft zuteil.« Meine Mutter richtete ihren Blick auf mich und hielt mich damit fest, bis ich das Starren ihrer Augen kaum ertrug. »Du bist Isis, die Eine und Alle«, sagte sie. »Aber sprich nur ein Wort zu Aimée und du bist des Todes. Denn du bist das Werkzeug des Seth und er wirkt durch dich, nicht dein Arm durch ihn. Reden ist Silber, Schweigen ist Gold. Vergiss das nie.«

Da Silber die Farbe des Seth-Lichtes ist und Gold die Farbe des Osiris-Lichtes, musste sie nicht näher erklären, was sie damit meinte. Das Seth-Licht ist wertvoll, das Osiris-Licht wertlos. Wer redete, erwies Seth, dem Herrn und wahren Lichtbringer, Ehre. Wer schwieg, handelte falsch, denn Gold ist das falsche Licht.

Aber, und das war das alles entscheidende Aber: Es durfte nur mit den richtigen Personen und in der richtigen Zeit geredet werden. Und wann war die richtige Zeit? Dann natürlich, wenn das Seth-Licht regierte, also nachts. Und wen sah ich nachts, mit wem durfte ich reden? Mit den Mitgliedern der Seth-Familie. Sie allein waren die richtigen Personen. Am Tage, wenn das falsche Licht des Osiris mit seiner Goldfarbe der Sonne regierte, hieß es Schweigen. Die Menschen des Tages ging es nichts an, was wir als die wahren Kinder Gottes in unserem besseren, unserem finsteren Leben wussten und erlebten.

Das bedeutete, mit Aimée und allen anderen Menschen, die nicht zur Familie des Seth gehörten, durfte ich niemals über Seth oder irgendetwas sprechen, was mir in seinem Namen widerfuhr. Das war ein Geheimnis. »Wer es bricht, ist des Todes.« Meine Mutter hatte es gesagt.

Und was sie sagte, geschah.

KAPITEL 11

Nach der Seth-Weihe war ich immer wieder ernsthaft krank. Es begann mit einer eitrigen Brustentzündung, die meine Mutter mir später oft hämisch unter die Nase rieb, weil ihr die medizinische Bezeichnung »Hexenmilch« so gut gefiel. Gleichzeitig litt ich an Ernährungsstörungen, die von Diarrhöe und dessen Gegenteil über Fadenwurmbefall bis zu Nieren- und Gallenkoliken sowie Blasenentzündungen reichten. Da mein Körper durch diese Erkrankungen und besonders den damit verbundenen Flüssigkeitsverlust immer wieder extrem austrocknete und geschwächt wurde, verbrachte ich einen Großteil meiner frühen Kindheit zur ambulanten oder stationären Behandlung in verschiedenen Kinderkliniken und am Tropf.

Hinzu kam ab Schulbeginn bis etwa zum Ende der neunten Klasse eine rätselhafte, langsame Leberverhärtung, die mit einer im Ausmaß zwar schwankenden, doch dauerhaften Störung des Bilirubinwertes im Blut einherging und immer wieder zu mehr oder minder schweren Gelbsuchterkrankungen führte. Nicht zu vergessen die Knochen- und Gelenkschmerzen, die mich bereits im Säuglingsalter quälten und während der Schulzeit dazu führten, dass ich fast nie am Sportunterricht teilnehmen konnte. Wenn doch einmal, knirschte, knackte und schmerzte es überall in mir, sodass ich mich als ungemein tollpatschig erwies. Oft sprang zum Beispiel am Barren eines meiner Schultergelenke raus, so dass man es mir wieder einrenken musste. Auch die Kniescheibe verselbstständigte sich schnell, sodass sie etwa beim Bockspringen oder bei Kniebeugen irgendwo auf die Kuppe des Knies rutschte. Zwar wusste ich, wie ich sie mit einer kurzen Beinbewegung wieder an ihren angestammten Platz schnalzen lassen konnte, doch der damit verbundene Schmerz jagte wie ein Flammenschwert durch mich hindurch. Am schlimmsten blieb trotzdem der Wettlauf, bei dem ich stets ein Tempo vorlegte, welches meine Lehrerin zu der Bemerkung veranlasste: »Na, dir kann man auch im Laufen die Schuhe besohlen.«

Vielleicht hätte sie ihre Worte besser durchdacht, wenn sie meine Schmerzen gefühlt und deren Ursachen gekannt hätte. Aber woher sollte sie wissen, dass ich nachts mit Gewichten an den nackten Füßen und Ketten an den Handgelenken von der Decke baumelte, dass ich an den Armen rückwärts an einem Flaschenzug aufgezogen und in einer speziellen Seilkonstruktion mit seitlich ausgespreizten Beinen »geweitet« wurde, wie sie es nannten? Woher sollte sie ahnen, dass ich meinen Körper durch Leitersprossen winden und in diesen Verrenkungen und Verbiegungen ausharren lernen musste? Dass ich zur Strafe für mein Schreien an diesen Ketten, Seilen, Winden, Flaschenzügen kurz zur Seite geschwenkt und dann so lange in Bottiche voll Eiswasser oder Heißwasser hinuntergelassen wurde, bis ich fast erstickte.

Wie hätte ich wagen können, es dieser Lehrerin oder meinen Mitschülerinnen und Mitschülern zu sagen? Wie hätte ich den Mut aufbringen sollen, dem Schularzt zu erklären, warum mir die Knochen so wehtaten? Sie alle gehörten nicht zur Familie des Seth. Ihnen gegenüber war Reden verboten. Wehe, ich hätte auch nur ein Wort verlauten lassen. »Wer redet, der ist des Todes!« Ich wusste es. Und schwieg.

Aber der Spott der Lehrerin und das Hohngelächter meiner Mitschülerinnen und Mitschüler fraß sich in meine Seele. Und so begann ich, die seltsamen Kunstfertigkciten als Gag zu präsentieren, die ich in der Folterschule meiner Eltern lernte. Meine Klassenkameradinnen und Klassenkameraden fanden es gruslig-witzig, wie laut und knirschend ich meine Handwurzel- und Fingerknochen sowie meine Kniegelenke knacken lassen konnte. Sie fanden es »irre stark«, wie ich in der Lage war, meine Schulterblätter auf Zuruf abwechselnd aus dem Rücken stechen zu lassen, oder dass ich als die »Gummifrau« im Zeitlupentempo in den Spagat fallen und gleichzeitig dabei flach auf den Rücken kippen konnte.

Einige Zeit verlangten sie immer wieder danach und führten mich damit wie einen Tanzbären ihren Freundinnen und Freunden vor. »Isis, mach doch mal!« Wie süß und zugleich bitter empfand ich damals den Genuss, erstmals und endlich auch einmal im Mittelpunkt zu stehen. Doch hinter dieser Show hätte ich gern auf dieses »Knochengerassel« und die »Gummifrau« verzichtet, denn erstens tat es weh und zweitens wuchsen nach und nach Überbeine an den Gelenken aus, die mir neuen Spott eintrugen.

Unter normalen Umständen hätten meine Eltern wegen all meiner Krankheiten und späteren Fehlzeiten in der Schule mit den Vorschriften des Arbeiter- und Bauernstaats zur Kinderaufzucht kollidieren müssen. Selbst die Trinkmenge eines Flaschenkindes wurde ja mit strengen Vorgaben reguliert und kontrolliert. Wer diese Anweisungen bewusst missachtete oder Kinder hatte, die nicht im kollektiven Staatsmaß trinken oder essen wollten, musste mit üblen Zurechtweisungen und scharfen Kontrollen rechnen. Entsprachen gar Gewicht oder Kopfumfang trotz strengster Anleitung zur Einhaltung der Ernährungs- und Versorgungsvorschriften nicht dem befohlenen Einheitswert, war es bis zur staatlichen »Entelterung« nicht mehr weit. Das betreffende Kind wurde dann umgehend aus der privaten Familie herausgenommen und in die industrielle Familie, das heißt in eines der vielen Kinderheime verschickt, in denen die Aufzucht professionellen Kräften oblag. Der Kontakt zum leiblichen Elternhaus wurde dauerhaft unterbunden. Oft kam es auch zu Zwangsadoptionen.

Diese gefährliche Hürde konnten meine Eltern jedoch leicht nehmen, da es Medizinerinnen und Mediziner in unserer kleinen Seth-Gemeinde gab, die als Ärzte in Krankenhäusern, psychologischen Einrichtungen, verschiedenen Arztpraxen und sogar in Gefängnissen tätig waren. Natürlich übernahmen diese die medizinische Versorgung ihrer Brüder und Schwestern in Seth.

Ärzte und Ärztinnen unter uns zu haben war ein unschätzbarer Vorteil. So blieben zum Beispiel rituelle Verletzungen sowie bestimmte Geburten und Abtreibungen geheim. Problemlos konnten im Notfall passende Totenscheine ausgestellt werden. Ohne Aufsehen funktionierte die sang- und klanglose Einlieferung von Abtrünnigen oder aus anderen Gründen Unzuverlässigen in die geschlossene Psychiatrie oder die Vollzugsanstalt. Was die Abgeschobenen dort vielleicht zu berichten hatten, wurde als wirres Geplapper Geisteskranker deklariert.

Wo vorhersehbar war, dass die medizinische Entsorgung nicht optimal laufen würde, genügte die Denunziation. Der Vorwurf staatsschädigenden Verhaltens wie anhaltende Arbeitsunwilligkeit oder Spionageverdacht bei konspirativen Verwandtschaftsbeziehungen in den Westen mit drohender Republikflucht zog die Beklagten zuverlässig aus dem Verkehr.

Zu bestimmten rituellen Festen und Zwecken konnten dieser oder jener der Damen und Herren im weißen Kittel gelegentlich sogar Häftlinge aus den Zellen und geschlossenen Abteilungen herbeischaffen und kurzfristig in den Dienst des Seth stellen. Dies war vor allem dann von Nutzen, wenn es um Bestrafungsrituale ging und ausführende Organe benötigt wurden, die nicht zart besaitet waren.

Umgekehrt genossen die Ärztinnen und Ärzte ebenfalls Vorteile. Wann immer sie Testpersonen für medizinische Felduntersuchungen, zur Erprobung neuer Medikamente oder ungesicherter medizinischer Verfahren benötigten, standen ihnen bestimmte erwachsene Gemeindemitglieder und auch Kinder zur Verfügung. Es reichte aus, diese Angelegenheiten als Willen des Seth zu deklarieren, um Gehorsam zu erzwingen.

Aus diesem Grund sorgten die Medizinerinnen und Mediziner auch für mein Überleben. Da sie in ihrem Tagleben offiziell mit allen Ehren und Kompetenzen in ihren Berufen zugelassen waren, gab meine Mutter mich in ihre Behandlung. Zur perfekten Tarnung führte sie überall ihr mitleidig für mich blutendes Mutterherz sowie die Strapazen vor, die für ihre ganze Familie mit der Pflege und Versorgung von mir Sorgenkind verbunden waren. Jeder, der davon wissen wollte oder nicht, wurde einbezogen.

So fiel mein desolater Gesundheitszustand in der Nachbarschaft und bei anderen nicht eingemeindeten Bekannten zwar auf, doch wäre niemand auf die Idee gekommen, dass etwas nicht mit rechten Dingen zugegangen sein könnte. Ein Kleinkind mit Verdauungsstörungen, ein Schulkind mit Gelbsucht und Knochenschmerzen, die als Rheumatismus attestiert wurden, war zwar nicht gerade der Traum aller Mütter, aber so ungewöhnlich nicht. Auch dass ich bereits wenige Tage nach meiner Geburt stark erkältet war und sich schließlich aus der anfänglichen Bronchitis eine Lungenentzündung entwickelte, war beileibe kein Einzelfall. Und der Wurmbefall, ja, du meine Güte, die Wasser- und Lebensmittelqualität ließ oft zu wünschen übrig. Außerdem lebten wir auf dem Land. Da gab es Katzen in rauen Mengen. Und alle Welt wusste, dass diese sich gern in warme Babybetten und am liebsten direkt auf das Baby kuscheln. Selbst wenn man als Mutter noch so gut aufpasste, passierte es, dass sich die eine oder andere der Miezen unbemerkt hereinschlich. Wie schnell konnten da Parasiten übertragen werden.

Niemand ahnte, dass ich als Säugling eine stundenlange Tortur in einer eiskalten Gruft, Ölungen mit den Feuer-Labsalen des Seth sowie ein Bad in Eiswasser hinter mir hatte und mit dem Finger penetriert worden war.

Stattdessen sahen alle Nachbarn und Bekannten aus dem Tagleben der netten Lehrerin und ihrem freundlichen Gärtner-Ehemann, wie besorgt meine Eltern um mich waren und dass sie scheinbar alles Menschenmögliche für mich taten. Niemandem konnte der Verdacht kommen, dass ich nicht tatsächlich schwach auf der Brust geboren worden war und nach meiner geheimen Seth-Weihe nicht wirklich an einer allergischen Windeldermatitis, sondern an einer vaginalen Verletzung mit eitrigem Ausfluss litt.

Mit mir als kränklichem Säugling hatte man Mitleid. Aber wirklich bedauert wurde meine schöne junge Mutter mit ihren Löckchen und Grübchen. Alle Welt glaubte doch zu wissen, wie sehr sie sich auf ein zweites Kind gefreut hatte. Und nun musste sie mich als ewig schwächelnden Kümmerling aufziehen.

Von meinen gleichaltrigen Schulkameradinnen erfuhr ich als Erwachsene bei einem Klassentreffen, dass deren eigene Mütter oftmals ein schlechtes Gewissen gehabt hätten, wenn sie mit ihrem gesunden Kind meiner armen Mutter begegneten, die ständig von einem Doktor zum anderen mit mir unterwegs gewesen sei.

Als herausragendes Ereignis wird in meinen Krankenunterlagen vermerkt, dass ich im Alter von neun Wochen beinahe an einem von mir selbst stammenden Knochensplitter erstickte, obwohl es an meinem Leib keine einzige offene Verletzung gegeben hatte.

Was für die Ärzte ein medizinisches Rätsel darstellte, war für die Gemeinde des Seth eines der wichtigsten Zeichen meiner unmittelbaren Verbundenheit mit ihrem Herrn und Weltretter.

Schon die vereinzelten schwarzen Haare, die bei der Geburt auf meinem verlängerten Rücken sprossen, hatten sie in Entzücken versetzt. Doch der mondsichelförmige Knochensplitter erschien ihnen wie eine heilige Reliquie. Viele sahen wegen seiner Form darin ein Zeichen des heiligen Lichtes der Nacht und somit einen Seth-Beweis. Andere bewerteten das Erscheinen des Knochensplitters aus den Tiefen meines Körpers als ein Bekenntnis von Gott-Mutter zu mir. Es sei, als habe sie aus den Tiefen des Universums heraus gerufen: »Siehe, dies ist Isis, meine Tochter, an der ich Wohlgefallen habe.«

Wie es wirklich zu diesem Knochensplitter gekommen war, hätten meine Eltern indessen leicht aufklären und berichten können. Und es wäre eine völlig irdische, von keinem jenseitigen Hauch berührte Geschichte gewesen. Aber sie verrieten es nicht, denn es hätte meinen Vater das Leben gekostet. Schließlich war ich Isis. Ich gehörte Seth. Nicht meinem Vater, und war er auch Hoher Priester. Aber genau das hatte mein Vater missachtet.

Meine Mutter hatte ihn nämlich dabei ertappt, wie er mich in einem oralen Akt sexuell missbrauchte. Und da es in der Seth-Familie kein Tabu, sondern einen Befehl gab, bereits im frühesten Kindesalter über Sexuelles mit mir zu sprechen, schilderte sie mir die Szene immer wieder mit Hochgenuss. Als Isis war ich dazu auserkoren, meinem dereinstigen Liebhaber Seth als Fürstin der Nacht höchste sexuelle Genüsse zu bescheren. Daher war es von meiner Mutter nicht einmal eine Gemeinheit, mich darüber aufzuklären, was mein Vater mir angetan hatte. Vielmehr war es ihre Pflicht, mit mir über jede Art sexueller Angelegenheit zu reden, mich in sexuelle Handlungen einzubinden, indem sie mich ausgewählten Tantra-Lehrern und Lehrerinnen in der Familie des Seth zuführte und mir mit deren tatkräftiger Hilfe in Theorie und Praxis beizubringen, welche Aufgabenstellungen ich wie zu einem befriedigenden Ende brächte. Einzig der sexuelle Vollzug, der Erguss des Samens in meine Körperöffnungen, war von diesem Unterricht ausgenommen und strengstens verboten, weil dies das Privileg Seths war. Und zwar sowohl der orale als auch der vaginale Vollzug.

Vor diesem Hintergrund war die Tat meines Vaters nicht nur im Tagleben schändlich und vor dem weltlichen Gericht strafbar, sondern ganz besonders im Nachtleben des Seth. Er hatte sich als »Tempelschänder« erwiesen, wie meine Mutter ihn in Anlehnung an das Gesetz der christlich-katholischen Kirche nannte.

Wer in dieser Kirche einen Gott-Vater geweihten Priester zu der im Zölibat verbotenen sexuellen Vereinigung verführt, hat das Eigentum Gott-Vaters entweiht und seinen Tempel geschändet. Das ist eine Todsünde. Zur Strafe steht darauf in der Kirche Gott-Vaters die schwerste Strafe, nämlich die Verstoßung des Täters aus der Gemeinschaft der Gläubigen. Dies kommt einer Verstoßung aus dem Paradies gleich.

In der Gemeinschaft Gott-Mutters und ihres Sohnes Seth steht darauf der weltliche Tod und der Verlust des ewigen Lebens in der Erlösung durch Seth.

Doch meine Mutter war die einzige Zeugin dieser »Tempelschändung«, und sie verriet meinen Vater nicht, denn als die wahre Schuldige sah sie nicht ihn, sondern mich an. Meine Mutter liebte es, mir die Schuld daran zu geben, dass mein Vater, der Hohe Priester, dieses Tabu seines obersten Herrn gebrochen hatte. Und weil sie diese Schuldzuschreibung liebte, klagte sie mich immer wieder an.

»Sei bloß froh«, pflegte sie immer wieder zu sagen, »dass ich keinem erzähle, was du damals angestellt hast. Was meinst du wohl, was sie mit dir machen würden, wenn ich dich verraten würde? Du bist für Seth bestimmt. Für ihn musst du dich bewahren. Du bist Isis, die Eine und Alle für ihn ist. Und er ist der Eine und Alle für dich, der dich nehmen und besitzen darf. Und du, was machst du? Bist kaum auf der Welt und verführst deinen eigenen Vater. Lässt dich von ihm zur Schale machen. Glaubst du wirklich, dass Seth, der Herr, das nicht merkt?«

»Was ist, wenn er es merkt?«, weinte ich jedes Mal aufs Neue auf, obwohl ich die Geschichte bald auswendig kannte. Ich war ungefähr acht und ängstigte mich unsäglich, während meine Mutter die Hände in die Hüften stemmte und lachte. »Kannst du dir das nicht denken? Bist du so blöd, oder tust du nur so? Er ist Seth. Verstehst du? Der Fürst der Nacht, der Herr aller finsteren Mächte, der Gebieter der Liebe aus dem kalten Herzen, der Herr des Hasses. Und du solltest seine Fürstin sein. So weit wird doch selbst dein Hühnerhirn reichen, um zu kapieren, was das heißt.«

»Aber ich war das doch gar nicht«, wimmerte ich jedes Mal in heilloser Angst. »Ich hab doch gar nichts gemacht, Mutti. Bestimmt! Glaub mir doch! Ich hab das nicht gewusst. Ich hab das nicht gewollt. Es ist einfach so gekommen. Ich weiß nicht, wie ich das gemacht habe. Du kannst es unserem Herrn Seth doch sagen, wenn er etwas merkt. Dir glaubt er doch. Alle glauben dir.«

»Mir!«, konnte sie dann spotten. »Nicht dir. Das ist der kleine, aber feine Unterschied.« Und dann ließ sie mit ihren Erzählungen Bilder vor mir aufsteigen, an die ich mich nicht erinnern konnte, die sich aber durch das immer wiederkehrende Erzählen wie zu eigenen Erinnerungen umformten und auf eine seltsame Art wirklich wurden.

Anstatt nur meine Windeln zu wechseln und mich mit dem Fläschchen zu füttern, wie meine Mutter es ihn geheißen hatte, hatte mein Vater in jener verhängnisvollen Stunde seinen Penis in meinen Mund gesteckt. Damit ich ihn weit genug öffnete, hatte er eine Maulsperre hervorgerufen. Wie das funktionierte, könnte ich in allen Einzelheiten schildern, weil ich oft genug Augenzeugin wurde, wenn andere Säuglinge bei rituellen Festen benutzt wurden. Da sie in einem natürlichen Saugreflex und aus eigenem Antrieb an allem nuckelten, was man ihnen in den Mund steckte, hieß es: »Guck bloß mal, wie geil die kleinen Luder sind. Die wollen das doch. Die sind ganz wild darauf. Das macht denen Spaß.« Und so wird auch mein Vater geglaubt haben, mir eine Freude zu bereiten.

Dass die Befriedigung sexueller Bedürfnisse an Säuglingen, allen Kindern und Minderjährigen ein Verbrechen ist und dass auch die Befriedigung der sexuellen Bedürfnisse meines Vaters an mir, einem wenige Wochen alten Baby, ein Verbrechen war, welches einzig ihm selbst, mir aber alles andere als Vergnügen bereitete, und ganz allein seine Schuld war, weiß ich heute. Und dass ich dies ganz gewiss nicht wollte, verlangte oder gar wild darauf gewesen war, kann ich mittlerweile ebenfalls erkennen.

Damals, als meine Mutter mir diese Szene immer wieder schilderte, konnte ich es nicht. Damals vertraute ich meiner Mutter. Ich glaubte, dass sie die Wahrheit sagte. Ihr Wort war mein Gesetz. Wenn sie behauptete, dass ich meinem armen unschuldigen Vater etwas Böses angetan hatte, weil ich als wenige Wochen altes Baby so unbedingt seinen Penis in den Mund nehmen wollte, dann musste es stimmen. Und so fühlte ich mich schlecht.

Ich wusste ja, dass Babys tatsächlich alles in den Mund stecken wollen. In der Nachbarschaft waren mehrmals Babys zur Welt gekommen. Und natürlich hatte ich diese bestaunen und manchmal sogar auf sie aufpassen dürfen. Wenn ich ihnen meinen Finger zum Spielen gab, steckten sie ihn in den Mund und lutschten daran. Und das machten nicht nur die Kinder des Taglebens, sondern auch die des Nachtlebens. Oft genug hatte ich es während unserer Seth-Feste gesehen. Wieso sollte ich anders gewesen sein? Wenn ich aber nicht anders war, dann stimmte, was meine Mutter behauptete. Dann hatte ich gewollt, was mein Vater getan hatte. Dann hatte ich seinen Penis genommen und mir in den Mund gesteckt. Dann hatte ich meinen Herrn Seth verraten. Dann war ich nicht würdig, Isis zu sein. Dann hatte ich meinen eigenen Vater verführt. Dann war es meine Schuld, dass er so eine schwere Sünde auf sich geladen hatte. Dann war ich es, die von Seth bestraft werden musste.

»Du warst so raffiniert und hast dafür genau den richtigen Zeitpunkt abgewartet«, behauptete meine Mutter, als ob ich mit meinen wenigen Wochen Lebenszeit hätte raffiniert sein und wissen können, was Zeit ist. »Du wusstest genau, dass ich weg war. Ich war nämlich mit meinen Freundinnen verabredet. Darauf hast du bloß gewartet. Das war genau das, was du wolltest: endlich mit deinem Vater für ein paar Stunden allein sein. Kaum war die Tür hinter mir zu, hast du dich an ihn herangemacht. Du mit deiner Babyhaut. Du wusstest damals schon ganz genau, dass er verrückt nach dir war. Er konnte ja nie genug von dir kriegen. Dauernd knutschte er ja an dir herum und schnüffelte und drückte.«

»Wie verquer muss eine Mutter im Kopf sein, die so von ihrem neugeborenen Baby denken kann?«, frage ich mich heute oft. »Wieso ist es möglich, dass sie in mir nicht das hilflose Wesen sah, dass ich damals war, sondern eine Frau? Wie konnte sie mich für eine Frau halten, die ihr den Mann abspenstig machen wollte und diesen nach allen Regeln der Kunst sexuell verführte? Ich, ein hilfloser Säugling, der von den sexuellen Gefühlen und Bedürfnissen eines Erwachsenen nicht die geringste Kenntnis hat.« Ich fürchte, das begreife ich nie.

Anders als meine Mutter es schilderte, hatte nicht ich auf den günstigen Moment gewartet, mich meinem Vater ungestört annähern zu können, sondern es war genau umgekehrt geschehen.

Mein Vater hatte sich mir mit seinen sexuellen Gelüsten genähert. Er hatte sich wohl sehr sicher gefühlt und angenommen, er werde für einige Stunden mit mir allein sein können und seinen Gefühlen hemmungslos freien Lauf lassen. Laut meiner Mutter hatte er nicht die geringsten Vorsichtsmaßnahmen getroffen, um unentdeckt zu bleiben. Stattdessen hatte er es sich mit mir auf dem breiten Ehebett bequem gemacht, mich in die ihm passende Position gelegt und seine Spielchen begonnen.

Als meine Mutter plötzlich in der Schlafzimmertür stand und ihn anschrie: »Rudolf, was soll das? Was machst du da?«, hatte er sich so sehr erschrocken, dass er mir den Knochenbereich vor der Mitte der Ohrmuschel zwischen Ober- und Unterkiefer eindrückte.

Ich kreischte so laut, dass meine Schwester Aimée, die bereits fest geschlafen hatte, in unserem gemeinsamen Kinderzimmer erwachte und schlaftrunken ins Elternschlafzimmer torkelte. »Was ist denn los?«, fragte sie in ihrer etwas altklugen Art. »Warum schreit die Issi?« Da sie stark lispelte, hatte sie sich für mich einen eigenen Namen konstruiert, der leichter für sie auszusprechen und zu allem Übel auch bald von den Kindern in der Nachbarschaft übernommen worden war. Sogar mein Vater und einer meiner Onkel konnten sich später nicht immer verkneifen, mich bei dieser albernen Verballhornung zu rufen. Und je mehr ich mich darüber ärgerte, desto vergnüglicher war es für sie alle, mich »Issi« zu nennen.

Meine Mutter korrigierte Aimée sonst immer. An diesem Tag nicht. Sie schien gar nicht zu merken, dass Aimée schon wieder »Issi« gesagt hatte. Sie starrte nur meinen Vater an und antwortete auf Aimées Frage mit einem kreischenden »Nichts! Nichts! Nichts!«, wobei sie mit einem Fuß aufstampfte und ihre völlig verdutzte Erstgeborene von sich stieß.

Mein Vater aber schrie seinen Augapfel, seine Lieblingstochter, sein sanftes Rehlein, seine süße Aimée noch lautstärker an: »Was suchst du hier? Verschwinde! Mach, dass du ins Bett kommst!« Und das war etwas so Ungewohntes für meine vergötterte Schwester, dass sie dieses Ereignis nie vergaß und mir mehrfach schilderte.

Da ich sowieso ein »Brüllkind« war, wie meine Mutter es ausdrückte, fiel niemandem auf, dass ich von diesem Zeitpunkt an ein schiefes Gesicht hatte, noch schlechter und weniger aus der Flasche trank als zuvor und unter so schweren Verdauungsstörungen litt, dass ich mich in Koliken wand.

Bei einer dieser Gelegenheiten verrollte ich die Augen vor Schmerzen so stark nach innen und zur Nasenwurzel, dass die Pupillen wie das Sonnenlicht des Osiris versanken und nur ein schmaler Rand von ihnen auf dem Perlmutt der Augäpfel sichtbar blieb. Meiner Mutter müssen meine Seth-Augen gut gefallen haben, denn sie konnte mich gar nicht oft genug fotografieren. Ich selbst mag diese schauerlichen Bilder bis heute nicht ansehen.

Fast alle Kinder bekommen irgendwann von ihren Müttern die Mahnung zu hören, nicht so viele dumme Grimassen zu schneiden und die Augen nicht so zu verdrehen, weil »die so mal stehen bleiben können«. Als Kind lacht man darüber. Aber so ganz von der Hand zu weisen sind diese Warnungen wohl doch nicht. Mir blieben die Augen jedenfalls tatsächlich beide stehen.

»Issi hat 'nen Silberblick! Issi hat 'nen Silberblick!«, skandierte deshalb meine Schwester Aimée, wenn sie es später darauf anlegte, mich aus der Reserve zu locken und mit mir zu streiten. Bei diesem Thema konnte sie sicher sein, es zu schaffen, denn Witze über meine »Schielaugen« vertrug ich nicht. Ich hätte viel darum gegeben, nicht »mit dem linken Auge in die rechte Westentasche zu gucken und umgekehrt«, wie meine Mutter sagte. Glühend beneidete ich Aimée um ihre schönen Augen. Und noch als junge Erwachsene kannte ich keinen inständigeren Wunsch als eine Augenoperation, um die Fehlstellung der Augen zu korrigieren. Doch erst nach der Wende und dem Fall der Berliner Mauer sollte sich dieser Traum erfüllen.

Für meine Familie war mein Schielen belanglos. Als ich zu schielen begann, bemerkten meine Mutter und der Bekanntenkreis es durchaus. Wie gesagt, meine Mutter schoss ein Foto nach dem anderen von mir und entzückte sich an dem schönen »Silberblick«. Ernst nahm es niemand.

»Na und«, witzelte man, »wer sie liebt, lacht trotzdem. Wenn's ihn stört, kann er ihr ja den Rock übers Gesicht ziehen. Fürs Vaterland geht alles. Außerdem – das wird schon wieder. Geht mal mit ihr zum Arzt. Der kann das Auge abkleben. Dann zieht sich das von selbst wieder hin.«

Wäre meine Mutter nicht mit mir zum Arzt gelaufen, hätte man sich in der Nachbarschaft wohl trotzdem darüber gewundert. Also suchte sie tatsächlich den Kinderarzt auf, der mich bereits wegen meiner »Hexenmilch«-Erkrankung behandelt hatte.

»Der Depp stellte sich aber zu blöd an«, schimpfte meine Mutter. Selbst die Erinnerung an diesen Arztbesuch regte sie noch so sehr auf, dass sie die Fragen des Mediziners nachäffte: »Seit wann hat sie das denn? Wieso kam das denn? Wie ist das denn so plötzlich passiert?«

»Und was hast du ihm gesagt?«, fragte ich.

Meine Mutter zuckte mit den Schultern. »Was schon? Dass du dich mal wieder blau gebrüllt hast und dass es davon gekommen ist. Das war alles. Und es stimmte ja sogar. Dass da vorher noch etwas war, behielt ich für mich.«

»Durftest du das denn?«, wollte ich wissen und fuhr erschrocken zusammen, als meine Mutter laut auflachte. »Ich habe keinen um Erlaubnis gefragt. Ich müsste ja mit dem Klammerbeutel gepudert worden sein, wenn ich es ihm gesagt hätte. Dieser Arzt war einer der ersten Jünger des Seth aus dem innersten Kreis. Er würde Seth niemals hintergehen oder betrügen. Er hätte allen gesagt, was du getan hast. Was die dann mit dir gemacht hätten, weiß ich nicht. Aber etwas Gutes bestimmt nicht. Und das wollte ich nicht. Ich bin die Hohe Priesterin. Du bist meine Tochter. Blut aus dem Stamme Seth. Und ich habe dich nicht umsonst geboren. Du bist Isis. Du wirst das Große Tier 666 gebären. Aus deinem Schoß und meinem Blut wird der Erlöser der Welt kommen. Aus uns wächst das ewige Leben und der Frieden der Welt. Wir sind die Mutter des ewigen Lichts. Was ist dagegen dein Vater? Was ist dagegen dieser Arzt?«

Ich antwortete nicht. Was hätte ich auch sagen können? Wenn meine Mutter in ihre Prophezeiungen versank, hielt man besser den Mund und verkroch sich, bis es vorüber war. Also wartete ich, bis meine Mutter zu grinsen begann und mir dadurch anzeigte, dass sie wieder mit beiden Beinen auf der Erde stand. »Außerdem hätte ich auch nie etwas zu ihm gesagt, weil dieser Arzt total eifersüchtig war. Es wäre ein gefundenes Fressen für ihn gewesen, wenn er deinem Vater eins hätte auswischen können.«

Das Wort »eifersüchtig« verstand ich nicht. »Wieso?«, fragte ich deshalb etwas unsicher und hoffte, dass es die passende Frage war.

»Weil er mal verknallt in mich war«, lachte meine Mutter. »Weil er sich mal eingebildet hatte, ich würde ihn nehmen und schon würde er durch mich zum Hohen Priester des Seth werden. Er war sehr ehrgeizig. Und dass ich einen anderen genommen habe, ja, das hat schwer an seiner Politur gekratzt.«

Was sie damit meinte, begriff ich auch nicht so richtig. Aber ich war klug genug zu verstehen, dass mein Vater von dem Moment an, als meine Mutter ihn mit mir ertappt hatte, in größter Gefahr geschwebt hatte. Als hätte sie meine Gedanken gelesen, nickte sie mir zu. »Eine Andeutung von mir zu diesem Arzt und dein Vater hätte sich gewünscht, nie geboren worden zu sein.«

»Aber du hast nichts gesagt«, stellte ich fest.

»Nein.« Meine Mutter wurde jedes Mal, wenn wir über diese Geschichte redeten, sehr nachdenklich. »Ich wusste nicht, ob ich das wirklich wollte. Er war ja trotz allem immer noch mein Mann. Und wir hatten Aimée. Wir hatten dich. Und deine Schuld war es sowieso. ›Mein ist die Rache,‹ spricht der Herr, unser Seth. Wieso sollte ich ihm vorgreifen? Er musste dich bestrafen oder deinen Vater bestrafen oder euch beide bestrafen oder nicht bestrafen. Ich war die Hohe Priesterin und Stellvertreterin Gott-Mutters auf Erden. Ich bin nicht Seth. Also musste ich dies auch nicht entscheiden. Deshalb hatte ich für mich beschlossen, zumindest für den Anfang zu schweigen. Man wird sehen, hatte ich gedacht, ob ich alles melden muss, oder ob es nützlicher ist, den Mund zu halten.«

Wenn sie nachdachte, klopfte meine Mutter gern mit dem blauen Saphirring, den sie anlässlich meiner Geburt geschenkt bekommen hatte, auf das Holz ihres Spannrahmens. Vor diesem klappbaren Handarbeitsgerät saß sie jeden Tag. Damals hatte sie darin ein Stück Teppichstramins gespannt, in das sie nach einer Vorlage Spitzwegs Gemälde vom armen Poeten knüpfte. Jahrelang hing es nach der Fertigstellung bei uns in der Küche über der braunen Chaiselongue.

»Weißt du«, sann sie vor sich hin, »eigentlich konnte ich es selbst kaum glauben, dass dein Vater, mein eigener Mann, der durch mich zum Hohen Priester geworden war, das heilige Gesetz des Seth gebrochen und sich über dich hergemacht hatte, obwohl du Isis bist und Seth gehörst.« Als habe sie fast vergessen, dass ich ihr gegenüberstand und ihr immer noch zuhörte, murmelte sie in das Pochen ihres Saphirrings hinein. »Aber ich musste es glauben. Ich hatte es ja gesehen. Er betrog mich. Mich, eine erwachsene Frau, die ihm alles bieten kann, was sich ein Mann wünscht. Und dann du, ein Baby.« Finster starrte sie mich an und musterte mich so verächtlich von oben bis unten, dass ich meine damals dürre achtjährige Gestalt, meine spargeligen Beine und meinen nicht vorhandenen Busen als abgrundtief hässlich empfand.

»Hätte ich es etwa ahnen müssen?«, fragte meine Mutter eher sich selbst als mich. »Hätte ich es womöglich wissen müssen? War es mein Fehler? Habe ich dem Falschen vertraut?«

Zu dieser Zeit hatte ich schon gehört, dass der Bruder meines Vaters mit seiner eigenen Schwester Kinder gezeugt hatte. Meine Mutter sprach ja öfter darüber. Aber ich begriff nicht wirklich, was es bedeutete. Ich wusste nicht, dass es etwas Ungewöhnliches war. Ich ahnte nicht, dass es strafbar war. Noch weniger kam ich auf die Idee, dass meine Mutter darüber nachgrübelte, ob mein Vater als Sohn einer Familie, in der Kindesmissbrauch betrieben wurde, zwangsläufig ein Kinderschänder sein musste. Und schon gar nicht wäre mir eingefallen, dass meine Mutter sich fragte, ob sie selbst eine Strafe von Seth zu erwarten hätte, da sie mich mit meinem Vater allein gelassen hatte, obwohl er aus einer Kinderschänder-Sippschaft stammte.

Kindlich intuitiv begriff ich nur, dass es in der Geschichte, wie mein Vater sich oral an mir vergangen hatte, zwar um mich, aber noch mehr um meine Mutter ging. Ich spürte, dass sie die Tat keineswegs grausam oder verbrecherisch, sondern im Prinzip ganz spannend fand. Doch aus ihrem Tonfall hörte ich heraus, dass sie selbst zutiefst beleidigt und gekränkt war, als sie sagte: »Ich hatte geglaubt, dass dein Vater eine Frau wie mich niemals betrügen würde, ganz gleich, mit wem.«

Für mich als Achtjährige waren das schwierige Worte, rätselhafte Gefühle und komische, weil unbegreifliche Situationen. Vielleicht habe ich deshalb bereits als Kind nicht nur begierig jede Information über Liebesgeschichten und Sex-Affären aufgeschnappt, sondern auch immer wieder darüber nachgedacht, was mir am eigenen Leibe widerfahren war, warum es geschehen konnte und was dies für die Beziehung meiner Eltern bedeutet hatte.

Ich hatte damals bereits an zu vielen Seth-Feiern teilgenommen, als dass ich nicht gewusst hätte, dass Sex zwischen Kindern und Erwachsenen passierte. Alle Kinder in der Seth-Familie hatten den Erwachsenen zu deren Lust und sexueller Erfüllung zu dienen. In jeder Weise. Es gehörte dazu. Ich glaubte deshalb, es sei völlig normal. Obwohl es mir nicht gefiel und ich lebhaft miterlebte, dass es den anderen Kinder ebenso wenig gefiel.

»Lehrjahre sind keine Herrenjahre«, sagte meine Mutter, als ich sie fragte: »Mutti, warum ist es für dich schön und für mich nicht?« Das war's. Damit gab ich mich zufrieden. Es gab keine Wahl. »Streng dich an«, sagte sie zu einem anderen Zeitpunkt. »Stell dich nicht so blöd an, dann macht es auch Spaß. Wenn es dir nicht gefällt, bist du selbst schuld. Jedes Karnickel im Gras kann's. Also heul nicht rum, sondern mach.«

Selbst wenn es damals so alltäglich wie heute gewesen wäre zu lesen oder in den Medien zu hören, dass jemand angezeigt worden war, weil er ein Kind sexuell missbraucht hat, hätte ich daraus keine für mich wichtigen Schlüsse ziehen können. Zwar erfuhr und erlebte ich derartige Taten als Alltag, aber ich wusste nicht, was »Kindesmissbrauch« bedeutete. Worte dieser Art kamen in meinem Sprachschatz nicht vor.

Trotzdem ließ mir das von meiner Mutter über dieses frühe Kindheitserlebnis Gehörte keine Ruhe. Wie sehr es mich beschäftigte, zeigte sich, als ich Wochen später meinen Opa besuchte, um ihm mit meiner Mutter ein schönes Abendessen zu kochen. Mit einem Buch von Ludwig Ganghofer, dessen bayerische Naturburschengeschichten er nicht ausstehen konnte und gerade deshalb als Übung zur Selbstkasteiung Seth zu Ehren las, saß er in einem Lehnsessel und sah mich erwartungsvoll an.

»Opa, du«, flüsterte ich fast automatisch und sprach aus, was mich nun schon so lange beschäftigte, »kann ein Papa mit seiner Tochter Kinder machen?«

Mein Opa blickte verwundert auf. »Ja, denkst du denn, ein Papa ist kein richtiger Mann und eine Tochter keine richtige Frau?« Er lachte, dass sein runder Bauch unter der Weste wackelte. »Weißt du noch, die alten Sprüche?«, rief er meiner Mutter zu, die in der Küche mit den Töpfen klapperte. »Find't der Bauer keine Braut, er sich an die Tochter traut. Oder: Treibt's die Schwester mit dem Bruder, wird das Kind ein geiles Luder. Sag mal, hast du deine Tochter noch nicht aufgeklärt?«

Meine Mutter lachte süßsauer, während ich mich in meinem kindlichen Unverstand an den witzigen Reimen freute. Sprüche dieser Art gehörten zum Lieblingsrepertoire meines Opas. Und besonders gern spickte er seine so genannten Lehnstuhldebatten damit. Das waren Gespräche, die er führte, während er mit der Pfeife in der Hand in seinem Lehnstuhl saß, ein wenig schmauchte, ein wenig paffte, sich wohl und behaglich fühlte und dabei allerlei Schoten und Anekdoten zum Besten gab, die er bei seinen Überlandfahrten erlebt oder erfahren hatte. Über Liebesgeschichten wusste er besonders viel und Lustiges zu berichten. Und so dachte ich, er mache solche witzigen Sprüche, weil die »Papa-Kind-Sache« ebenfalls unter die Rubrik der Liebesgeschichten fiele.

Meine Mutter fand das Thema weniger zum Lachen. »Also, ich weiß ja nicht, ob sie das so unbedingt genau wissen muss. Du weißt doch am besten, was gut für sie ist. Kindermacherei zwischen Papa und Tochter gehört ganz bestimmt nicht dazu. Erzähl ihr lieber, wie es früher mit der Ehe war und so. Da hat sie mehr davon als von solchen Dummheiten.«

Mein Opa lachte noch lauter. »Was denn, was denn, große Liebe in der guten, alten Zeit? Da kichern ja die Hühner. Damals gab's keine Liebe, sondern Hiebe. Wenn da ein Bursche seine Triebe, aber weit und breit kein besseres Liebesobjekt hatte, stiegen ihm die Säfte zu Kopf und entzündeten sich auch an der eigenen Schwester. Und die Schwestern waren ja selbst keine Engel. Die hatten's im Notfall eben auch mit dem eigenen Vater. Geh du mal über Land. Überall, wo die Täler am engsten sind, siehst du die Notfälle noch heute auf zwei Beinen rumrennen. Da kräht kein Hahn danach. Es kann sich's doch keiner durch die Rippen schwitzen.«

»Und deshalb meinst du, es ist normal, dass ein Vater sich die eigene Tochter ins Bett holt und ihr Kinder macht, wenn die Mutter mal kurz aus dem Haus ist?«, fragte meine Mutter. Dabei warf sie mir einen viel sagenden Blick zu, damit ich begreifen sollte, dass sie genau wisse, weshalb ich meinem Opa solche Fragen gestellt hatte. Doch mein Opa tat uns nicht den Gefallen, sich auf das Glatteis dieser heiklen Frage zu begeben. Vielmehr wandte er sich erneut seinem Buch zu und vertiefte sich darin, bis ihm die Augen über den Seiten zufielen. Das leise Murmeln der Stimme meiner Mutter vernahm er nicht mehr, die mich in die Küche gerufen hatte.

»Pass bloß auf!«, sagte sie zu mir. »Wenn jemand herausbekommt, dass du deinem Vater ohne den Segen unseres Herrn Seth zur Lust gedient hast, wärst du ganz schön dumm dran. Da würden die Leute mit dem Finger auf dich zeigen, und du müsstest dich schämen. Deshalb komm mir gar nicht erst auf solche Ideen. Ich warne dich.«

Sie sah mich scharf an. »Du bist Isis. Du gehörst allein Seth. Nur für ihn darf sich deine Yoni öffnen. Und wenn sie sich doch einmal für deinen Vater öffnen darf, dann nur, weil er der Hohe Priester ist und Seth sich ihm im Gebet offenbart hat, dass du in der heiligsten aller Messen zur Schale des Herrn bestimmt bist. Dann bist du geheiligt unter den Frauen des Seth und dazu bestimmt, aus dem Samen aller Jünger des Seth ein Kind zu gebären. Und dann ist es vielleicht der Samen deines Vaters, der dich schwängert. Aber das weißt du nicht. Und das ist gut so, denn das Kind ist das wahre Kind Seths. Und der Samen deines Vaters ist nicht wirklich der Samen deines Vaters, sondern erfüllt von der Kraft des Seth.«

»Und was sagen die Leute dann?«, fragte ich.

»Dann«, murmelte meine Mutter und schnitt die Kartoffeln in feine Scheiben, wie mein Opa sie liebte, »dann sagen die Leute gar nichts. Denn Reden ist Silber, Schweigen ist Gold. Und Lügen sind unserem Herrn Seth wohlgefällig, wenn man im Licht des Tages lügt. Denn diese Lügen sind die Wahrheiten unseres Herrn.«

»Und was soll ich lügen?«, wollte ich wissen.

»Nichts«, sagte meine Mutter. »Du bist Isis. Du kannst in der heiligsten aller Messen nur zur Schale des Herrn bestimmt werden, wenn du verheiratet bist. Und das Kind des Seth, das du empfängst, wird für alle, die nicht im rechten Glauben leben, immer das Kind dessen sein, den du zu deinem Gemahl genommen hast.«

Sie hielt eine Weile in ihrem Reden inne, denn die Rouladen für meinen Opa wollten sich nicht ordentlich genug mit dem Baumwollfaden zusammenschnüren lassen. »So«, sagte sie endlich aufatmend, als die Prozedur gelungen war, und legte die gefüllten Fleischrollen zum Anbraten in den bereits zischenden Speck. »Aber das Kind, das der Bruder deines Vaters mit seiner Schwester gemacht hat, war kein Kind unseres Herrn Seth. Keiner von ihnen gehört zur Familie des Seth. Sie glaubten an Osiris, den Heiland der Christen, den sie Jesus nennen. Und darum war es ein verbotenes Kind. Wenn die Leute etwas davon erfahren hätten, wäre es sehr schlimm gewesen. Niemand im Dorf hätte mehr mit deinen Großeltern und ihren Kindern zusammen sein wollen.«

»Und wo ist das Kind dann abgeblieben?«, wollte ich wissen.

»Es kam schon tot zur Welt«, gab meine Mutter zurück, und ich erschrak, denn ich hatte nicht gewusst, dass ein Baby tot geboren werden konnte, wenn es ein verbotenes Kind war. Niemals, so nahm ich mir vor, würde ich ein verbotenes Kind bekommen, denn mein Kind sollte leben.

»Wenn du meinst, es hätte mir etwas ausgemacht, dass dein Onkel und deine Tante miteinander Kinder hatten, irrst du dich, Isis«, sagte meine Mutter zu mir, als wäre ich bereits eine erwachsene Frau, nicht aber ein achtjähriges Kind. »Dein Onkel war damals noch nicht einmal volljährig. Als das Kind im achten Monat zur Welt kam, war deine Tante selbst fast noch ein Kind. Es hatte verkümmerte Arme und einen offenen Rücken. Dieses Kind erstickte gleich nach der Geburt und wurde von deinem Großvater im Misthaufen vergraben. Ein Jahr später soll die Schwester erneut in Umständen gewesen sein und abermals eine Totgeburt zur Welt gebracht haben. Aber dein Vater hat davon nie etwas Genaues gewusst. Keiner sprach davon, denn der Bruder war blutjung als Kriegsheld gefallen und die Schwester wurde als Krankenschwester an der Front vermisst.«

Ich wollte das alles nicht wissen. Die Bilder wollte ich nicht vor meinem inneren Auge sehen, die dieses Reden in meinem Kopf erzeugte. Nicht das tote Kind ohne Arme. Nicht meinen Großvater auf dem steilen Misthaufen. Aber meine Mutter schwatzte schon weiter. »Für mich hatte das alles nicht wirklich mit deinem Vater zu tun. Der ist damals bloß ein dummer Junge gewesen. Aber jetzt, Isis, jetzt ist er ein Mann. Und zwar mein Mann, verstehst du? Ich habe ein Wunschkind mit ihm. Zwischen uns war so viel Liebe aus dem warmen Herzen, dass wir im Namen des Osiris geheiratet und ihm Aimée geweiht haben. Zwischen uns war auch so viel Liebe aus dem kalten Herzen, dass ich, die Hohe Priesterin, ihn zu meinem Hohen Priester erhoben habe und wir dich, Isis, gemeinsam Seth geweiht haben. Solch eine

Liebe aus beiden Hälften des Lichts gibt es nur einmal. Ich habe geglaubt, niemals könnte ein Mensch zwischen deinen Vater und mich treten. Ich habe geglaubt, dass ich die einzige Frau für ihn und er der einzige Mann für mich wäre.«

Meine Mutter blickte mich auf eine Art an, als sähe sie durch mich hindurch. »Es spielte keine Rolle für mich, dass es in seiner Familie Kinderschänder gegeben hatte. Ich hatte ja nicht seine Familie geheiratet, sondern ihn. Seine Familie interessierte mich gar nicht, denn sie gehört nicht Seth. Sie ist mir völlig egal. Aber dein Vater ist mir nicht egal gewesen. Kein Mensch auf der Welt hätte mir einreden können, dass er mich wegen Sex mit einem Kind betrügt, mich, seine Frau und Hohe Priesterin. Und doch hat er mir diese Beleidigung angetan. Wegen dir. Mir hat er es angetan und Seth, unserem Herrn. Weil du ihn verführt hast. Weil du ihn dazu gebracht hast, den Tempel unseres Herrn Seth zu schänden. Ich hätte jeden ausgelacht, jeden geschlagen, angezeigt, vernichtet, der mir gesagt hätte, dass mein Mann jemals mich, mich, mich betrügen würde. Aber er hat es getan. Wegen dir.«

Ich weiß nicht, ob ich meine Mutter oft weinen sah. Sie war eher der Typ, der tränenlos blieb. Aber in diesen Momenten waren ihre Augen nass und liefen über, ohne dass sich das Gesicht dabei verzog. Trotz meines Kinderalters starrte ich sie fasziniert und mit fast wissenschaftlichem Interesse an. Wenn ich weinte, bekam ich zuerst nasse Augen, dann ein wackliges Kinn, dann eine feuchte Nase, dann einen schiefen Mund, und dann ging es los mit Tränen und Schluchzen. Dagegen konnte ich gar nichts machen. Wie meine Mutter es wohl schaffte, dass ihr Gesicht so steif blieb?

»Wenn mir einer erzählt hätte, dass dein Vater so einer ist, der nicht weiß, was er an mir hat, dann hätte ich es nicht geglaubt«, sprach meine Mutter weiter und blickte mich immer noch an, ohne mich wahrzunehmen. »Aber ich habe es mit eigenen Augen gesehen, wie er mich betrog. Mit dir, meinem eigenen Fleisch und Blut! Und es war nicht etwa eine erzieherische Maßnahme im Namen und in der kalten Liebe des Seth gewesen. Es war keine Pflicht gewesen. Das hätte ich verstanden. Das hätte sogar ich so gewollt, denn die Pflicht gegen Seth ist heilig. Aber er, er hatte es aus Lust getan. Aus Lust an dir!« Dieses »dir« knallte wie ein Pistolenschuss, so dass mein Opa aus dem Schlaf und seinem Lehnsessel aufschreckte, ich aber mit einem Satz aus der Küche sprang.

Wann immer ich heute über diese Worte nachgrüble, fühle ich die Eifersucht meiner Mutter auf mich. Auf mich, die ich damals ein Säugling war. Die ich niemals eine Konkurrenz gewesen sein konnte. Doch meine Mutter hatte in mir nicht das hilflose Baby, sondern eine Frau gesehen, eine Rivalin, die ihr den Mann wegschnappte.

Wenn es nicht so tragisch wäre, müsste ich laut darüber lachen. Begriff sie nicht, dass ich in diesem Alter nicht einmal wusste, ob ich selbst ein Mädchen oder ein Junge war, dass ich Frauen und Männer nicht zu unterscheiden verstand und ganz gewiss nichts von der sexuellen Lust eines Erwachsenen ahnte? Ich war so klein gewesen, dass ich nicht verstand, was mein Vater mir in den Mund geschoben hatte. Ich hatte nicht einmal entscheiden können, ob ich dieses Etwas in den Mund nehmen und was ich damit tun wollte. Mein ganzes Wesen gehorchte damals dem Instinkt. Das hatte mein Vater für seine Zwecke ausgenutzt. Nicht ich hatte es gewollt.

Wenn meine Mutter jemandem Vorwürfe machen wollte, warum machte sie diese dann nicht ihm? Er war doch der Erwachsene. Er allein trug die Verantwortung. Nur er hatte Sex mit mir gewollt und ausgeübt. Seine alleinige Schuld war es, dass die Gesetze der Welt und des Seth gebrochen worden waren.

Doch meine Mutter, die mich beschützen sollte, war nicht wütend auf den Täter, meinen Vater, den Hohen Priester des Seth, der mir diesen oralen Missbrauch angetan hatte. Die Tat als solche war ihr völlig egal. Wie sie sagte, hätte sie mir diese unter bestimmten Bedingungen sogar ebenfalls angetan. Meine Mutter war lediglich wütend, weil sie eifersüchtig war, dass ihr Mann Sex mit einer anderen Person hatte.

Ob dies damit zu erklären ist, dass meine Mutter selbst nie Kind sein durfte, sondern von Kindesbeinen an in der Familie des Seth aufwuchs, in der Kinder nur zu kurz geratene Erwachsene sind? Wusste sie nicht, wie es ist, ein Kind zu sein? Versuchte sie nie, mich zu beschützen, weil auch sie niemals beschützt wurde? Weil sie gar nicht wusste, dass Kinder unantastbar sind?

Ich verstehe es nicht.

KAPITEL 12

Fotos zeigen es, meine Krankenakten beweisen es. Meine Oma und meine Mutter haben mir davon berichtet. Weitere Zeugnisse darüber, wie schlecht es mir schon am Morgen des Tages nachdem meine Mutter meinen Vater quasi in flagranti mit mir ertappt hatte, gesundheitlich ging, brauche ich nicht.

Es muss äußerst schmerzhaft gewesen sein, wie sich mein Wangenknochen vom Ohr bis zur Nase zu einer zunächst sanft geröteten, bereits zur Mittagszeit aber roten, allmählich heißer werdenden Schwellung ausbeulte. Sogar meine Mutter erschrak, als ich dann einen Knochensplitter in Sichelform erbrach. Dazu kam der Anblick meiner auf Sonnenuntergang ausgerichteten Augen.

»Deine Mutter musste zum Arzt mit dir«, sagte mir meine Oma. »Sie hatte wahrscheinlich keine große Lust dazu. Aber sie sah, dass es nötig war. Sie wusste, was es für die Familie bedeutet hätte, wenn du gestorben wärest.«

In meiner Therapie haben wir oft versucht, mich in diese Zeit zurückzuführen. Da ich mich auf der üblichen Behandlungsliege nicht zu entspannen vermochte, verbrachte ich die Therapiesitzungen in einem Schaukelstuhl. Dieser musste mindestens drei Schritte von der Schreibtischplatte meines Therapeuten entfernt stehen und so zur Seite ausgerichtet sein, dass ich jederzeit sofort aufspringen konnte, wenn ich das Gefühl bekam, eine Gefahr bewege sich auf mich zu. Das konnte schnell geschehen, denn sobald ich die Augen schloss, schienen sie sich in einer anderen Zeit zu öffnen.

»Hat Ihnen Ihre Mutter irgendwann erzählt, dass Sie mit Ihnen zu einem Arzt fuhr?«, fragte mein Therapeut, dem ich die Krankenakten mitgebracht hatte, welche ich in mühsamer Kleinarbeit zusammengetragen hatte.

»Ich war, glaube ich, noch keine zehn«, antwortete ich zögernd. »Wahrscheinlich hat sie es mir schon früher gesagt. Sie machte das eigentlich nie nur einmal. Sie redete, was ihr gerade einfiel. Sie wiederholte sich ständig. Und meistens erzählte sie von den Dingen an einem Tag so und am anderen Tag wieder anders. Da musste man immer alles zusammen anschauen und überlegen, wie es passte. Meistens bekam man irgendwann noch mal etwas mit, bis man sich einen eigenen Eindruck machen konnte.«

»Möchten Sie darüber reden?«, fragte mein Therapeut einladend.

Ich nickte. Wenn ich es nicht gewollt hätte, wäre ich nicht gekommen.

»Was fühlen Sie gerade?«, drang die Stimme des Therapeuten an mein Ohr.

Fragen dieser Art verabscheute ich. Sie waren so direkt. Ich konnte sie nicht missverstehen. Sie verlangten nach einer echten Antwort. »Ich bin sauer«, sagte ich.

»Und worüber?«, fragte er.

»Über Sie!«, stieß ich hervor.

Das brachte ihn zum Lachen. Es war ein behagliches, vergnügtes Lachen. Zufriedenheit schwang darin mit. »Gut«, lobte er und pfiff durch die Zähne. »Sie machen Fortschritte.«

»Fortschritte?« Er sprach in Rätseln.

»Überlegen Sie«, schmunzelte er.

»Weil ich gesagt habe, dass ich sauer bin?« Unsicher blickte ich in seine Augen, die hinter der runden Brille glänzten.

Er nickte. »Und warum noch?«

Jetzt fiel es mir auf. Ich hatte gewagt zu sagen, dass er der Grund meines Ärgers war. Das war tatsächlich ein Fortschritt. Aber noch während ich es dachte, setzte die Angst ein. Hatte ich so etwas sagen dürfen?

Als hätte er meine Gedanken gelesen, lächelte er mir beruhigend zu. »Alles okay. Alles bestens. Das haben Sie gut gemacht. Okay?«

Ich nickte mit zurückgelehntem Kopf, die Augen geschlossen.

»Entspannen Sie sich«, sagte mein Therapeut so sanft, dass ich seine Worte in meinem eigenen Denken zu produzieren glaubte. »Sie sind ein Kind. Sie sind zehn Jahre alt. Sie stehen vor einem Spiegel. Sie öffnen die Augen. Sie sehen sich.«

»Mager«, murmelte ich und spürte die sich wandelnde Atmosphäre, die mich fort aus dem Therapiezimmer und zurück in die Räume meiner Kindheit trug.

Der einzige größere Spiegel befand sich in der rechten Tür des Kleiderschranks im Schlafzimmer meiner Eltern. An einigen Stellen hatte sich das hinter dem geschliffenen Glas aufgezogene Silberpapier verdunkelt. An anderen wellte es sich leicht. Wenn das Licht darauf fiel, sah es aus wie der Sand, wenn sich das Wasser nach der Flut zur Ebbe zurückzieht und der Wind Falten hineinpustet.

Ich musterte mich genau. Mein Haar war frisch gewaschen. An der Stirn stand es struppig weg. Aber es reichte schon bis auf die Schultern. Sorgfältig zog ich es in drei Strähnen auseinander und begann zu flechten. Es ging schwer. Die feinen Haarstränge ließen sich kaum übereinander winden.

»Soll dass etwa ein Zopf werden?« Unverhofft trat meine Mutter hinter meinen Rücken und zerrte mir die dünne Strippe aus den Fingern. »Einen Rattenschwanz kannst du kriegen. Rattenschwänze passen zu dir. Seth liebt Ratten.«

»Aber ich will keinen Rattenschwanz.« Hastig entwirrte ich das so mühsam entstandene Geflecht. »Eher schneide ich es ab. Mit dem Messer. Mit dem kleinen Küchenmesser.«

»Lass es lieber dran«, sagte mein Mutter. »Wenn du es abschneidest, sieht man die Narbe im Gesicht. Willst du das?«

Stumm schüttelte ich den Kopf. Die Narbe an meiner Wange war tief. Der Daumen eines erwachsenen Mannes passte hinein. Um den versehrten Wangenknochen behandeln zu können, hatte man operieren müssen. Die Nähte waren fein. Doch wenn ich nervös war, lief das weiße Narbengewebe rot an. Und ich war so oft nervös.

Mit beiden Händen strich ich das Haar auf dem Scheitel und an den Schläfen glatt. Es blieb nicht liegen. Meine Mutter verdrehte in komischer Verzweiflung die Augen. »Vergiss es! Lass es! Komm lieber mit. Ich muss Wolle wickeln. Du kannst mir helfen.«

Wenn meine Mutter sagte, ich könne ihr helfen, dann war das kein Vorschlag zur Güte und kein Angebot zur Wahl. Können war nur ein anderes Wort für müssen. Also warf ich mir einen letzten Blick im Spiegel zu und trottete hinter ihr her.

Sie hatte Wolle im Bund gekauft. Mehrere dicke Stränge lagen auf dem Küchentisch bereit. »Setz dich da hin«, ordnete meine Mutter an. »Mach die Hände hoch.« Rasch warf sie mir den ersten Strang über die angewinkelten Unterarme. »Siehst du, geht doch. Aber wackel nicht dauernd hin und her. Sitz ruhig. Dann geht's am schnellsten.«

Das war leichter gesagt als getan, denn wenn meine Mutter den Faden löste und von meinen zur Spule umfunktionierten Armen abrollte, zerrte sie ungeduldig an den Schlingen. Zügig wickelte sie den Faden um ein Stückchen Papier und immer rundherum, bis der ganze Wollstrang zu einer dicken Kugel geworden war. Diese ließ sich leichter verstricken als lose Wolle. Das wusste ich. Trotzdem verabscheute ich diese Sitzungen, bei denen mir Arme und Rücken lahm wurden.

»Weißt du eigentlich, dass du längst tot wärst, wenn ich nicht mit dir zum Arzt gefahren wäre, als die Sache mit deinem Gesicht passiert war?«, fragte meine Mutter, ohne eine Antwort zu erwarten. »Und dass ich die ganze Fahrt über nur geheult habe?«

»Du?« Verwundert und hoffnungsvoll zugleich sah ich sie an. »Wegen mir?«

»Blödsinn!« Meine Mutter seufzte über so viel Dummheit. »Wegen deinem Vater, was denn sonst? Der Mann, den ich wirklich über alles geliebt habe, hatte mich mit dir betrogen. Und kein Mann betrügt ungestraft die Hohe Priesterin des Seth. Ich wollte ihn bestrafen. Ich wollte, dass er ebenso leidet wie ich. Aber ich wusste nicht, wie. Ich konnte ihn nicht verraten. Ich konnte ihn nicht einmal verlassen, denn ich bin ihm in Seth verbunden. Unsere Lebenslinien sind unlösbar. Du kannst mir glauben, ich war die ganze Fahrt über krank, weil ich mir keinen Rat mehr wusste. Und dann auch noch dein Gewimmer. Es war einfach furchtbar. Aber dann sah ich diesen Kinderarzt wieder, der früher so verknallt in mich war. Und das änderte natürlich alles.«

Das Geplapper meine Mutter lief rund wie das Aufwickeln des Wollfadens. Ich filterte nur die wesentlichen Informationen heraus. Da der Kinderarzt nicht wusste, was meiner Mutter widerfahren war, hatte er angenommen, sie habe wegen mir so verweinte Augen. »Na, na, Lore«, sagte er deshalb und schüttelte sie beruhigend an den Schultern. »Nun mach dir mal nicht so viele Gedanken um deine Kleine. Das kriegen wir schon wieder hin. Die ist schließlich echte Qualitätsarbeit: Made in Seth. Pass auf, sie bekommt ein Breitbandantibiotikum. Das deckt alles ab, was irgendwie falsch läuft. Ein paar Tage am Tropf, und unsere Isis ist wieder wie neu.«

Wie meine Mutter ihn beschrieb, konnte ich seine betont witzige Miene und seine verliebten Kalbsaugen förmlich sehen.

»Kannst ja zwei schwarze Kerzen in die Kirche bringen und auf dem Opferstock anzünden«, sagte er zu ihr.

›Wie blöd!‹, dachte ich heimlich und guckte auf die Wollfäden über meinen Armen, die wie von einer Spindel abschnurrten.

Aber meiner Mutter schienen die Sprüche gefallen zu haben. Vor allem, als er auch noch frotzelte: »Was meinst du, wie das den Herrn und Meister freut. Da macht er seine kleine Braut umso schneller wieder gesund.«

Bestimmt hatte meine Mutter tief durchgeatmet und ihr Grübchenlächeln aufgesetzt. »Einfälle hast du wie ein altes Backhaus. Hast dich nicht verändert. Bist immer noch derselbe Filou.«

»Soll ich dir erzählen, was er dann gesagt hat?«, fragte meine Mutter und zwinkerte mir auf eine Weise zu, dass ich schon ahnte, was es ungefähr gewesen sein musste. Aber das Original war noch komischer als meine Einbildung.

»Er sagte: ›Weißt du eigentlich, dass du immer noch verdammt süß bist?‹«, giggelte meine Mutter. »Und ich habe sein Geflirte erwidert. Ich fand ihn echt niedlich in dem Moment. Es war total romantisch. Ich wollte schon fast an seine Brust sinken und seinen Namen seufzen oder so etwas in der Art. Und dann fragt dieser Depp: ›Aber sag mal, was ist denn passiert? Warum hat die Kleine denn diese dicke Backe? Habt ihr sie etwa fallen lassen?‹«

Meine Mutter schien sich jetzt noch zu ärgern, so heftig wie sie an der Wolle zerrte. Ich konnte mir ein schadenfrohes Grinsen kaum verkneifen. Zum Glück sah meine Mutter es nicht, weil sie viel zu sehr mit ihren Erinnerungen beschäftigt war.

»Natürlich hatte ich auf diese Frage gewartet«, rief sie. »Irgendwann hatte sie ja kommen müssen. Aber in dem Augenblick war es wirklich unpassend wie ein Kropf. Kerle eben! Was soll ich dazu sagen? So sind sie eben. Unsensibel wie ein Backstein. Ich war jedenfalls erst mal bedient. Bloß gut, dass ich mir die Antwort schon zu Hause zurechtgelegt hatte. Sonst wäre mir in dem Moment womöglich nichts Passendes eingefallen. Aber ich war präpariert. Und deshalb konnte ich das ganz leicht und mit der richtigen Portion Trauerflor im Knopfloch sagen: ›Vor ein paar Tagen hatte sie einen Anfall. Danach bekam sie das. Einfach so. Woher sie das hat? Was soll ich sagen? Ich weiß es nicht.‹

Meine Mutter spielte die Szene wie im Theater. »›Hast du ihr irgendwelche Tropfen gegeben?‹, fragte er. Und dabei sah er mir tief in meine schönen Veilchenaugen. Ungefähr so.« Sie ließ ihre Wimpern halb über die Pupillen sinken und schaute mich unter diesen verhangenen Gardinen hervor lange an. »Und dann fragte er, ob mein Schwiegervater etwa seine Mittelchen an dir ausprobiert hätte.«

Als meine Mutter mir diese Szene geschildert hatte, musste sie herzhaft lachen. »Du kannst dir nicht vorstellen, wie er mich anstarrte«, quietschte sie. »Wie ein verliebter Gockel. Ich hätte mich totlachen können.«

»Und was hast du ihm gesagt?«, fragte ich, denn das interessierte mich wirklich. Ich wusste ja, dass mein Großvater viele Mittelchen in seinem Labor herstellte. Vielleicht hatte er mir ja tatsächlich ein paar Tropfen gegeben. Bestimmt hätte er mich nicht krank machen wollen. Aber es hätte ja sein können. Manchmal wirken solche Sachen ganz anders, als man meint. Das hatte mein Großvater mir selbst erklärt.

»Ich?«, kicherte meine Mutter und hielt im Wollaufwickeln inne. »Ich hab erst mal tief eingeatmet. Du weißt schon: so.« Dabei ließ sie ihren Busen auf das Doppelte anwachsen. »Und dann habe ich so richtig mit Überzeugung ›Unsinn!‹ gerufen. ›Du glaubst doch nicht, dass ich das jemals zuließe?‹

Ich konnte mir denken, dass der Kinderarzt als Mitglied der Seth-Familie genau wusste, dass meine Mutter alles zuließ, was ihr im Namen Seths befohlen wurde. Aber sie ließ mir nicht lange Zeit für eigene Überlegungen. »Du musst wissen, dieser Mann stand so nah vor mir, dass er mir tief in den Ausschnitt schauen konnte. Das machte ihn nervös. Das sah ich ihm an. Und plötzlich machte er eine Anspielung auf die Nacht, in der du gezeugt wurdest. So genau weiß ich nicht mehr, was es war. Aber so ungefähr, dass es ja doch ganz schade um dich wäre, wenn du nicht gesund würdest. Und dass sie sich ja ganz hübsch Mühe gegeben hätten, bis die kleine Isis fertig war.«

Meine Mutter räusperte sich und sah mich an. »Pass doch mal besser mit der Wolle auf. Wie soll ich denn wickeln können, wenn du dauernd die Arme schlapp machst? Also bitte!«

Folgsam setzte ich mich aufrechter hin und versuchte den Spannungsschmerz im Rücken zu ignorieren. »Jetzt reiß dich zusammen«, schalt meine Mutter. »Oder glaubst du, ich erzähle dir die alten Geschichten, weil ich sonst Langeweile habe? Es ist wichtig, dass du das weißt. Du bist Isis. Du musst alles wissen, was in der Familie passiert. Wenn ich nicht mehr bin, musst du alles weitersagen.«

»Ja«, antworte ich in dem Ton, der nach einem solchen Zornausbruch angebracht war.

Zum Glück hatte meine Mutter sich von ihrem alten Flirt so sehr anregen lassen, dass sie möglichst rasch davon weitererzählen wollte. »Wenn ich nicht so von deinem Vater enttäuscht worden wäre, wäre alles nie passiert. Aber ich war enttäuscht. Ich wollte deinem Vater zeigen, wie es ist, wenn so etwas passiert. Und deshalb kam es, wie es eben kam. Ich sagte zwar, dass er sich nur ja nichts herausnehmen solle, weil ich verheiratet bin. Aber ich sagte es nicht so, dass er wissen musste, es wäre ernst. Im Gegenteil, ich wollte, dass er wissen sollte, es wäre nicht ernst und er könnte sich ruhig noch ein bisschen mehr herausnehmen.«

Meine Mutter strich sich die Locken hinter die Ohren, die sich vorwitzig aus der Frisur ringelten. »Männern darf man nichts zu direkt sagen. Wenn du den Fehler machst, glauben sie, dass sie unter dem Pantoffel stehen. Du musst ihnen immer alles so sagen, dass sie meinen, sie wären von selbst auf die Idee gekommen. Und wenn du willst, dass sie dich nehmen, musst du so tun, als würdest du gern wollen, dir aber nichts ausrechnen. Das macht sie alle wild.« Sie schmunzelte und ließ den Wollfaden nur so um den dicken Ball schnurren.

»Aber du warst doch die Hohe Priesterin«, wagte ich dagegen zu halten. »Oma hat gesagt, dass die Hohe Priesterin nur dann mit einem Mann Sex haben darf, wenn Seth es will.«

»Ach, Oma!«, rief meine Mutter. »Was weiß Oma schon davon? Ich wollte meinen Spaß haben, so wie du mit meinem Mann Spaß hattest. Und den Spaß nahm ich mir jetzt eben. Der Kinderarzt war im rechten Augenblick am rechten Ort. Das war alles. Das verbietet Seth nicht. Denn das erste Gesetz des Seth ist: Tu, was du willst. Und ich tat, was ich wollte.«

Ich war plötzlich traurig. Meine Oma hatte mir nie etwas Falsches erzählt. Ich wollte nicht, dass meine Mutter schlecht von ihr sprach. Und ich hatte auch keine Lust mehr, ihr noch länger zuzuhören. »Sind wir bald fertig?«, fragte ich und gab mir keine Mühe mehr, die Arme für die ewige Wollabwickelei steif zu halten.

»Gleich.« Meine Mutter konnte den Wollball kaum noch festhalten. Ihre Finger waren zu kurz. »Wenn du diese Geschichte später irgendwann weitergibst, darfst du nie vergessen, dass sie deinetwegen passiert ist. Du brauchtest dringend einen Arzt. Und ich durfte nicht verraten, woher du deine Verletzung hattest. Obwohl du dir alles selber zuzuschreiben hattest. Du hattest die ganze Sache gewollt. Du hast mir meinen Mann genommen. Du hast dich in meine Ehe eingemischt. Du allein warst an allem schuld. Aber ich habe dich trotzdem beschützt. Ich habe dir einen Arzt besorgt.«

Ihre blauen Augen bohrten sich in mein Gesicht, während sie die restlichen Wollstränge und den Wollball in eine Schachtel legte. »Wenn ich etwas Falsches getan haben sollte, fällt es auf dich zurück. Vergiss es nicht.«

»Haben Sie es vergessen?«, fragte mein Therapeut durch den Nebel meiner Gedanken und schaltete das Aufzeichnungsgerät ab, welches unsere Sitzungen mitschnitt.

»Ja«, sagte ich und korrigierte mich: »Nein.«

»Werden Sie es vergessen?«

»Will ich das?«, fragte ich.

Und das frage ich mich immer noch.

KAPITEL 13

Bis zu diesem Zeitpunkt hatte meine Mutter meinen Vater nie betrogen. Sie war sogar fest überzeugt gewesen, ihn nie betrügen zu können. Doch nun war es geschehen. Sie hatte es nicht gewollt. Aber es hatte ihr gefallen. Und sie wusste, dass die Leidenschaft dieses Schäferstündchens nur deshalb wie ein Dammbruch über sie kommen konnte, weil der Schutzschild ihrer Liebe zu meinem Vater zerbrochen war. Durch diese Bresche hatte sich die Schlange des Seth gewunden. Sein Phallus hatte sich der Gestalt des Kinderarztes bemächtigt. Indem er sie in vollkommener Leidenschaft durchdrang, hatte Seth meine Mutter endgültig zurückerobert.

In der Gemeinde des Seth war die Liebe nichts Einmaliges. Obwohl es als Pflicht dazu gehörte zu heiraten, war die eheliche Treue nur eine Außenfassade. Sie diente dazu, einen nach außen hin soliden, gutbürgerlichen Lebenswandel zu demonstrieren. Dahinter lag das wahre Leben im dunklen Licht des Seth und die Liebe als pure, von allen moralischen und ethischen Zwängen befreite Lust.

Da sich die Liebe des Seth nicht nur im Ehebett oder in der freien Lustbeziehung, sondern auch im Partnertausch und Gruppensex verwirklichte, war es in der Gemeinde des Seth unwesentlich, wer der leibliche Vater eines Kindes war. Kinder wurden gezeugt und geboren. Sie entstanden in der von allen gesellschaftlichen Tabus und christlichen Zwängen befreiten Liebe des Seth, und die besagte: »Tu, was du willst, denn dein eigener Wille geschehe.«

Vor dem Hintergrund dieser Lehre zählte nur die Wirklichkeit, das Hier und Jetzt des eigenen Körpers und seiner Gelüste. Die Liebe der Seele oder des Geistes mochten die praktizieren, die nicht begriffen hatten, dass die Befreiung des Menschen mit der lustvollen Entdeckung von Phallus und Yoni begonnen hatte.

Dennoch beklagte ein Teilbereich im Herzen meiner Mutter den Verlust dieser anderen Liebe, die sie erstmals mit meinem Vater als einem, der wie von einem anderen Planeten in ihr Leben eingedrungen war, erfahren hatte. Und einmal mehr hasste sie mich, dass ich es war, die den Anstoß zu diesem Verlust gegeben hatte.

Ich habe sie oftmals gefragt, ob sie denn nicht gemerkt habe, dass ich ein Kind, ein Säugling gewesen sei und schon allein deshalb nichts dafür gekonnt habe, dass mein Vater meiner Mutter die Treue brach, indem er sich an mir verging. Doch das war wie Salzwasser ins Meer tragen. Meine Mutter hatte nur gelacht.

»Auch Kinder haben Sexualität«, sagte sie und zeigte mir Fotokarten von nackten Kindern aller Hautfarben. »Guck doch selbst! Schon im Mutterbauch spielen sie dauernd an ihren Geschlechtsteilen. Kinder wissen genau, was sie damit anfangen können. Kinder haben genau dieselben Gefühle wie Erwachsene. Sie haben bloß noch keinen Namen dafür. Das ist wie früher im Paradies, als Adam und Eva ohne Feigenblatt durch die Gegend liefen und sich liebten, wo sie gerade Lust dazu hatten. Da wussten sie auch, was sie machten und wie es ging. Sie hatten lediglich keine Ahnung, wie sie das nennen sollten, was sie da machten. Sie fanden es schön und angenehm. Geschämt haben sie sich erst, als ihnen verboten wurde, so nackt herumzurennen und sich zu lieben, so oft sie wollten. Und genau dasselbe ist es mit den Kindern.«

Ich konnte ihr nicht glauben. Mehr noch, ich wusste, dass sie falsche Behauptungen aufstellte. Aber ich wollte wissen, was sie dachte und verstehen, was sie dazu brachte, so zu denken. Also hörte ich ihr zu.

»Kinder«, rief sie, »Kinder lieben es, Sex mit Erwachsenen zu haben, weil Erwachsene Kindern zeigen können, wie es besonders schön sein kann. Kinder lernen das gern. Sie wollen es wissen, weil es Spaß macht. Und sie wollen immer mehr wissen und immer öfter alles ausprobieren, weil es immer mehr Spaß macht. Aber sag Kindern, dass das verboten ist, schon fangen sie an, sich zu schämen. Deshalb erzähle mir nicht, dass es dir mit deinem Vater nicht gefallen hat. Du hat es genossen. Du konntest es damals bloß noch nicht sagen. Und heute sagst du es nicht, weil du willst, dass ich dich bedauern und nicht mehr wütend sein soll, dass du in meine Ehe eingebrochen bist und es mit meinem Mann getrieben hast.«

Ich hatte viele Gegenargumente. Das für mich Wichtigste war, dass ich als Kind zwar eine Sexualität hatte, aber eine kindliche. »Wenn Kinder an sich herumspielen und schöne Gefühle haben, sind das nicht dieselben Gefühle wie die von Erwachsenen. Es sind Kindergefühle. Und sie passieren in einem Kinderkörper. Es sind unreife Gefühle. Wie Gefühlsknospen. Es ist die ganze Sexualität, ja. Das stimmt. Aber eben nicht ausgewachsen, nicht reif. Da ist alles noch winzig, noch fest verpackt, noch nicht entfaltet. Vergleich das doch mal mit anderen unreifen Sachen. Du isst ja auch kein Korn, das noch unreif ist. Oder du erwartest nicht, dass ein Säugling mit dir diskutiert. Erwachsene mit ihren Erwachsenengefühlen und Erwachsenenkörpern passen einfach nicht zu der Sexualität von Kindern. Sie zerstören.«

Aber ganz gleich, was ich sagte, meine Mutter wollte es nicht wissen. Sie verurteilte mich als die Verführerin, nicht meinen Vater. Und deshalb beschützte sie ihn von Anfang bis heute, obwohl sie ihm nie verzieh, dass er ihr mit mir die Treue gebrochen hatte.

Als Hohe Priesterin des Seth, die von Kind auf an in der Gemeinde des Seth groß geworden war, wusste meine Mutter, dass der Frevel, den mein Vater an mir, an der Seth bestimmten und geweihten Isis, begangen hatte, in der Gemeinde des Seth niemals hingenommen worden wäre.

Er hatte Seth das Recht der »primae noctis«, das Recht der ersten Nacht, an mir vorweggenommen. Er hatte mich, Isis, für sich und seine Lust beansprucht. Und das, obwohl ich nur gezeugt und geboren war, um vom ersten Lebenstage an mit allen Tricks auf eine orgiastische sexuelle Vereinigung mit Seth vorbereitet zu werden. Nichts anderes war mein Lebenszweck.

Schlimmeres als eine Schändung der Isis gab es nicht. Und ausgerechnet einen solchen Isis-Schänder hatte meine Mutter in die Gemeinde des Seth eingeheiratet. Sie war unendlich verzweifelt. »Ich hatte mich an ihm gerächt«, sagte sie mir. »Ich hatte es ihm heimgezahlt, dass er sich von dir verführen ließ. Er wusste, dass ich ihn ebenso betrogen hatte wie er mich. Aber was half mir das? Ich wusste, dass ich mehr war als nur seine Frau. Ich war die Hohe Priesterin des Seth. Es war meine Pflicht, deinen Vater anzuklagen. Ich war die Gebärerin der Isis. So wie du eines Tages verantwortlich für die Erziehung des Großen Tieres 666 sein wirst, so war ich verantwortlich für deine richtige Ausbildung. Und ich hatte versagt. Ich hatte dich nicht daran gehindert, deinen eigenen Vater zu verführen. Das musste ich mir eingestehen.«

Meine Mutter wusste aber auch, welche Folgen es haben würde, wenn die Gemeinde des Seth jemals erfahren sollte, was mein Vater getan hatte. Ich war damit unwert geworden, Isis zu sein. Mein Vater war damit unwert geworden, Hoher Priester zu sein. Sie selbst war damit unwert geworden, Hohe Priesterin zu sein.

Es gab nur eine Lösung. Sobald die Gemeinde des Seth informiert worden wäre, war meine Mutter verurteilt, eine zweite Nacht die Schale aller Jünger des Seth zu sein und eine neue Isis zu gebären. Ein Unding für meine Mutter. Und genau deshalb war sie trotz ihrer Gewissenkonflikte nicht bereit, meine Schuld und die Schwäche meines Vaters zu verraten. Sie hätte damit ja zuallererst sich selbst geschadet.

An dem Tag, an dem sie von ihrem Geliebten, meinem Kinderarzt, erfuhr, dass ich mit Hilfe starker Antibiotika und künstlicher Ernährung wieder einmal über den Berg sei und in ein paar Tagen nach Hause entlassen werden könne, stellte meine Mutter meinen Vater zum wiederholten Mal zur Rede.

Wie diese Szene ausgesehen haben könnte, erfuhr ich aus einem langen Brief, den ich zwischen alten Rechnungen, Zeugnissen und Kalenderbüchern in der Nachttischschublade meines Vaters entdeckte, als ich seine Sachen für das Pflegeheim zusammentrug, wo er die letzten Jahre seines Alters verbringen sollte.

Meine Mutter hatte ihn geschrieben.

Rudolf,

warum hast du mir das nur angetan? Ich möchte auf dich einprügeln. Ich möchte dich umbringen.

Und nun gibst du mir auch noch die Schuld. Schreist mir ins Gesicht, ich zitiere dich wie folgt aus der Erinnerung an unseren Streit: »Das fragst du noch? Ja, fass dich doch mal an die Nase, meine Süße! Wer hat denn immer keine Lust? Wer hat denn dauernd Migräne? Wer ist denn ständig zu müde? Wer? Ich vielleicht? Glaubst du, ich brauche das nicht? Glaubst du, ich bin impotent geworden, weil du plötzlich keine Lust mehr hast? Glaubst du, du kannst das mit mir machen? Ich bin doch kein Tattergreis.«

Rudolf,

ich kann nicht mehr mit dir reden. Aber ich schreibe es dir mit denselben Worten, die ich dir gesagt habe: »Du bist ein Verlorener.«

Ich habe immer gewusst, dass du auch nur ein Mann bist. Einer, der Bedürfnisse hat und Rechte. Einer, der sich nimmt, was er braucht, wenn er nicht kriegt, was er will. Tu, was du willst, ist das erste Gesetz unseres Herrn Seth. Auch Seth ist ein Mann. Und der Sohn von Gott-Mutter. Deshalb ist sie schon gewesen, ehe sie ihn gebar. Und deshalb ist jeder Mann in Gott-Mutters Hand und in der Hand der Frau. Auch du. Ich habe immer gewusst, dass ich es in der Hand hatte, was aus dir und deinem Mannsein wird.

Dennoch hatte ich meine Migräne und meinen Hirnknall, wie du das zu nennen beliebst. Ja, ich wollte als Nonne des Seth herumlaufen, weil ich Hohe Priesterin geworden bin.

Aber du, Rudolf,

bist der Einzige unter dem wahren Licht des Seth, der weiß, warum das so war. Wir haben uns doch versprochen, dass Schluss ist. Weißt du das nicht mehr? Wir hatten es uns geschworen nach dieser Nacht. Du hast mir versprochen, dass es nie mehr vorkommt. Du hattest gesagt, du ekelst dich, weil mich alle gehabt hatten. Und ich hatte dir gesagt, dass es mich deshalb auch ekelt. Und jetzt, Rudolf? Was sagst du mir jetzt und wagst es, mich dabei anzusehen?

Rudolf,

jetzt sagst du mir: »Ach, vergiss es!«

Jetzt sagst du mir: »Ekel, schön und gut.« Ja, es ekelt mich, wenn ich daran denke. Aber ich denke nicht daran. Ich denke daran, wie es mal war zwischen uns. Und ich kann nur noch daran denken, wie es wieder sein kann zwischen uns.

Du sagst mir, du willst das wieder haben zwischen uns. Und dass ich dich verstehen soll. Du willst das wieder fühlen, sagst du und verlangst das so einfach von mir. Es ist mir egal, was war, sagst du. Die Betonung liege auf war. Es war einmal, das solle ich begreifen. Inzwischen, sagst du, sind wir in der Gegenwart angekommen. Und in der Gegenwart hast du ein Teil, das etwas von meinem Teil will. Und das ein Eigenleben entwickelt, wenn es das will. Komm her, Lore, schreist du, lass es uns wieder machen und sei mir wieder gut. Wir vergessen den ganzen Scheiß und fangen neu an. Komm, lass es uns gleich ma-chen, verlangst du. Und sagst, Versöhnung spielen war doch früher immer so schön.

Rudolf,

du weißt, ich habe dich aus warmem und aus kaltem Herzen geliebt. Du bist mein Mann in Seth und in Osiris. Aber wir waren uns einig, dass wir nie mehr riskieren würden, noch mal ein Kind zu haben. Hast du vergessen, wie viel Angst wir um Aimée hatten? Weißt du nicht mehr, dass wir das nie mehr erleben wollten?

Jetzt sagst du, dass du immer nur Kinder hörst. Dass du von Sex redest und ich von Kindern. Ich, sagst du, ich sei doch wohl Hexe genug, um zu wissen, wie's auch ohne Kinder geht. Hexe, sagst du, Rudolf. Hexe! Ich – bin – keine – Hexe. Ich bin die Hohe Priesterin in Seth, die Stellvertreterin Gott-Mutters auf Erden. Und du nennst mich Hexe?

Rudolf,

ich dachte, zwischen uns ist es anders. Ich dachte, es ist etwas Besonderes zwischen uns. Ich dachte, wie wir uns lieben, das ist die Vollkommenheit. So muss es sein, wenn das ewige Leben über uns kommt. Kannst ruhig wettern jetzt gegen Seth- und Satansgeschwätz, wie du das nennst. Gegen Lichtbringer-

Gelaber. Gegen Humbug. Dein Gott-Vater wird uns strafen und Rache nehmen an unseren Kindern bis ins siebte Glied, sagst du.

Doch Rudolf,

strafen wird uns das Kind jener Nacht. Sie ist die Braut. Sie wird meinen Seth-Sohn, das Große Tier 666, gebären, den du oftmals noch immer deinen Christen-Satan nennst. Sie ist nicht wirklich unser Kind. Sie ist das Kind von allen und von keinem. Sie ist Isis, die Eine und Alle. Sie ist die Geistzeugung meines Seth-Gottes. Und ich bin nur die Schale, die sie empfing und gebar.

Unser Kind, Rudolf, dein Kind und mein Kind, ist allein Aimée. Sie ist das Kind der vollkommenen Liebe, die einmal zwischen uns war. War, Rudolf. Die Betonung liegt auf war, wie du sagst. Und darum darf es nie wieder ein Kind von uns beiden geben. Denn jedes Kind, das wir nach ihr haben, wird ein Kind der halben Liebe sein.

Verstehst du das wirklich nicht?

Lore

Unter diesem Brief las ich in der Handschrift meines Vaters: *Du bist ja verrückt.*

»Hast du nie mehr mit ihm darüber gesprochen?«, fragte ich meine Mutter, die mich mit diesem Brief in der Hand auf der Hälfte des Ehebettes fand, in der mein Vater geschlafen hatte. »Habt ihr nie mehr miteinander geschlafen?«

»Was heißt schon nie?«, antwortete sie.

KAPITEL 14

Trotz der Warnungen, die meine Mutter bereits während der Schwangerschaft, im Wochenbett und besonders bei meiner Seth-Weihe erhalten hatte, meine Gesundheit wie ihren eigenen Augapfel zu hüten, war sie nicht bereit, mich aus dem Krankenhaus nach Hause zu holen.

»Deine Mutter war zu erschöpft«, sagte meine Oma und schnitt mir ein Stück Apfelkuchen ab, welches so dick mit Puderzucker bestreut war, dass ich nach dem ersten Bissen einen weißen Bart hatte. »Sie brauchte noch Pause, um sich von den Strapazen zu erholen, die du ihr ins Haus gebracht hattest.«

»Woher weißt du das?«, fragte ich und liebäugelte mit einem zweiten Stück Kuchen.

»Von ihr selbst«, gab meine Oma zurück. »Sie hatte zu mir gesagt: ›Mutti, ich bin einfach am Ende. Schließlich habe ich erst vor ein paar Wochen ein Kind gekriegt und bin seitdem noch keinen einzigen Tag zur Ruhe gekommen.‹«

»Und dann?«, bohrte ich mit vollem Mund weiter.

»Dann war dein Vater, der ursprünglich darauf bestanden hatte, dich so schnell wie möglich zu euch nach Hause abzuholen, einverstanden, dass du zu mir kommst. ›Also gut, bringen wir sie zu deiner Mutter‹, stimmte er zu. ›Sie kann mit ihr umgehen. Sie wird auf sie aufpassen.‹«

Heute denke ich, dass er in der ganzen Zeit meines Krankenhausaufenthalts wohl befürchtete, man werde seine Spielchen mit mir nachträglich entdecken. Er wusste ja, dass mein Gesundheitszustand als rätselhaft eingestuft wurde. Nicht einmal der mit allen Gepflogenheiten der Seth-Gemeinde und meiner jüngst erfolgten Weihe vertraute Arzt und Mitbruder vermochte zu erklären, was mich so krank gemacht hatte. »Aus medizinischer Sicht bedenklich«, hatte er auf einem meiner Krankenblätter attestiert.

Die schwere Erkältung, die Lungenentzündung, selbst der Parasitenbefall und die Verdauungsstörungen ließen sich vor dem Hintergrund dessen erklären, was im Beisein der Gemeinde geschehen war. Doch dass ein Säugling einen vom eigenen Leibe stammenden Knochen erbrach, ohne verletzt zu sein, war medizinisch ebenso wenig erklärlich wie mein urplötzliches extremes Schielen. Freilich hätte er als überzeugter Seth-Jünger aus dem innersten Zirkel an das Wunder der Seth-Offenbarung glauben müssen. Insofern hätte mein Vater sich beruhigt zurücklehnen können. Aber vielleicht hatte er ja Grund zu der Annahme, dass sich in der Seele des Kinderarztes der nüchterne Wissenschaftler und der transzendente Gläubige ins Gehege kamen? Und dass dieser Mann darum keine Ruhe geben würde, sondern immer wieder nach einer ganz irdischen Erklärung für diesen Knochen suchen werde.

Dass mein Vater zu diesem Zeitpunkt alles andere als ein abgebrühter Kerl gewesen war, der seinen Spaß an mir gesucht und gefunden hatte und die Geschichte dann zu den Akten legte, erfuhr ich als Erwachsene, als meine Mutter sich meines Vaters entledigte und ihn ins Heim abschob.

Zu diesem Zeitpunkt war mein Vater schon lange an Leberzirrhose erkrankt und mehrmals knapp dem Tod entronnen. Von der einen Krankheit schwer gezeichnet, war er vollends verfallen, als das Parkinson-Zittern und eine schleichende geistige Demenz hinzukamen. Einige Monate hatte meine Mutter sogar versucht, ihn mit Hilfe eines Betreuers zu pflegen. Doch schnell war ihre Geduld am Ende gewesen.

Gemeinsam mit dem Pfleger und den karitativen Diensten hatte sie schließlich die Entmündigung meines Vater vorbereitet und ihn dann mit der ihr eigenen Radikalität in ein Heim abgeschoben, ohne meine Schwester Aimée oder mich auch nur zu informieren. Wir erfuhren eher zufällig davon, als die Kostenfrage zu klären war, wer denn nun für die Heimunterbringung aufzukommen habe, da meine im wahren Wortsinne steinreiche Mutter ja alle Welt glauben machte, arm wie eine Kirchenmaus zu sein. Im Zusammenhang mit diesen Geldangelegenheiten gestattete meine Mutter mir schließlich, die persönlichen Gebrauchsgegenstände und Kleidungsstücke meines Vaters zusammensuchen zu dürfen. Das Argument stach, dass man sonst all diese Dinge neu kaufen müsste.

Als ich meinen Vater in seiner neuen Heimat besuchte, fanden wir erstmals seit meinen Kindertagen nach und nach wieder zu dem einen oder anderen sehr persönlichen Gespräch. Obwohl die Demenz sein Kurzzeitgedächtnis verschlang, erinnerte er sich an lange Vergangenes genau. Und so sprachen wir endlich auch über all das, was mir von ihm und meiner Mutter angetan worden war.

»Es war völlig absurd«, erklärte mir mein Vater an einem der milden Herbsttage, an denen ich ihn im Rollstuhl aus dem Heim abholte und mit ihm durch die raschelnden Blätterberge des Stadtparks spazierte. »Deine Mutter und ich hatten uns geliebt wie zwei Verrückte, als wir von allen Seiten angefeindet wurden und keiner wollte, dass wir zusammenblieben. Wir hielten uns mit aller Kraft fest und setzten uns durch. Wir wollten nichts, nur zusammen sein und unser Leben genießen. Wir waren bereit, alles dafür zu tun. Und weil wir alles taten, haben wir alles verloren. Nachdem wir alles dafür getan hatten, uns weiterhin lieben und miteinander leben zu dürfen, ertrugen wir uns gegenseitig nicht mehr.«

»Aber warum nicht?«, fragte ich.

»Das, was wir für unsere Liebe getan hatten, hatte jeden von uns verändert«, sagte mein Vater und blickte auf das goldgrüne Kastanienblatt, das ich ihm zusammen mit einem halb aufgebrochenen Kastanienigel in den mit einer Decke verhüllten Schoß gelegt hatte. »Das ist wie mit dem Blatt hier oder mit der Kastanie. Sie sind immer noch ein Kastanienblatt und ein Kastanienigel. Aber sie sind vom Baum gefallen und schon tot. Genau so war es mit deiner Mutter und mit mir. Wir schauten uns an, und wir sahen so aus wie früher, aber in uns drinnen war alles zerstört. Keiner war mehr derselbe wie vorher. Wir waren nicht mehr die jungen Leutchen, die sich einfach bloß liebten und miteinander ins Bett gingen, weil sie sich liebten. Wir hatten uns für unsere Liebe in Monster verwandelt, ohne jede Moral. Wir waren von Gott verlassen. Jeder von uns hatte sich aufgegeben, um den anderen zu retten und uns gegenseitig nicht zu verlieren. Und dabei hatten wir uns selber verloren.

Wir hatten uns nach dieser Nacht, in der du gezeugt wurdest, nichts mehr zu bieten, weil wir innerlich leer geworden waren. Alles, was danach geschah, war zwangsläufig. Fremdbestimmt. Es war, als hätte sich ein fremder Verstand in meinem eigenen Kopf eingenistet. Manchmal wusste ich, dass etwas Grauenhaftes mit mir und deiner Mutter passierte. Und ich spürte oft, dass auch deine Mutter es dann und wann wusste. Aber wir konnten nicht zurück. Nicht, wenn wir überleben wollten. Nicht, wenn Aimée überleben sollte. Nicht, wenn du und dein Kind leben sollten. Wir waren zwei Köpfe der Hydra in diesem Spiel geworden. Und wir konnten sie uns nicht gegenseitig abschlagen, ohne euch zu treffen.«

»Ach«, hatte ich gerufen und mein Taschentuch zerknüllt, weil es aus Stoff und noch so neu war, dass ich es trotz meiner furchtbaren inneren Zerstörungswut nicht zerfetzten konnte. »Ach, willst du uns wieder den Schwarzen Peter zuschieben?

Willst du selbst jetzt noch alles auf mich abwälzen? Ich, die als Säugling schon so geil war, dass sie dich armes Unschuldslamm verführt hat? Ich, Isis, die Eine und Alle, ja? Euer Kunstprodukt, euer Nicht-von-dieser-Welt-Kind.«

»Nein«, murmelte mein Vater mit seiner zittrigen Stimme und seinen blauen Lippen und legte dabei seine dick geäderte Hand auf meinen Arm. »Nein, nicht dir gebe ich die Schuld. Es war Seth. Satan hatte sich unser bemächtigt. Wir waren seine Opfer. Wir handelten durch ihn. Wir handelten ohne eigene Schuld. Unsere Seelen waren rein. Aber wir konnten es nicht sehen. Wir waren geblendet von dem Licht des Antichrists. Und deshalb konnten wir uns gegenseitig nicht mehr in unseren reinen Seelen erkennen.«

»Papa«, antwortete ich, »das kannst du nicht wirklich glauben, oder? Du weißt doch, dass da nie einer war, der tatsächlich Seth oder Satan gewesen wäre. Ihr, ganz normale Männer und Frauen, ihr habt ihn gespielt. Wie im Theater. Mit Verkleidungen. Mit Masken. Mit euren eigenen Körpern. Mit euren eigenen Händen.«

Doch mein Vater hatte schon seinen Kopf mit der habichtsschnabelscharf gewordenen Nase zur Seite gedreht und die Augenlider geschlossen. Mund und Kinn, sein ganzer Körper zitterten von der Parkinsonerkrankung, die ihn heimsuchte. An den eingesunkenen Schläfen flatterte der Puls in wulstig verknoteten Aderngeflechten. Mein Vater schlief. Und so dämmerte er noch viele Male weg, wenn ich kam, um ihn dazu zu bewegen, mir einmal im Leben zu sagen: »Ja, mein Kind, ich habe dir Böses angetan. Ich bin schuld.«

Bis heute hat er es mir niemals so gesagt.

Stattdessen beschrieb er mir, wie es ihm schließlich gelungen war, mit meiner Mutter trotz der zwischen ihnen aufgerissenen Abgründe den äußeren Schein der glücklichen Ehe aufrechtzuerhalten.

Für meinen Vater war die sexuelle Pflichterfüllung der wesentlichste Faktor für die Fortsetzung ihres Zusammenlebens gewesen. Eine Ehe ohne Sex war sowohl vor dem Christen-Gott als auch vor dem Seth-Gott eine Sünde. Folglich fühlte sich mein Vater mit seinen Bedürfnissen und Ansprüchen auf der absolut sicheren Seite. Auch meine Mutter konnte dem durchaus Angenehmes abgewinnen. Aber sie stellte Bedingungen.

»Welche?«, fragte ich meinen Vater, dessen Antworten ich zusammen mit dem Inhalt des Briefes meiner Mutter, eigenen Erinnerungen und Beobachtungen zu einer Szene verdichtete, die ich meinem Therapeuten zunächst eindringlich schilderte und dann in einer Art Rollenspiel mit ihm gemeinsam durchspielte. Die Idee dazu war von mir gekommen. Er hatte sie zunächst nicht aufgreifen wollen, dann jedoch als Experiment angenommen, weil er sich von mir überzeugen ließ, dass mir die Verarbeitung dessen, was ich erfahren hatte, in einer solchen der Realität nachempfundenen Selbstinszenierung besser möglich sein könnte.

Wir bezeichneten dieses Rollenspiel als therapeutisches Drama, um mir stets bewusst sein zu lassen, dass es sich um eine erfundene Erinnerung handele. Ich übernahm darin sowohl die Rolle meiner Mutter als auch meines Vaters. Sprach ich als meine Mutter, stand ich in der linken Ecke des Therapiezimmers. Stellte ich meinen Vater dar, wechselte ich nach rechts. Auf diese Weise entwickelte das erdachte Zwiegespräch meiner Eltern eine Dynamik und ein Eigenleben, welches meiner Meinung nach der Wirklichkeit sehr nahe kam.

So sagte ich in der Rolle meiner Mutter: »Es spielt sich nichts mehr ab, wenn nochmals ein Kind dabei rauskommt. Kinder – nein, danke, Rudolf, das Thema ist für mich erledigt. Wenn du deinen Spaß mit mir haben willst, bitte. Ich hab ja auch was davon.«

An dieser Stelle machte ich eine kleine kunstvolle Pause und fuhr mit besonders deutlicher Akzentuierung fort: »Aber – nicht – ohne – Sterilisation.«

Mein Vater hatte mir gestanden, dass er oft darüber nachgedacht hatte, wie er verhindern könnte, dass weitere Kinder von ihm bei einer Seth-Orgie entstünden. Deshalb war er mit dieser Forderung sofort einverstanden. In meiner Phantasie rief er deshalb: »Kein Problem. Wenn's weiter nichts ist, leg ich mich eben unters Messer.«

Doch mir schien, so hatte meine Mutter es gar nicht gemeint. Also ließ ich sie verlangen: »Nichts da, nichts da. Nicht so schnell mit den jungen Pferden! Dass du dich schnippeln lassen willst, so weit, so gut. Und dass du die Sache gut findest, ist noch besser. Aber es ist erst die halbe Miete. Ich bin nämlich mit dabei.«

Mein Vater hatte oft nicht sofort verstanden, was meine Mutter von ihm wollte. Bei solchen Gelegenheiten zog er gern übertrieben begriffsstutzige Fratzen. Dies tat ich auf meiner rechten Seite des Therapiezimmers also auch.

Dann sprang ich rasch nach links und klatschte mir mit der flachen Hand gegen die Stirn, wie meine Mutter es zu tun pflegte. Dabei rief ich: »Herr, lass Hirn regnen! Ich meine nicht, dass ich dir Händchen oder sonst was halten will, wenn du es bei dir machen lässt. Ich, verstehst du, ich will mich auch sterilisieren lassen. Du meine Güte, bis du was kapierst, muss man ja wirklich einen Nürnberger Trichter nehmen.«

In der Rolle meines Vaters zögerte ich. »Bist du sicher? Und was ist, wenn sie's merken?«

Doch meine Mutter war in solchen Angelegenheiten immer schnippisch. »Was keiner weiß, macht keinen heiß«, gab ich in ihrem Sinne zurück. »Und wenn du es ihnen nicht sagst – von mir erfahren sie es bestimmt nicht.«

Mein Vater war pragmatischer. Also ließ ich ihn fragen: »Und was ist mit der Narbe? Die sieht man dann hinterher doch.«

Da ich nun meine Mutter war, zuckte ich leichthin mit den Schultern. »Ich lass mir den Blindarm rausnehmen. Das ist die Narbe.«

Bei einer solchen Antwort hätte mein Vater garantiert gelacht und sich an den Kopf getippt. Also tat ich dies und spöttelte: »Auf der einen Seite. Aber auf der anderen?«

Ich fühlte sofort, wie meine Mutter reagiert hätte und sagte: »Das lass mal hübsch meine Sorge sein. Da gibt's Mittel und Wege.«

Wie gewöhnlich hätte mein Vater die Angelegenheit abschließend zusammenfassen wollen. »Nochmals für die Dummen. Du willst, dass wir beide uns unfruchtbar machen lassen und dass wir so tun, als wäre alles normal, obwohl wir keine Kinder mehr kriegen. Richtig?«

Mein Vater hatte mir berichtet, dass das echte Gespräch vor dem Schlafzimmerspiegel stattgefunden habe. Ich spielte also meine Mutter, wie sie nun kurz von ihrem Abbild weg- und zu meinem Vater hinsah. Mich hatte immer fasziniert, wie sie sich vor diesem Spiegel frisierte. Daher versuchte ich, ihre Bewegungen nachzuahmen. Wie sie mit den Zähnen die stramme Federung einer schwarzen Haarklemme auseinander bog, die Klemme in die Haare schob und nach der nächsten griff, welche sie in ihrer Kleidertasche bei sich trug. Wie sie sich immer wieder die Finger an einem Taschentuch abwischte, weil sie ihre widerspenstigen Naturlocken mit Pomade fügsam gemacht hatte und die beim Einschieben der Nadel glitschig gewordene Haut trocknen musste, um die nächste Nadel in Angriff zu nehmen. Irgendwann nuschelte ich in meiner Mutter-Rolle mit einer der Haarklemmen zwischen den Zähnen und Blick zu meinem Vater: »Richtig. Du kannst es dir aussuchen. Entweder, wir machen das Geschäft zusammen. Oder das war's mit Sex und lustig.«

Mein Vater hatte gesagt, es sei ihm bei dieser Abmachung mit meiner Mutter äußerst mulmig zu Mute gewesen, weil er sie als bedrohlich empfunden habe. Er sei damals zwar noch immer der Neue in der Seth-Gemeinde, aber lange genug dabei gewesen, um die wichtigsten Regeln zu kennen. Eine davon verbot Selbstverstümmelung in jeder Form. Und Sterilisation stand auf der Liste der Kollektivverbote ganz oben. Sie unterlag sogar einer besonderen Härteregelung, denn sie verstieß gegen den Seth-Auftrag: »Seid fruchtbar und mehret euch!«, den alle Gemeindemitglieder zu befolgen hatten. Aus diesem Grund ließ ich meinen Vater auf der rechten Zimmerseite schweigen.

Schnell durchmaß ich danach das Zimmer und begann schon unterwegs zu lachen, wie meine Mutter wohl gelacht hätte. »Jetzt mach kein Gesicht wie sieben Tage Regenwetter«, ließ ich sie sagen und dabei die letzte Haarklammer aus der Kleidertasche suchen. »Das Geschäft ist: Du lässt dich sterilisieren – ich schweige. Ich lasse mich sterilisieren – du schweigst.«

Lebhaft stand mir vor Augen, wie mein Vater jetzt sein Ass aus dem Ärmel gezogen und gefragt hätte: »Und was ist mit Isis?«

Und wie meine Mutter sich bei seinen Worten blitzschnell zu ihm umgedreht hätte, mit der halb aufgebogenen Spange in der Hand, ehe sie auch diese letzte Klemme ins Haar geschoben hätte. Wahrscheinlich hätte sie so getan, als ob sie die Frage meines Vaters lustig fände. Daher rief ich mit ihrer spitzen Stimme: »Ach, das? Der feine Herr lernt schnell. Kompliment.«

Jetzt hätte mein Vater Oberwasser gehabt, denn er kannte meine Mutter und wusste, wann er sie in die Enge getrieben hatte. Ich schlenderte also von der rechten Seite des Zimmers so lässig, wie er früher immer getan hatte, auf die linke Seite und führte eine Bewegung aus, als wolle ich als mein Vater meine Mutter an mich ziehen. Da ich mir ausmalen konnte, dass meine Mutter nicht sofort einverstanden gewesen wäre, versuchte ich, meine Bewegung so zu spielen, als müsste ich ihren Widerstand überwinden.

Dabei murmelte ich im Ton meines Vaters: »Und? Und?«

Jetzt hätte meine Mutter sich gewiss von ihm losgerissen. Also ließ ich die Arme meines Vaters aufschwingen und meine Mutter sprechen: »Nichts und! Du schweigst, ich schweige. Wir machen es und fertig.«

Ich spielte übertrieben, wie mein Vater durch ihren Widerstand in sich zusammengesunken und wieder auf seine rechte Seite zurückgetrottet wäre.

Dann ließ ich meine Mutter mit beiden Händen in den Hüften lachen.

Mein Therapeut applaudierte. Ich aber war nach der Vorführung so erschöpft, als hätte ich tatsächlich zwei Seelen in meiner Brust gehabt.

Meine Oma erzählte mir so gern, wie meine Eltern mich damals aus der Kinderklinik abgeholt und zu ihr gebracht hatten. Ich habe mich sofort wie ein glückliches Kätzchen an ihren weichen, warmen Busen geschmiegt und mit keinem einzigen Protestlaut darauf reagiert, dass meine Eltern mich im fliegenden Wechsel übergaben und gleich wieder davonstoben.

Sie hatten es wohl eilig. Der Flug in die Klinik nach Sankt Petersburg war gebucht, das Visum lag bereit. Das Flugzeug hätte nicht auf sie gewartet.

KAPITEL 15

Nur der aufopferungsvollen Pflege und Liebe meiner Oma verdanke ich, dass ich nicht an den Folgen meiner als Gnadengaben und Mysterienzeichen des Seth interpretierten Erkrankungen und des ersten sexuellen Missbrauchs durch meinen Vater starb.

Tag und Nacht versorgte sie mich von allen guten Geistern verlassenes Wesen mit den Medikamenten, die der Kinderarzt meiner Mutter für mich mitgegeben hatte, während meine Eltern sich in Sankt Petersburg sterilisieren ließen. Omas liebe Augen waren es, die mich anschauten, wenn ich erwachte. Ihre sanften Hände streichelten den Schmerz weg, wenn sie mich an sich nahm. Ihre Stimme war es, die mir Lieder sang. Ihre Arme trugen mich. Wenn ich jemals eine Ahnung davon bekam, wie Mutterliebe sich anfühlen müsse, dann, weil meine Oma mir einen Hauch davon schenkte. Und doch war selbst dieser Hauch etwas Verbotenes, denn ich war Isis, gezeugt und geboren in Seth, dessen Liebe nicht Balsam für die Seele, sondern Feuer für den Leib ist. Und so reduzierte sich der geliehene Abglanz der Mutterliebe, der auf mich fiel, auf wenige Augenblicke der Zweisamkeit, wenn meine Oma und ich ganz ohne Zeugen miteinander waren.

Von Tröpfchen und Tinkturen bis zu Einreibungen und kleinsten Nahrungsmengen, die ich trotz meiner Schluckbeschwerden hinunterwürgen konnte, ließ sie nichts unversucht, mich zu stärken. Doch immer wieder stellte sie Fieberschübe im Wechsel mit Schüttelfrost und Schweißausbrüchen fest. Nicht einmal mit kalten Wickeln und Kneipp-Güssen gelang es ihr, meine Selbstheilungs- und Widerstandskräfte zu mobilisieren. Stattdessen verlor ich erneut Flüssigkeit und wurde schrumplig wie eine alte Kartoffel. Es gab keinen Zweifel, ich musste bereits wenige Tage nach meiner Heimkehr zurück ins Krankenhaus.

Wie oft habe ich schon als Kind versucht, mir das Leben zu nehmen! Nach außen sah es vielleicht aus wie Unfälle. Und natürlich wurde es auch so deklariert. Ich sei ungeschickt, hieß es, zu dumm zum Aufpassen, zu verträumt zum Aufmerksamsein. Ein Versehen, sagte man, wenn ich mir die Pulsadern aufschneiden wollte und in meiner Unwissenheit daneben schnitt. Ich hätte Bonbons gesucht, verkündete man, wenn ich Tabletten geschluckt und sie am Ende wieder erbrochen hatte, weil mein Magen sie nicht bei sich behielt. Ich sei eben eine wilde Hummel, seufzte man, wenn ich aus den höchsten Bäumen fiel. Sie spinnt manchmal, erklärten sie, wenn ich mit dem Kopf gegen die Wand rannte, bis ich umfiel. Kann es sein, frage ich mich, dass ich auch damals, als Säugling, sterben wollte? Heißt es nicht, ungeliebte Kinder sterben schnell?

Doch ich starb nicht. Und heute, als erwachsene Frau, spüre ich erstmals und noch immer von Rückfällen gezeichnet, dass Leben ein Geschenk zum Glück sein kann. Das kleine Päckchen Liebe von meiner Oma ist als blühende Saat in mir aufgegangen.

Ohne sie und ihre Geschichten, die Fotos, die sie immer wieder aus Alben und Schuhkartons hervorkramte, um mir zu erzählen, was die darauf abgebildeten Ausschnitte zeigten und wie das unsichtbare Drumherum gewesen war, stünde ich heute als Mensch ohne Vergangenheit da. Vielleicht wäre ich längst verrückt geworden über den auf mich einstürmenden Erinnerungen, wenn ich nicht dank meiner Oma genau wüsste, dass es Tatsachen und keine Wahnvorstellungen sind. Vielleicht säße ich in irgendeiner Nervenheilanstalt, für immer hinter verschlossenen Türen. Ich bin überzeugt, dass meine Oma mir nicht nur das Leben, sondern auch meinen gesunden Menschenverstand gerettet hat, als sie mir von mir selbst erzählte.

So weiß ich auch von ihr, dass die Kinderkrankenschwester, die mich damals aus den Armen meiner Oma entgegennahm, mich auch an der Wange berührte, unter welcher mir mein Vater den Knochen eingedrückt hatte, als er mich sexuell missbrauchte. Damals war ich an diesem Knochen noch nicht operiert worden. Man hatte mir lediglich ein Breitbandantibiotikum verabreicht, um die in meinem Körper tobenden Entzündungen zu bekämpfen und wohl angenommen, dass damit auch die Ursache meiner geschwollenen Wange behoben sein werde. Dies war jedoch ein Trugschluss, wie sich bald zeigte. In den wenigen Tagen, die ich nach dem Klinikaufenthalt bei meiner Oma verbracht hatte, war die Wange tatsächlich erneut und noch weitaus deutlicher als früher angeschwollen. Meine Oma hatte sich wenig dabei gedacht.

»Kinder müssen dicke Pausbacken haben«, sagte sie zu mir. »Ich dachte, dass du dich bei mir gut erholt und schon ein bisschen zugenommen hattest. Aber die Kinderschwester hatte einen besseren Blick als ich. Die merkte sofort, dass da etwas nicht stimmte und fragte: ›Meinen Sie nicht, die Kleine hat irgendwie ein schiefes Gesicht?‹«

›Es ist mir auch aufgefallen‹, pflichtete meine Oma ihr bei. ›Aber ich dachte, es sei nichts Besonderes. Babys haben ja manchmal ein bisschen schiefe Köpfe. Das zieht sich doch sicher wieder hin.‹

›Und hat sie immer schon so geschielt?‹, wollte die Kinderkrankenschwester wissen«, fuhr meine Oma in ihrer Erzählung fort. »Sie bog deinen Kopf etwas zurück, um dich genauer anschauen zu können. Und dann wunderte sie sich: ›Die Augen sind ja fast völlig unter der Nasenwurzel verschwunden.‹

›Ja, ich weiß nicht recht‹, murmelte ich dann«, sagte meine Oma, »denn die Befragung wurde mir allmählich peinlich, weil ich noch nie gern als die Dumme dastand. ›Meine Tochter hat mir die Kleine gebracht. Dann ist sie in den Urlaub weg. Sie hat mir nichts von den Augen gesagt. Vielleicht hat sie ja vorher schon geschielt. Aber ich glaube auch, dass sie in den letzten Tagen schlimmer geworden sind. Das Kind schreit ja so viel.‹«

Wieder einmal war ich also in der Klinik. Meine Oma hatte diesmal ein anderes Krankenhaus als das von meiner Mutter bevorzugte aufgesucht. Kein Arzt dort gehörte zu uns. Vielleicht war das mein Glück, denn endlich brachte die Untersuchung den richtigen Befund ans Licht. In meinem Kopf wuchs ein Tumor. Das Zentrum saß unweit über dem Kiefergelenk, das mein Vater eingedrückt hatte. Mit seinen Ausläufern drückte er nicht nur auf meine Augen, sodass mein Augenlicht in Gefahr war. Er bedrohte auch mein Gehör. Vor allem aber hatte der Tumor meinen Knochen in dem Bereich, in dem er sich rasch auszubreiten begann, bereits erweicht und entzündet.

Was meine Oma nicht wissen konnte, war, dass mein Vater diese Erkrankung eventuell verursacht, in jedem Fall aber verschlimmert hatte, als er mit seinem derben Griff an meinen Mund erreichen wollte, dass dieser sich weit genug für seinen Penis öffnete. Vielleicht hat er mehrmals zudrücken müssen. Ohne Zweifel aber war der Druck so hoch gewesen, dass er den weichen Knochen auf der Höhe zwischen Ober- und Unterkiefer eindrückte, sodass sich ein Stückchen davon ablöste. Dieser Splitter hatte zufällig eine Sichelform. Und er war durch die Verbindungen der verschiedenen Kopfhöhlen in meinen Rachen gelangt. Wie so vieles hatte also auch dieses angebliche Seth-Wunder seine natürliche Ursache.

»Bei so kleinen Kindern besteht eine gute Heilungschance«, attestierte der Chefchirurg meiner besorgten Oma. »Aber wir müssen entschlossen vorgehen. Eine Operation ist unvermeidlich.«

Meine Oma war zutiefst erschrocken, als ihr der Befund mitgeteilt wurde. Allein mit mir, ohne meine Eltern, ja, selbst ohne meinen Opa, der wieder einmal über Land mit seinen Uhren unterwegs war, stand sie auch der Gemeinde des Seth allein gegenüber. Stellvertretend für meine Mutter war sie nun verantwortlich für mich, die ich Isis war, die lang Erwartete, die Eine und Alle, die Hoffnungsträgerin für die ersehnte Geburt des Großen Tieres 666. Und nun war alles in Frage gestellt.

Wenn ich bei der Operation stürbe, was dann? Das Risiko stand unausgesprochen im Raum. Würde der Kreis der ersten Jünger des Seth dieses Risiko eingehen und die Verantwortung dafür übernehmen wollen? Durfte meine Oma ihnen zutrauen, eine Fehlentscheidung zu treffen und dafür vor dem Herrn und Meister Rechenschaft ablegen zu müssen? Ein Versagen würde gnadenlos bestraft werden. Müssten die zwölf des innersten Zirkels zu ihrem eigenen Schutz deshalb nicht eher dafür plädieren, mich nicht operieren zu lassen?

Die eigene Entscheidungsschwäche könnten sie leicht hinter dem Argument verstecken, dass mein Leben Seth geweiht war und nur er als Herr dieses Lebens darüber entscheiden werde, ob der Daumen nach oben oder nach unten zeigen solle.

Es wäre so viel einfacher, mein Schicksal in seine Hände zu legen und die eigenen in Unschuld zu waschen. Daraus könnte man sogar einen Festakt zur »Aussegnung der Isis« machen und gemeinsam in dem Gebet zusammenstehen, das alle beteten, ehe das Urteil des Herrn und Meisters über sie gefällt wurde: »Seth, schicke, was du willst, Liebe oder Leid. Ich bin beglückt, wenn beides aus deinen Händen quillt.«

Meine Oma fühlte, wie ihr am ganzen Leibe der Schweiß ausbrach. Die Verantwortung für mich wog grabsteinschwer. Ich glaubte das Gewicht selber zu spüren, als sie die Szene vor mir lebendig werden ließ.

»Die Operation muss sofort durchgeführt werden«, sagte der Chefchirurg in Omas Gedanken hinein. »Uns bleibt keine Zeit. Jede Minute, ach, was, jede Sekunde zählt. Wir brauchen eine Unterschrift der Erziehungsberechtigten. Aber dalli, gute Frau. Zack-Zack muss das gehen!«

Es sei dieser etwas ruppige, unverschämte Tonfall gewesen, in dem er gewagt habe, mit ihr zu sprechen, sagte meine Oma später, als sie mir erklärte, woher ich die Narbe über meinem Ohr habe. Dieser Tonfall habe sie wie aus einem Traum geweckt. Keine Sekunde habe sie noch überlegen müssen, was zu tun sei. Sie habe einfach den Mund aufgemacht und in demselben Ton geantwortet.

»Ja, guter Mann, woher soll ich die Eltern denn jetzt so schnell nehmen und nicht stehlen?«, rief sie. »Sie schnalzen einmal mit der Zunge, und schon soll der Wagen rollen. Aber so schnell schießen die Preußen nicht. Erst müssen doch wenigstens mal die Räder an den Wagen dran. Was stellen Sie sich denn vor, woher ich die Unterschrift kriegen soll?«

»Sie werden doch wissen, welches Hotel Ihre Tochter genommen hat?«, meinte der Chefchirurg ungeduldig und wippte auf den Zehenspitzen. »Rufen Sie an. Oder schicken Sie ein Telegramm. Schicken Sie einen Boten. Was weiß ich? Lassen Sie sich einen Brief schicken. Völlig egal, wie Sie das regeln. Aber regeln Sie das! Ich brauche eine Unterschrift, gute Frau. Und zwar schnell. Hier ist Eile geboten, wenn Sie wissen, was ich meine.«

»Das war ja nicht zu überhören«, zürnte meine Oma. »Sie haben wohl mal Fischköppe beim ›Billigen Jakob‹ auf dem Katharinenmarkt verhökert, was?«

»Werden Sie nicht dreist!«, rief der Chefchirurg empört und wandte sich zum Gehen. »Sehen Sie zu, dass wir die Unterschrift bekommen. Egal, wie. Zur Not unterschreiben Sie eben selbst.«

So kam es, dass meine Oma eine halbe Stunde später die Bleistiftspitze anleckte, wie sie es immer machte, wenn sie über ihren geliebten Kreuzworträtseln saß und allmählich ein Buchstabenkästchen nach dem anderen ausfüllte. »Wo soll ich denn unterschreiben?«, fragte sie und hatte schon einen Strich von der Stiftspitze auf der Zunge.

»Hier, bitte«, sagte die Kinderkrankenschwester, die mich bereits an der Pforte in Empfang genommen hatte, und reichte meiner Oma einen Kugelschreiber.

Doch meine Oma schüttelte den Kopf. »Nee, lassen Sie man gut sein«, und schob das moderne Schreibgerät von sich. »Mit so'n neumod'schen Kram will ich nichts zu tun haben. Eine tüchtige Feder oder mein braver Blei, das ist was Reelles. Das olle Schmierdings, das behalten Sie man lieber selbst. Na, nichts für ungut, junge Frau. Wollen Sie mir jetzt das Papier vorlegen?«

Die Kinderkrankenschwester legte die Hand über den Mund, um den Lachreiz zu verbergen, der sie bei den Sprüchen meiner Oma überkam. »Ja, gern«, sagte sie. »Hier, das Formular, bitte. Es ist schon vorbereitet. Sie müssen nichts mehr ausfüllen. Nur noch die Unterschrift. Gleich hier unten. Bitte sehr.«

Meine Oma zögerte, schaute genauer hin, rief: »Was, da, in der einen kurzen Linie, da soll ein Namen hinpassen?«

Jetzt musste die Kinderkrankenschwester doch noch lachen. »Entschuldigen Sie«, murmelte sie mit peinlich roten Ohren und bemühte sich, nicht abermals herauszuprusten. »Schauen Sie, da weiter unten ist schon noch mehr Platz. Sehen Sie doch, da sind ja noch zwei Linien. Wichtig ist doch eigentlich sowieso nur der Nachname.«

»Wie? Nur den Nachnamen?« Meine Oma legte ihre Handtasche ab und das Anmeldeformular neben sich. »Kommen Sie her, Sie liebe Gans, da haben Sie meine Agatha Rebecca Alma Friederike Wilhelma Adelgunde Piesepampel. In voller Schönheit. Ohne einen vergessenen. Und jetzt sehen Sie zu, dass mein Enkelkind gesund wird. Und dass Sie mir ja dem Doktor auf die Finger gucken. Der ist nämlich einer von der schnellen Truppe. Bei dem kann ich mir gut vorstellen, dass man links ein Raucherbein hat und rechts wird's abgesägt.«

»Und bei Ihnen kann ich mir vorstellen, dass man das Mundwerk eines Tages zunähen muss, damit es dem grünen Rasen nicht die Wurzeln abquatscht«, sagte der Chefchirurg, der auf leisen Sohlen näher gekommen war.

Von diesem Augenblick an hatte er bei meiner Oma einen Stein im Brett. Selbst in den Stunden während und den ersten nach der Operation, in denen niemand auf der Station mehr einen Pfifferling für mich gegeben hätte, saß meine Oma wie die personifizierte Zuversicht auf der Wartebank vor dem Aufwachzimmer. Unerschütterlich hielt sie an der Überzeugung fest, die sie zum Leidwesen der Oberschwester auch laut verkündete: »Ich sage euch, was ein rechter Teufel ist, der lässt keinen Lumpen im Stich und einen Schlawiner wie diesen Doktor schon gleich dreimal nicht. Wenn einer meine Lütte wieder hinkriegt, dann er. Passen Sie auf, gleich kommt er raus in seinem weißen Flattermann und gibt mir die Hand und sagt: ›Das war's, gute Frau. Operation misslungen, Patientin lebt.‹ Und dann kriegt er den einzigen West-Fünfer als Trinkgeld, den ich habe. Das verspreche ich.«

Wie immer hing ich an den Lippen meiner Oma, wenn sie erzählte. Ihre lebhaften Schilderungen und eingestreuten Dialoge rissen mich jedes Mal mit, als sei ich selbst dabei gewesen.

»Trotz deines geschwächten Zustands und der schwierigen Operation an einem so zarten Körperchen hattest du den Eingriff erstaunlich gut überstanden«, lächelte meine Oma. »›Die Kleine ist eine Kämpferin‹, sagte der Chefchirurg zu mir, während er die grüne Haube vom Kopf zog, unter der er seine Glatze und den schütteren Haarkranz versteckt hatte. ›Wenn nichts Unvorhersehbares dazwischenkommt und sie die nächsten zwei, drei Tage übersteht, geht's aufwärts.‹

›Was war es denn nun genau?‹, fragte meine Oma ihn. ›Was haben Sie mit ihr gemacht? Sie haben ihr doch wohl nicht das halbe Gehirn weggemeißelt?‹

Der Chefchirurg grinste. ›Na, wenn sie nach Ihnen kommt, hätte sie dann ja immer noch genug. Kommen Sie, wir genehmigen uns jetzt mal ein Käffchen und plaudern ein bisschen aus der Schule. Ich geb einen aus.‹«

»›Na, wenn das kein Angebot ist‹, freute ich mich«, rief meine Oma wie damals und rieb vor meinen staunenden Kinderaugen nicht jenes Fünf-Mark-Stück aus dem Westen, das sie eines Tages von irgendjemandem ergattert hatte, an ihrem Pulloverärmel, bis der Adler im schönsten Silberglanz des Seth schimmerte, sondern ein anderes. »Und dann nahm ich mein Geldstück und sagte: ›Da, für Sie, zum Andenken‹, und schob es deinem Retter auf der flachen Hand zu. ›Soll Ihnen Glück bringen, am Tag und in der Nacht.‹

»Der Arzt war ehrlich gerührt«, lächelte sie und küsste mich auf die Stirn. »Der drückte mich sogar kurz an sich. ›Danke. Sie sind schon so 'ne Marke. Glück in der Nacht hat mir jedenfalls noch keiner gewünscht.‹

»›Na, dann wird's ja Zeit‹, habe ich zu ihm gesagt«, kicherte meine Oma mir ins Ohr. »Und dann habe ich sein Grinsen mit größtem Vergnügen erwidert.«

In den folgenden Minuten der Kaffepause legte der Chefarzt meiner Oma in einfachen Worten dar, was hinter der Tür des Operationssaales geschehen war. Bereits die ersten Untersuchungen hatten gezeigt, dass der Tumor in meinem Kopf ein Fall von Glück im Unglück war. Er war nämlich verkapselt. In einer eigenen noch unversehrten Schale saß er in einer Knochenkammer und wartete darauf, vollends reif zu wuchern und sich wie die Samen eines Pfefferbovistes platzend in meinen Blutkreislauf zu ergießen. Die Schwierigkeit war, diesen Zustand trügerischer Ruhe nicht zu stören, sondern die Kapsel mit Hilfe des Chirurgenbestecks vor der Reifung zu ernten und vollständig zu entfernen. Das wiederum war besonders tückisch, weil der Tumor irgendwo seine feinen Würzelchen besaß, aus denen er entstanden war.

»Haben Sie denn nun das ganze Ding und alle Wurzeln erwischt?«, brachte meine Oma es auf den Punkt und schaute den Arzt über den Rand ihrer Kaffeetasse hinweg an, um seine Augen zu ergründen, die er im Nebel des Zigarettenrauchs verschleierte.

Einen Herzschlag lang erwiderte er den Blick meiner Oma, ehe er sich abwandte. »Ich hoffe es.«

»Hoffen, so, so«, murmelte meine Oma. »Kann also sein, dass es wieder kommt.« Der Arzt nickte. »Und wann?« »Bin ich Jesus?«, schnauzte der Arzt zurück.

Und wieder war es seine Grobheit, die meiner Oma half, nicht die Fassung zu verlieren. Sie ahnte plötzlich, dass die Zeit der Prüfungen, die Seth mir als der künftigen Mutter seines Sohnes 666 auferlegt hatte, noch nicht vorbei war.

Niemand kannte die Vorsehung des Seth. Keiner blickte hinter die Kulisse seiner Pläne. Unmöglich, die Zukunft zu wissen. Was meine Oma dennoch zu wissen glaubte, war, dass sie von Seth auserkoren war, mir beizustehen.

»Ich dachte mir«, sagte sie zu mir, »warum hätte sonst ausgerechnet ich bei dir sein müssen, als Seth beschloss, das Dunkel um diese furchtbare Krankheit zu lüften? Indem er deinen Eltern eingab, unbedingt verreisen zu wollen und dich zu mir zu bringen, bestimmte er dieses Krankenhaus hier, in dem keiner von unseren Ärzten arbeitet, als den Ort, an dem du behandelt werden solltest. Nie wäre deine Mutter mit dir hierher gekommen. Und wäre ich nicht hierher gekommen, wäre die Krankheit nicht erkannt worden. Es gibt keine Zufälle in Seth. Alles folgt seinem Plan.«

Meine Oma schwieg einen Augenblick. »Der Arzt sah mich damals bloß neugierig an. Aber er stellte keine Fragen. ›Wenn Sie wollen, bringe ich Sie zu der Kleinen‹, bot er mir an. ›Sie liegt auf der Intensivstation. Ist doch klar. Sie können bloß durch die Scheibe gucken. Aber immerhin. Und glauben Sie nur nicht, dass ich das allen anbiete.‹«

Meine Oma, die über dem Erzählen ernst geworden war, fand ihr Schmunzeln wieder. »›Danke für die Auszeichnung‹, sagte ich zu ihm. ›Wenn's ein Orden sein soll, fehlt noch das Band.‹«

Und wieder nahm mich ihre lebhafte Erzählung in die Erinnerung mit, so dass ich leibhaftig zu hören glaubte, wie sie miteinander gesprochen hatten und was sie sahen.

»Gehen wir?« Der Chefchirurg drückte stehend die Zigarettenkippe in der schwarzen Kaffeesatzpampe auf dem Grund seiner Tasse aus.

»Gut«, sagte meine Oma und presste ihre abgewetzte Gobelintasche mit den ursprünglich mal rot, blau, gelb und grün durcheinander flatternden Papageien an sich, als hätte sie gerade eben eine Bank ausgeraubt. Der Arzt versuchte sie aufzuheitern.

»Kennen Sie den schon?«, fragte er und zog meine Oma am Ellenbogen mit sich in Richtung Intensivstation. »Kommt eine Frau in eine Zoohandlung, will einen Vogel kaufen. Stellt sich vor einen Papagei hin und fragt: ›Na, du oller Papagei, kannst du denn überhaupt sprechen?‹ Sitzt der Papagei auf der Stange und fragt: ›Na, du olle Krähe, kannst du denn überhaupt fliegen?‹«

Ich glaube, es war der einzige Witz, den meine Oma sich merken konnte. In jedem Fall war es der Einzige, den sie mir immer und immer wieder erzählte. Jedes Mal lachte sie darüber. Jedes Mal nahm sie mich in den Arm. Und jedes Mal tat sie so, als hätte sie mich ganz unabsichtlich umarmt, aus einem Reflex heraus, wie einer sich an die Nase greift, wenn er niesen muss. Aber wie wonnig war es für mich in ihrem Arm gewesen. In dieser warmen, nach Oma und Seife duftenden Höhle, aus der ich nie im Leben mehr hätte auftauchen wollen.

»Ja, so war das mit dem Doktor«, sagte meine Oma meistens am Ende des Lachens und schob mich aus der Kuhle ihres Halses fort. »Er sah aus wie ein harter Mann. Er qualmte wie ein Schlot. Und seine Stimme kam wie aus der Kohlengrube. Aber dahinter, Isis, dahinter war er ein großer Junge, der lieber Tränen lachte als weinte. Das passte zu mir. Und wenn ich nicht schon so alt gewesen wäre, hätte ich mich in ihn verliebt.«

An der Seite meines Lebensretters ließ man sie fraglos die Flügeltüren zur Intensivstation passieren. Der grüne Linoleumboden quietschte im Takt ihrer Schritte unter den Gummisohlen. Je näher meine Oma dem großen Fenster kam, das mit einem bodenlangen Vorhang zugezogen war, desto langsamer versuchte sie zu gehen. »Ich hatte plötzlich Angst«, sagte sie zu mir. »Ich wollte nicht sehen, was sie mit dir gemacht hatten.«

Aber endlich war der Flur doch zu Ende und das Fenster erreicht, und der Vorhang schwang auf einen Knopfdruck hin lautlos ein wenig zur Seite. »Da lagst du«, sagte meine Oma. »Schläuche und Kabel überall, Nadeln und Pflaster in deinen Armen, der Kopf ein weißer Turban, Geräte rechts und links, eine Krankenschwester neben deinem Bett. Du schliefst. Sie hatten dich in einen künstlichen Tiefschlaf versetzt, damit du ruhig liegen und nicht schreien solltest. Du warst meine Isis. Und du warst es doch nicht. Und ich stand da draußen vor der Glasscheibe und schaute dich an wie ein Äffchen im Zoo.«

Der Arzt nahm sie mit sich hinaus. Diesmal fielen ihm keine Albernheiten ein, um sie abzulenken und aufzuheitern.

»Wann kann ich sie mitnehmen?«, fragte meine Oma zuletzt, als er ihr die Hand reichte und sich verabschiedete.

»Wir müssen sehen«, sagte er. »Muss sich zeigen. Wunder dauern länger.«

»Danke«, sagte meine Oma. »Das habe ich wirklich noch nicht gewusst.« Und dann lachten sie beide.

Beruhigt fuhr meine Oma nach Hause. Seth wollte meinen Tod nicht. Davon war sie fest überzeugt. Er wollte mein Leben. Und vielleicht würde er ihr verzeihen, dass sie dies auch wollte, weil sie mich aus warmem Herzen liebte, anstatt aus dem kalten, welches Seth gebot. Vielleicht schickte er ihr die Angst um mich auch nur, weil er sie schon jetzt dafür bestrafte, mich zu sehr zu lieben. Meine Oma wusste es nicht.

»Kind«, sagte sie einmal zu mir, »ich habe viel gesündigt, denn ich habe dich immer viel zu sehr und in der verbotenen Weise geliebt. Aber in der Bibel des Seth steht, dass dem vergeben wird, der viel geliebt hat. Also sorge dich nicht um mich, wenn ich tot bin. Unser Herr Seth wird schon alles richten. Sorge du stets, dass du dich deines Herrn und Meisters würdig erweist. Und vergiss nie, dass nur die Stärksten würdig genug sind. Doch wie immer es kommen wird, so war es bestimmt. Denn es muss das Licht in die Welt kommen, doch wehe, durch wen.«

KAPITEL 16

Immer wieder fiel mir bei Besuchen bei meinem Vater im Heim auf, wie vertraut ich trotz allem mit ihm war. Dies spürte ich zum Beispiel daran, dass ich seine Doppelgesichtigkeit sofort wieder erkannte, die ich als Kind nie einzuordnen vermocht hatte. Hier der liebevolle Vater, der mich immer dann, wenn meine Mutter abwesend war oder es nicht zu bemerken schien, zu Wachs in seinen Händen werden ließ, allein weil er mich manchmal in die Arme nahm, an mir schnupperte und mir ins Ohr flüsterte, wie schön ich sei, oder weil er mich streichelte, küsste und drückte und auf den Schoß setzte. Zu gleicher Zeit dort der ewig ferne Vater, in seine Eigenliebe versponnen, der mich unverhofft doch wieder registrierte und in der Weichheit meines Gefühls skrupellos benutzte und ausbeutete, wie es ihm gerade gefiel, und mich anschließend wegwarf, bis der liebevolle Teil wieder hinter dem gemeinen auftauchte und das Spiel neu begann.

Wie traurig, denke ich oft, dass wir erst jetzt, an der Schwelle des vielleicht nicht körperlichen, doch schon sichtbaren geistigen Todes zu Gesprächen fanden.

Er sei damals verunsichert gewesen, klagte mein kranker, alter Vater mir und sah mich aus seinen wässrigen Augen an, als sei ich gekommen, ihn von allen Sünden loszusprechen. Er habe die Orientierung verloren gehabt. Die Sache mit Seth sei ihm niemals so recht geheuer gewesen. Er habe sich der Familie des Seth nur wegen meiner Mutter angeschlossen und sich insgeheim immer geschämt, an Satan zu glauben und schwarze Messen zu feiern. Vor allem habe er ständig Angst vor der Strafe Gottes gehabt.

»Ich war ja eigentlich Christ«, meinte er. »Ich war immer gern zur Kirche gegangen. Eigentlich glaubte ich an Gott. Dass da auch der Satan mit dabei war, na ja, das stimmte ja schon. Aber ich hatte nie geglaubt, dass der Satan Gott ist. Und jetzt sollte das alles, was ich geglaubt hatte, falsch sein. Damit kam ich nicht klar, Issi. Das hat mir oft total den Verstand verdreht. Aber ich wusste auch keinen, mit dem ich darüber sprechen konnte. Die hätten mich womöglich einen Kopf kürzer gemacht. Und außerdem war ich damals in deine Mutter verliebt. Sie war mal eine tolle Frau.«

Für mich brachte das Gespräch mit meinem Vater ein wenig mehr Licht ins Dunkel meiner eigenen Vergangenheit. Es drängte mich so sehr, auch von ihm alles darüber zu erfahren, was ich in meinen Erinnerungen, Träumen und Hypnosetherapien durchlitt. Aber alles, was ich aus den allmählich abdriftenden Inseln seiner Geisteskraft retten konnte, blieben Bruchstücke.

Das erste und bedeutsamste Bruchstück war die Antwort, warum mein Vater mich als Baby sexuell missbraucht hatte. Ich vermochte die Frage fast nicht über die Lippen zu bringen. Wahrscheinlich habe ich noch bei keiner anderen Frage so oft überlegt, wie ich den Satz formuliere. Es wollte mir nicht über die Lippen, meinen Vater ganz direkt zu fragen: »Papa, warum hast du mich sexuell missbraucht?« Diese Frage konnte ich schreiben, aber es war unmöglich, sie laut auszusprechen. Mein Kopf suchte ständig nach Ersatzbegriffen und Umschreibungen, die harmloser klingen. Es war peinlich ohne Ende, einen solchen Satz zu formulieren. Aber ich musste es wissen, ehe mein Vater seinen Verstand endgültig in Vergessen aufgelöst hatte, und so quälte ich die Worte endlich hervor.

Mein Vater schaute mich nur kurz an. Dann schloss er die Augen und schien nichts gehört zu haben. »Papa«, rief ich und rüttelte ihn zurück in die Wirklichkeit. »Papa, warum hast du mir deinen Schniedel in den Mund gesteckt, als ich noch ein Baby war?«

»Warum? Warum?«, erwiderte er in aufmüpfigem Ton. »Ja, was glaubst du denn, warum ein Mann das macht?«

»Ich weiß es nicht, Papa«, antwortete ich wahrheitsgetreu und erstarrte innerlich. »Sag du es mir.«

»Weil er Lust hat«, sagte mein Vater. »Weil er gerade nichts Besseres zu tun hat. Weil er sich langweilt. Weil er irgendwann einfach so daliegt und an nichts denkt, und auf einmal kommt die Lust und macht ihn geil, und das Kind ist gerade da. Weil das Kind ihn anfasst. Weil das Kind ihn überall anfasst. Weil er neugierig ist, wie das so ist. Weil er denkt, dass es keiner merkt, wenn er das macht. Weil so viele das schon gemacht haben. Weil er denkt, dass es gut sein muss, wenn es so viele machen. Weil er das auch mal ausprobieren will. Weil er denkt, es macht ihm selber Spaß, also macht's dem Kind auch Spaß. Weil er etwas Schönes mit dem Kind machen will, und das Schönste, was er kennt, ist Liebe machen. Weil er das dem Kind zeigen will. Weil er das Kind glücklich machen will. Und dann lacht das Kind dabei und schaut ihn so lieb an, und dann denkt er, dass es gut war. Und wenn das Kind dann nicht mehr will, dann denkt er, dass er es für das Kind noch schöner machen muss und dann will es schon wieder.«

Jedes Wort traf mich ins Mark. Ich weiß nicht, was ich erwartet hatte. Vielleicht etwas Großartiges. Etwas, das rechtfertigen würde, was er getan hatte. Und nun war alles so schrecklich banal. Was sollte ich da noch sagen? Vielleicht sollte ich konkreter fragen? Vielleicht hatte er nur vergessen, das Wesentliche zu sagen. Schließlich hatte er Alzheimer.

»Papa«, überwand ich mich zur erneuten Frage, »aber warum genau hast du es getan?«

Er grinste mich aus seinem in den Mundwinkeln feuchten Mund schief an.

»Warum? Darum!«

KAPITEL 17

Ich erinnere mich an den Tag, als ich die Katze fand. Ich war fast drei Jahre alt. Inzwischen konnte ich laufen und sprechen. Meine Haare hatten die fuchsrote Farbe verloren und waren wieder silbrig geworden. Löckchen hatte ich zum Leidwesen meiner Mutter jedoch immer noch nicht. Die einzig mögliche Frisur waren zwei kleinfingerdünne Zöpfchen, die zu beiden Seiten mit einem Schnürsenkel zusammengebunden waren. Wie zwei Uhuohrenpinsel standen sie von meinem Kopf weg und wippten, wenn ich lief. Ich war motorisch ein eher ungeschicktes Kind, aber geschickt mit den Händen und liebte es, Blumenkränze zu winden.

Die goldenen Butterblumen, die manche Leute auch Löwenzahn nennen, waren für mich das Allerschönste. Mein Vater hinderte mich nicht, sie mit beiden Händen abzuraufen und wie einen Goldschatz vor mir aufzubündeln. Gern sah er zu, wie ich die immer etwas klebrigen Stängel mit einem Zahnstocher aufschlitzte, dann einen anderen Stängel durch die Öffnung schob, diesen unterhalb der Blüte ebenfalls ritzte und so lange damit fortfuhr, bis ich zuerst für seinen und dann auch für meinen Kopf eine Krone winden konnte. Nur das Verschließen des Kranzes war noch schwierig. Bis ich damit fertig war, hatte ich regelmäßig schwarze Finger von der bitteren Milch, die aus den Löwenzahnstängeln tropfte. Aber mein Vater hatte einen Bimsstein, mit dem er mich wieder säuberte.

An einem solchen Butterblumentag waren wir bei meinen Großeltern väterlicherseits zu Gast. Für die Jahreszeit war es warm. Die Streuobstwiese hinter dem Haus hatte sich mit Myriaden von Gänseblümchen geschmückt, die ihre Blütengesichter aus dem Gras streckten. Narzissen schoben sich durch die weiße Sternendecke. Dazwischen wucherten Vergissmeinnichtbüschel und ganzen Flecken blasslila Wiesenschaumkrauts. Die Vögel zwitscherten und tschilpten.

Unter dem ältesten Apfelbaum hatte mein Großvater schon vor mehreren Jahren ein lauschiges Sitzplätzchen gebaut. Es bestand aus zwei Birkenbänken mit bequemen Arm- und Rückenlehnen nebst einem passenden Tisch. An diesem Tag hatte meine Großmutter ihre große Wachstuchdecke vom Küchentisch geholt und draußen für uns gedeckt. In der Tischmitte stand ihr berühmter Topfenquarkstrudel mit Mohn und Rosinen neben der dickbauchigen rosengeblümten Kaffeekanne unter ihrem Kaffeewärmer aus rotem Samt. Reihum entlang des Tisches stand das nur sonntags benutzte Streublümchengeschirr. Und ringsum saßen alle zusammen und redeten und redeten und hörten gar nicht wieder auf.

Aimée hatte es sich unter dem Tisch gemütlich gemacht. Zwischen all den Hosenbeinen und Kniestrumpfbeinen, die unterhalb der tief herunterhängenden Tischdecke zu sehen waren, hatte sie Platz genug für ihre Puppenstube. Dort konnte sie alles hören, was gesprochen wurde. Das gefiel ihr. Niemand dachte an sie, weil sie unsichtbar unter dem Tisch hockte. Und das Beste war, dass auch keiner auf die Idee kam zu rufen: »Aimée, bring doch mal Zucker. Aimée, bring doch mal eine neue Kuchengabel. Aimée, hol doch mal Zigaretten. Aimée, mach mal dies, mach mal das.« Unter dem Tisch war der sicherste Platz der Welt.

Ich mochte diesen Platz trotzdem nicht leiden. Meistens zogen die Hosenbeine irgendwann die Schuhe aus. Den Geruch fand ich nicht schön. Und die Kniestrumpfbeine hatten die Angewohnheit zu zappeln oder in die Hosenbeine zu schlüpfen oder die Schuhe wippen zu lassen. Da konnte es leicht sein, dass auch mal einer mit Schwung davonflog. Davon konnte man getroffen werden. Und das konnte ausgerechnet an meinem Kopf sein. Das war mir nämlich einmal passiert. Ein zweites Mal musste ich das nicht ausprobieren.

Deshalb hatte ich an jenem Butterblumentag nur so getan, als würde ich mit meiner Schwester zusammen Puppen spielen. Ich war gemeinsam mit ihr an der einen Schmalseite des Tisches unter die Tischdecke gekrochen und an der anderen allein wieder herausgekrabbelt. Der günstigste Augenblick dafür war gekommen, als meine Großmutter den Kaffee ausschenkte. Zu dieser Zeit hatte jeder nur Augen dafür, die leere Tasse voll bis an den Rand eingeschenkt zu bekommen. So war ich unbemerkt auf allen vieren davon gekrabbelt.

Erst in Hausnähe hielt ich wieder an. Ich wusste, dass die Küchentür immer unverschlossen war und sich leicht aufdrücken ließ. Ich liebte diesen schmalen, immer etwas dämmrigen Raum mit seinen Gerüchen nach Braten, Kuchen, Holzfeuer und den Kräuterpflanzen, die meine Großmutter das ganze Jahr in Blumentöpfen päppelte und hätschelte, welche sie an einem Schwenkgalgen über den Fenstern aufgehängt hatte. Am schönsten fand ich den Kohleherd mit seinem Wasserschaff, in dem es immer heißes Wasser gab, und den Küchentisch, unter dessen Tischplatte man eine zweite Platte mit zwei runden Emailleschüsseln herausziehen konnte. Zwar vermochte ich diese »Abspüle«, wie meine Großmutter sie nannte, damals nicht hervorzuziehen, aber ich konnte an den doppelten Tischbeinen drücken und schieben und dabei ein helles kreischendes Quietschen erzeugen, das mich entzückte.

An diesem Tag kam es jedoch nicht dazu, denn ich entdeckte etwas viel Schöneres: eine junge Katze. Sie war schwarz, mit einem weißen Fleck über einem Auge. Sie sah aus, als müsse auch sie eine Augenklappe tragen. Und sie lief nicht weg, als ich kam. Ich liebte Katzen. Sie waren so weich und sanft. Sie zu streicheln erzeugte ein wonniges Gefühl. Und sie hatten die zauberischsten Augen, die ich mir vorstellen konnte. Augen, in denen es sich ständig bewegte. Und sie schnurrten.

»Miez! Miez ! Miez!«, lockte ich und trippelte mit ausgestreckten Händen auf die kleine Katze zu. Sie schien auf mich zu warten. Doch kaum kam ich ihr fast so nahe, dass ich sie berühren konnte, sprang sie ein kleines Stückchen fort. Jedes Mal. Es war wie ein Spiel. Ich kam, sie ging. Sie wartete, ich kam. Langsam bewegten wir uns von der Küche weg und auf den riesigen Misthaufen zu, der inmitten eines gemauerten Beckens die Hälfte des Hofes einnahm. Nicht weit davon entfernt wartete das Holzhäuschen mit dem Plumpsklo. Doch die kleine Katze lief nicht in diese mir wohlbekannte Richtung, sondern zum Stall hinüber.

Ich wusste, dass ich dort nicht hingehen durfte. Meine Großmutter hatte es mir strengstens verboten. »Da sind wilde Schweine«, hatte sie gesagt und mir die schwarzen Sauen gezeigt, die zu beiden Seiten eines Güllekanals in einem Gitter standen und grunzten. »Die beißen. Und kleine Mädchen fressen sie.«

Doch die kleine Katze schien keine Angst vor Schweinen zu haben. Und so vergaß auch ich, dass ich mich fürchtete. Schnell schlüpfte ich durch die Stalltür und hinter dem Kätzchen her, hinein in den warmen, süßlich stinkenden Schweinekoben, und rannte ihr durch die spritzende Gülle nach, ohne an meine weißen Strümpfe oder das neue Kleid zu denken, das meine Mutter mir an diesem Nachmittag erstmals angezogen hatte. Mein »Miez! Miez!« wurde kläglicher, je leichtfüßiger die Katze lief. Und als sie plötzlich vollends verschwunden war, begann ich jämmerlich zu weinen.

Als wolle die Katze mich necken, rieselten plötzlich von oben lange Heuhalme auf mich herunter. Und als ich verwundert hinaufblickte, sah ich, dass über mir der Heuboden war, auf dem ich schon so oft gewesen war, wenn das Heu mit langen Gabeln durch die Heuluke hinaufgereicht wurden. Gleich entdeckte ich auch die schräge Leiter, die durch diese Luke hinauf auf den Heuboden führte. Ohne zu zögern begann ich, hinaufzuklettern. Die Leiterstreben waren für meine kurzen Beine etwas weit auseinander, aber wo ein Wille ist, ist ein Weg, und so gelang es mir unter Schnaufen und Ziehen, mein Ziel zu erreichen.

Das Kätzchen saß tatsächlich oben im Heu. Es schaute mich aufmerksam aus seinen goldenen Augen an und putzte sich die Ohren. Dabei befeuchtete es zuerst ein Pfötchen mit der Zunge und strich damit mehrmals über das Ohr. Und dann befeuchtete es das andere Pfötchen mit der Zunge und fuhr sich damit über das zweite Ohr. Fasziniert ahmte ich die Bewegungen nach.

Als das Kätzchen seine Wäsche beendet hatte, lachte ich vor Vergnügen laut auf und warf mich der Länge nach auf das Heu, um meine neue kleine Freundin nun endlich zu fangen. In diesem Moment geschah etwas Unvergessliches: Ein Kopf tauchte zwischen den Heuballen auf, und eine Gestalt wankte auf mich zu, die so grausam schrecklich anzusehen war, dass ich zu schreien begann und schrie und schrie und immer noch schrie, als das Gespenst mit einem dumpfen Heulen im Nichts verschwand.

Wie lange ich zitternd mit den Händen vor dem Gesicht dagelegen hatte, weiß ich nicht. Aber ich erinnere mich an die Hand, die mich irgendwann zaghaft berührte. Es war eine Hand mit dicken schwarzen Haaren auf dem Handrücken und krummen Schrumpelfingern, an denen lange Fingernägel wuchsen. Als ich erneut schreien wollte, legte sie sich mir auf den Mund. Gleichzeitig drehte mich eine andere Hand herum, sodass ich in das schreckliche Gesicht starren musste, dass ich zuvor erblickt hatte. Es war auf einer Gesichtshälfte und über den Hals hinunter schwarz behaart und so entstellt, dass die Nase wie bei einem Schwein aufgebogen und die Zähne zu beiden Seiten des Mundes nach oben und nach unten zwischen den wulstig aufgeworfenen Lippen herausstanden. Die Stirn war von dicken Wülsten zerfurcht, die ein Auge zudrückten, sodass nur eines in der unbehaarten Gesichtshälfte zu sehen war.

»Pssst!«, machte es aus dem schiefen Mund, auf den der Zeigefinger der anderen Hand gelegt worden war. Und das eine Auge, das halb versteckt unter der dicken Stirnwulst auf mich herunterblickte, schaute mich so unendlich sanft, traurig und zugleich erschrocken an, dass ich sofort begriffen haben musste, dass mir keine Gefahr drohe, denn ich hörte auf zu schreien.

»Gut«, nuschelte es mit tiefer Bassstimme aus dem schiefen Mund. »Gut! Manne gut. Manne gut Kind!« Obwohl ich so jung und der Sprache unzulänglich mächtig war, verstand ich diese Worte. Dieses elende Geschöpf wollte mir sagen, dass ich keine Angst haben müsse, weil es ein guter Mensch sei. Es hatte mir sogar seinen Namen verraten: Manne.

Ich werde nie vergessen, wie Manne mich anzulächeln versuchte, während er mir seine kleine schwarze Katze in den Schoß setzte und meine vor Angst starren Hände nahm, um sie streichelnd über das blanke Katzenfell zu führen. Stumm saßen wir da und fürchteten uns wohl beide. Zugleich aber verband uns die Liebe zu dem kleinen Tier, das schnurrend zwischen uns lag und sich nicht im Geringsten darum kümmerte, ob wir schön oder sauber waren.

Vielleicht hätten wir noch lange dort oben zusammen gesessen. Doch plötzlich hörten wir es mit näher kommenden Stimmen rufen: »Issi! Wo bist du? Isis!«

Manne sprang auf, indem er sich mit Armen und Beinen gleichzeitig vom Boden abstützte. »Manne gut! Manne gut Kind!«, jammerte er und lief auf seinen verbogenen Humpelbeinen durch das Heu davon, bis er plötzlich mit einem Geräusch wie von einer zuschlagenden Holzklappe verschwand.

»Issi?«, fragte mein Vater durch die Heuluke hinauf. »Bist du da?«, und stieg bereits die Leiter hinauf. Ich gab keine Antwort.

»Sie ist da!«, schrie mein Vater bei meinem Anblick nach unten zurück und riss mich so heftig aus dem Heu in seine Arme hoch, dass die kleine Katze, die ich immer noch auf dem Schoß gehalten hatte, mit einem Fauchen davonsauste.

Ich glaube noch immer, dass dies ihre Rettung war. Die Prügel, die ich für meinen Ausflug auf den Heuboden und mein ruiniertes Gewand bezog, hätte sie gewiss nicht überlebt. Warum ich trotz der Schläge dabei blieb, dass ich ganz allein und außer mir wirklich niemand auf dem Heuboden gewesen sei, weiß ich nicht. Nicht einmal der Mutter meiner Mutter, meiner Oma, die ich so liebte, vertraute ich die Wahrheit an.

Vielleicht hatte ich Angst, dass ich noch mehr Schläge bekäme, wenn ich das unheimliche Geschöpf verraten hätte. Vielleicht spürte ich aber auch mit dem untrüglichen Instinkt des ungeliebten Kindes, dass hier ein zweites ungeliebtes Wesen, ein Leidensgenosse, war. Einer, dem es wohl noch viel schlechter ergangen wäre als mir, hätte man herausgefunden, dass er sich bei helllichtem Tage auf den Heuboden wagte.

Denn heute weiß ich, wen ich damals gesehen habe. Es war das zweite, angeblich tot geborene, in Wahrheit jedoch lebendig und extrem missgebildete Kind, welches der Bruder meines Vaters mit seiner eigenen Schwester gezeugt hatte.

Den Beweis erbrachte ein Eintrag in der alten Familienbibel, in der seit Generationen alle Geburten und Sterbedaten eingetragen worden waren. Mit seinen steilen Sütterlinbuchstaben hatte mein Großvater darin zwei Kinder seiner ledigen Tochter als Totgeburten vermerkt. Hinter das zuletzt geborene Kind hatte er »Missgeburt« geschrieben. Die Totenscheine für beide Kinder waren ordnungsgemäß ausgefüllt und von einem Arzt unterschrieben. Zweifach gefaltet, lagen sie der Bibel bei.

Mein Vater hatte offiziell nie gewusst, was seine Mutter sich mehrmals täglich in der alten Futterkammer neben dem Schweinekoben zu schaffen machte. Manchmal, wenn er den Eltern beim Ausmisten half, hatte er seltsame Geräusche aus der Kammer gehört. Aber er hatte nicht wissen wollen, was sie wirklich bedeuteten. Es war ein Geheimnis der Mutter. Das genügte. Mehr wollte er nicht wissen.

Erst meine Mutter lüftete das Geheimnis. Wie sie mir berichtete, entdeckte sie, dass es Manne gab, weil sie eines Tages auf der schweren Futterkiste Platz genommen hatte, mit der die fest verriegelte Eingangstür zur alten Futterkammer verstellt war. In dem Moment, als sie den Kopf an die alte Tür angelehnt hatte, um sich auszuruhen, sah sie das dunkle Auge, welches sie aus einem Astloch hervor anglühte. Meine Mutter sprang auf und wich zurück.

Eine andere Frau hätte vielleicht gekreischt oder um Hilfe gerufen, nicht so meine Mutter. Wer wie sie von Kindesbeinen an in Ekeltraining und anderen Selbstdisziplinierungsmaßnahmen geschult war, erschrickt nicht vor einem Auge.

Neugierig, wie sie nun einmal war, heftete meine Mutter sich nun an die Fersen der richtigen Person, um zum richtigen Zeitpunkt am richtigen Ort zu sein: an die Fersen der Mutter meines Vaters, meiner Großmutter. Kaum dass diese wieder einmal heimlich in den Stall schlüpfte, war meine Mutter dabei. Die Speisen, die meine Großmutter verdeckt in einer Schüssel bei sich hatte, bewiesen ebenso wie der Löffel, dass sie nicht gekommen war, um die Schweine zu füttern.

»Wer ist da drinnen?«, fragte meine Mutter, die einem Liebesabenteuer auf der Spur zu sein glaubte, denn die Leute im Dorf tuschelten schon lange, dass meine Großmutter ein Techtelmechtel mit einem dahergelaufenen Zigeuner habe. »Nichts«, sagte meine Großmutter. »Niemand. Was geht's dich an?«, und versuchte, meine Mutter zur Seite zu schieben.

»Wenn du es mir nicht freiwillig zeigst, rufe ich die Polizei«, sagte meine Mutter und zupfte die Ärmel ihrer Bluse glatt, die bei dem kurzen Gerangel einige Falten zu viel abbekommen hatten.

»Du wirst es bereuen«, sagte meine Großmutter und versuchte an ihrer Schwiegertochter vorbeizukommen.

»Oder du!«, grinste meine Mutter. Da gab meine Großmutter nach.

Sie habe es nicht fertig gebracht, das Kind zu töten, sagte sie, während sie Manne die Schüssel vorsetzte, über die dieser sich sogleich hungrig hermachte, nicht ohne angstvolle Seitenblicke auf die für ihn Fremde zu werfen. Mein Großvater habe ihr zwar befohlen, ein Pulver anzurühren und es dem Neugeborenen einzuflößen. Aber sie habe es nicht gekonnt. Auch habe sie geglaubt, das arme Ding werde nicht überleben, sodass sie ihr Gewissen nicht belasten müsse. »Es war hässlich und nicht wie ein Menschenkind anzusehen. Aber ich hatte es mit eigenen Händen aus dem Leib meiner Tochter gezogen. Also war es von unserem Fleisch und Blut. Es war ihr Kind. Aber ich konnte der einen Sünde nicht noch eine folgen lassen. Also nahm ich es mit und versteckte es hier in der Kammer. Aber es starb nicht«, sagte meine Großmutter.

Zeit seines Lebens wurde der Junge in der Futterkammer neben dem Schweinekoben aufgezogen und gefangen gehalten. Zwischen dem Schmatzen und Quieken der Tiere fiel sein kindliches Kreischen und Lallen nicht auf. Und das war gut. Niemand durfte ihn je sehen. »Was hätte ich denn sagen sollen, wer er ist, wenn ihn einer entdeckt hätte?«, meinte meine Großmutter. »Hätte ich sagen sollen, er ist mein Enkel? Seine Mutter ist meine Tochter. Sein Vater ist mein Sohn. Und dass er aussieht, wie er aussieht, ist die Erbsünde, die Gott-Vater über uns verhängt hat.«

Meine Mutter schwieg. Doch ihr Puls raste. Vor heiligem Schreck zitterten ihre Knie so sehr, dass meine Großmutter es bemerkte. »Komm«, sagte sie, »lass uns gehen. Bereust es schon, ja?« Irgendwie gelang es meiner Mutter zu nicken.

»Abends im Ehebett redete ich dann mit deinem Vater«, erzählte sie mir in einer der vielen Stunden, in denen ich als Isis Unterricht von ihr erhielt. ›Nein, Rudolf‹, sagte ich, ›es ist nicht die Erbsünde. Glaube mir: Es ist die Gnade Gottes. Nur ist es nicht die Gnade eures Gott-Vaters, sondern unserer Gott-Mutter. Sie hat dich und dein Haus gesegnet. Ihr seid Auserwählte des Seth und wisst es nicht. Ein Geschöpf des Seth ist euch geschenkt, gezeugt aus der Liebe von Bruder und Schwester, heilig aus der Finsternis für die Finsternis geboren. Glaubst du nun, dass wir beide, du und ich, füreinander geschaffen und bestimmt sind? Dass es die Vorsehung war, die uns zusammenführte? Dass es die Liebe des Seth ist, die uns leitet?‹«

Mein Vater hatte seine Zweifel. Doch schon in der nächsten Nacht der Nächte auf dem Satanskogel holten sie Manne heimlich aus seinem Versteck, verbanden ihm Mund und Augen, damit er nicht schrie und nichts sah, legten ihn in den Sarg auf dem Leichenwagen meines Opas mütterlicherseits, führten ihn durch die Nacht hinauf in den Wald und benutzten den armen Manne als Schlange des Seth.

KAPITEL 18

Wirklich Angst um mich bekam meine Oma, die mich lieb hatte, erstmals an meinem dritten Geburtstag, der einer dieser ganz besonderen Feiertage gewesen war, weil ich an diesem Tag verlobt wurde.

Tagsüber hatten wir scheinbar ganz normal einen Kindergeburtstag gefeiert. Nachbarskinder kamen kurz vorbei, um mir ein Geschenk zu bringen und, mit einem Stück Schokolade als Dankeschön, wieder nach Hause zu gehen. Ich musste ihnen in meinem neuen weißen Kleid die Hand reichen, einen artigen Knicks machen und »Vielen Dank« sagen. Wenn der Knicks nicht tief genug ausfiel, drückte meine Mutter, die hinter mir stand, auf meine Schultern, sodass ich zwangsläufig eine deutlichere Verbeugung machen musste.

Jedes Geschenk musste anschließend von mir auf meinen Gabentisch gelegt werden. Auspacken durfte ich keines. Ich durfte nicht einmal neugierig zu diesem Tisch hinschauen, geschweige denn, eines der Päckchen und Pakete befühlen. Sie lagen da und mehrten sich. Sie beschäftigten meine Phantasie. Sie beflügelten meine Sehnsucht, die mit jedem Päckchen größer wurde. Und gleichzeitig bedrückten sie mich immer mehr, weil ich meine heiße Erwartung kaum noch zügeln konnte, aber nur zu genau wusste, dass ich niemandem meine Neugier zeigen durfte. Meine Mutter hatte mich gewarnt. Und ich kannte ihre Warnungen.

Zum Feiern hatten meine Eltern nur die Familie eingeladen. Um Nachbarn und Freunde nicht vor den Kopf zu stoßen, hatten sie ihnen glaubhaft erklärt, ich sei noch zu schwach für einen Kindergeburtstag mit kleinen Gästen. Es sei leider zu viel für mich, man müsse traurigerweise Geduld mit mir haben. Die schwere Krankheit habe mich erschöpft. Man wisse ja, dass ich noch immer nicht völlig gesund sei. Vielleicht könne man im nächsten Jahr mit Kindern feiern, falls es mir besser ginge. Natürlich verstand jedermann, dass meine Eltern unter diesen Umständen lieber nur im Kreis der engsten Familie feiern wollten. Meine arme Mutter wurde einmal mehr bedauert.

Obwohl es meinen Eltern im Innersten völlig gleichgültig war, was diese Leute von ihnen dachten oder wie sie über sie redeten, war es ihnen aus äußeren Gründen sehr wichtig, gut dazustehen. Sie waren die Vorzeigefreunde. Sie waren der öffentliche Beweis der Normalität. Meine Eltern mussten diese Freundinnen und Freunde haben, sie mussten sich mit ihnen treffen, mit ihnen alltägliche Dinge erleben und Allerweltsveranstaltungen besuchen. Mit ihnen gemeinsam musste demonstriert werden, dass bei uns alles so war wie überall. Wir mussten eine Allerweltsfamilie sein. Denn nur, wenn nach außen hin jeder in der Familie des Seth genau wie alle anderen Leute wirkte, waren wir in der Lage, die Sache unseres Herrn und Meisters Seth in aller Verschwiegenheit voranzutreiben. »Im Geheimen liegt die Kraft.« Diesen Spruch lernten wir als Kinder des Seth zuerst.

Niemand ahnte, dass für meine Eltern nur die Familie des Seth zählte, denn niemand außer uns Auserwählten wusste, dass es sie gab. »Du wirst nie ohne uns auskommen«, sagte meine Mutter immer wieder zu mir, als sie zu ahnen begann, dass ich eigene Wege gehen wollte. »Du wirst nie ohne uns leben können. Du gehörst zu uns. Wir sind dein Anfang und dein Ende. Dein Leben ist verflucht, wenn du uns verlässt. Aber wir verlassen dich nicht. Auch dann nicht, wenn du uns verlässt. Es steht geschrieben, dass Seth sich mehr über jedes verlorene und zurückgekehrte Schaf freut als über alle, die nie verloren gingen. Laufe, wohin du willst. Wir suchen dich. Wir finden dich. Nie wirst du und deine Nachkommenschaft uns für immer verloren sein. Wir sind über dir und mit dir. Wir sind die Luft, die du atmest. Wir sind das Wasser, das du trinkst. Wir sind Seth. Und Seth ist in dir.« Es grauste mich, wenn sie so sprach und in ihrer Kassandra-Haltung vor mir stand. Doch an meinem dritten Geburtstag wusste ich davon noch nichts. Ich war nur ein kleines Mädchen, stolz auf mein neues Kleid, und ich dachte mit Herzklopfen an die Geschenke, die auf meinem Gabentisch auf mich warteten.

Die Familie des Seth war von überall her angereist. Alle Mitglieder, die Kleinen wie die Großen, wussten, dass es ein besonderer Geburtstag war. Den Großen war klar, dass es eine ganz besondere Feier für mich war. Niemand wollte dabei fehlen. Schließlich war es keine Selbstverständlichkeit oder gar etwas Alltägliches, eine Isis in der Familie zu haben, die wie ich in spiritueller Hingabe an Seth gezeugt und tatsächlich mit den heiligen Zeichen des Seth geboren wurde. Hatte schon meine Weihe alle Erwartungen übertroffen, so hoffte man jetzt bei der Verlobungsfeier auf eine Steigerung. Danach würde die Hochzeit mit Seth mit sechs kommen, dann die Anubisweihe, die an meinem neunten Geburtstag mit meiner Grablegung gefeiert werden musste. Danach, an meinem zwölften Geburtstag, das Fest der Feuerläuterung, das die Auferstehung meines Geistes durch die Läuterung des Leibes im Feuer symbolisierte und so grauenhaft war, dass ich bis heute nicht davon sprechen kann. Und zuletzt, an meinem fünfzehnten Geburtstag, würde dann das Sabbatfest als Vollzug meiner Hingabe an die Schlange des Seth und die Zeugung des Großen Tieres 666 gefeiert werden.

Die freudige Erwartung des Abends prägte den Nachmittag, der den Kindern der Seth-Gemeinde gehörte. Alle Erwachsenen zeigten sich gut gelaunt und spielfreudig. Vom Sackhüpfen über Eierlauf bis zu Mensch-Ärgere-dich-nicht und Hänschen-Piep-Mal wurde jedes Spiel mit Begeisterung gespielt. Das begeisterte Kreischen der Mädchen und Buben der verschiedensten Altersstufen erfüllte den Garten.

Dass ich nicht mitspielen durfte, schien keiner zu merken und niemanden zu stören. Ich war Isis. Das genügte zur Erklärung. Ich war klein und erst drei Jahre alt. Aber das war die Menschenrechnung. In Wahrheit war ich so alt wie die Welt, ohne Alter, uralt schon bei der Geburt. Mein Körper war nur eine Hülle, nur eine Haut, die ich abstreifen würde wie Seth, wenn er sich erneuerte in der Wiedergeburt. Ich war zu alt für Kinderspiele. Sagten sie. Und die Tränen, die ich weinte, weil mein dummer Körper so gern mitgespielt hätte, waren Perlen des Glücks für Seth. Mein einziger Trost waren die Geschenke auf meinem Gabentisch. An sie dachte ich, während ich auf meinem Hochstühlchen saß und zuschaute, wie schön Spielen ist. Ich dachte an die schönen Geschenkpapiere und die farbigen Bänder. Ich malte mir aus, wie ich die Knoten aufknüpfen und das Papier abwickeln würde. Nichts sollte kaputtgehen. Aimée hatte aus dem Einwickelpapier um die Geschenke, die sie zum Geburtstag erhalten hatte, alle Blumen, Luftballons und Figuren ausgeschnitten und sie in ein Album geklebt. Das wollte ich auch machen. Ich liebte das Album von Aimée, das ich nie allein anschauen durfte, weil sie sagte, dass ich dumme Finger hätte und es kaputtmachen würde. Besonders ein Geschenk enthielt bestimmt etwas Wunderschönes. Es war in glänzendes Goldpapier eingewickelt und so groß. Was wohl darin war? Ich hatte gewagt, es ein wenig zu schütteln, ehe ich es auf den Gabentisch legte. Aber es hatte nicht geklappert. Ob wohl der Teddybär darin war, den ich mir so sehr wünschte?

Über dem Wünschen und Träumen verging die Zeit des Spielens. Jetzt sollte die Geburtstagtorte angeschnitten werden. Meine Mutter hatte sie selbst aus drei verschiedenen Kuchenringen gebacken. Ich hatte zuschauen dürfen, wie sie den Teig rührte, ihn in die Form gab und backte. Es war ein gelber Vanillekuchenteig, ein brauner Schokoladenkuchenteig und ein gesprenkelter Nussteig. Köstlich hatten sie geduftet, als meine Mutter sie anrührte.

Doch ich hatte nichts davon bekommen. Aimée durfte die Rührschüsseln ausschlecken, und mir blieb nur übrig, mich zu beherrschen, als mir das Wasser im Mund zusammenlief. Wie gern hätte ich mit ihr getauscht. Aber meine Mutter hatte mir erklärt, wenn man schon vor dem Geburtstag vom Geburtstagskuchenteig naschte, konnte man am Geburtstagsfest kein Glückskind mehr sein. Und ich wollte ja ein Glückskind sein. Also durfte Aimée die Schüsseln ganz allein ausschlecken. »Hmmm!«, hatte sie gemacht. »Hmmm! Das schmeckt!« Und dabei hatte sie mir den Finger unter die Nase gehalten, der so duftig braun vom Schokoladenteig war, dass ich doch beinahe zugeschnappt hätte, hätte meine Mutter nicht gerade noch rechtzeitig »Isis!« geschrien.

Jetzt war meine große Stunde gekommen. Ich durfte die Torte anschneiden, die mit einer dick ausgerollten Marzipandecke überzogen und silbernen Liebesperlen verziert war. Das große Brotmesser wog schwer in meiner Hand, als ich auf den Stuhl stieg und mich stolz in der Runde umsah. Alle waren sie mit ihrem Kuchenteller gekommen und wollten nun bedient werden. Hilfreich stand mir meine Mutter zur Seite, sodass wir beide gemeinsam Stück für Stück von der Torte schnitten und gleich auf die Teller verteilten. Zuletzt blieb ein schmaler, schiefer Rest übrig, ohne Marzipan, ohne Liebesperlen. Das war für mich. Welch ein Glückskind war ich doch, dass meine Schwester alle Liebesperlen einsammelte, die auf den Tellern der Großen liegen geblieben waren, und sie mir schenkte.

Dann endlich kam die heiß ersehnte Stunde der Geschenke. »Liebe Kinder«, sagte meine Mutter und führte mich zu meinem Gabentisch, »jetzt ist es so weit. Stellt euch alle in einer Reihe auf. Unsere Isis ist heute die Glücksfee. Seht her, in diesem Eimerchen«, sie schüttelte eines meiner Sandkastenspielzeuge, »sind Lose für euch eingepackt. Unsere Isis wird jeden von euch eines daraus ziehen lassen.« Sie blickte der Reihe nach lächelnd in die erwartungsvollen Kinderaugen, die sie anschauten. »Und dann«, sagte sie, »dann wird euch unsere Isis alle ihre Geschenke weiterschenken. Das ist der schöne Brauch.«

Ein Jubeln und Klatschen brach los. Die Kinder des Seth hüpften und lachten. Drängelnd nahmen sie in einer langen Reihe vor mir Aufstellung. Und ich stand da und hatte nicht wirklich begriffen, worum es ging, und dachte noch über die Worte meiner Mutter nach, während sich schon Hand um Hand aus dem Eimerchen bediente, das ich vor mich haltend anbieten musste.

So kam es, dass ich keines der Päckchen und Pakete auf meinem Gabentisch selbst auspacken durfte. Aus keinem der schönen Geschenkpapiere schnitt ich jemals Bildchen für ein Geburtstagserinnerungsalbum aus. Und der dicke weiße Teddybär, der tatsächlich in dem goldenen Päckchen verpackt gewesen war, machte einen meiner Cousins froh, der ihm noch am gleichen Abend die braunen Augen aus dem Kopf riss.

Ich stand verloren und verlassen mit dem leeren Eimerchen in der leeren Stube, als meine Oma kam. »Kind!«, sagte sie. Und ihre Stimme zitterte wie ihre Hand, die sie mir auf den Scheitel legte. Da erst konnte ich weinen.

An die Nacht meiner Verlobung, welcher nur die Erwachsenen unter den Auserwählten des Seth beiwohnten, erinnere ich mich in meinem Aufzeichnungsbuch, das ich während meiner Therapie führte:

Ein Mädchen von gerade mal drei Jahren – blass, schmal, noch auf wackligen Beinen, abgefressene Haare, aber blond und blauäugig. Ich. Marie nennen sie mich, denn ich werde heute verlobt, und der Name der Verlobten des Seth ist Marie.

Marie wird geholt, die Zeit ist günstig, denn ich bin drei Jahre alt, die Heilige Zahl.

»Warum? Muss ich denn?«, frage ich, denn ich habe Angst. Ich will nicht verlobt sein. »Verlobt sein ist doof. Ich bin doch noch klein«, sage ich, obwohl ich immer so groß sein will. Ich habe Angst.

Aber sie sagen, dass alle Kinder mit drei Jahren verlobt werden müssen. Das ist Brauch. Das ist immer schon so. Seit dem Mittelalter schon. Damals wurden alle Mädchen mit drei Jahren zur Frau gemacht. »Du hast Glück«, sagen sie zu mir. »Du bist ein Glückskind. Kein Kind der Welt ist ein Glückskind, nur du. Du bist Isis. Und heute bist du Marie. Welche Ehre! Aber du darfst es niemand sagen.«

Ich verspreche es.

»Der Clan hat es beschlossen«, sagt meine Mutter, die mich früh zu Bett bringt, damit ich für später gut ausgeruht bin. »Er hat beschlossen, dich zu holen. In der Nacht, in der nur die Eulen sehen, wenn der Mond schwarz bleibt. In der Nacht wirst du geholt. Aber du darfst es nicht verraten.«

Ich verspreche es.

Ich bin müde. Ich schlafe schnell ein. Mein alter Teddy tröstet mich. Er hat keine Haare mehr und kratzt, weil der Draht aus seinen Armen sticht. Aber er gehört mir. Niemand nimmt ihn mir weg. Er ist lieb.

Ich habe fest geschlafen. Meine Oma hat mich geweckt. »Es ist Zeit«, sagt sie. »Steh auf, Isis. Sei leise, weck deine Schwester nicht. Wenn sie weiß, dass du ein Glückskind bist, wird sie weinen. Leise, Isis, leise.«

Ich will nicht, dass Aimée weint. Leise stehe ich auf. An der Hand meiner Oma betrete ich die Kirche. Es ist Mitternacht. Draußen weht der Wind. Drinnen ist es still. Treppen geht es hinab. Die Stufen sind so hoch, dass ich wie der Storch im Salat gehe. Ich kichere nervös.

Sie nehmen Steine aus der Mauer. Durch das Loch treten wir ein. Ich weiß nicht, wo ich bin. Auf einem Altartisch liegt ein Tuch. Kerzen stehen darauf. Aus einer Schale über einem Becken mit rot glühender Kohle steigt Rauch auf. Ich kenne den Geruch. Mir wird schlecht davon.

»Dies ist die Nacht der Prüfungen«, sagt der Hohe Priester des Seth vor dem Altar und schaut mich an.

An einer Seite des Altarraumes sitzen Männer in schwarzen Kapuzen. An der anderen Seite steht ein Opfertisch, ein Käfig, Ketten und Ringe an der Wand, Wassertröge, Daumenschrauben, Zangen. Auf dem Tisch liegen seltsame blanke Werkzeuge nebeneinander. Schalen mit Wattebällchen, Scheren kann ich erkennen. Alles andere kenne ich nicht. Aber ich rieche die Angst, die sie ausströmen. Die Hand meiner Oma, die mich hält, zittert.

»Du bist Isis, die Eine und Alle«, sagt der Hohe Priester in seinem schönen Gewand. »Du stehst heute vor dem Hohen Gericht. Du wirst geprüft werden, ob du würdig bist, die Braut unseres höchsten Herrn und Meisters zu sein.«

Ich verstehe nicht wirklich, was er sagt. Die Worte sind mir fremd. Ich glaube, die Stimme meines Vaters zu erkennen. Ich habe den Wunsch, zu ihm zu laufen und seine Hand zu nehmen. Ich will, dass er mit mir von hier weggeht. Doch ich bin verwirrt. Der Mann vor dem Altar sieht aus wie mein Vater. Aber er tut, als kenne er mich nicht.

Streit entflammt. Die in den schwarzen Kapuzen sagen: »Es ist so weit. Die Zeit ist reif. Sie ist alt genug. Sie hält es aus.«

»Nein!«, schreit meine Oma. »Sie ist zu klein. Prüft sie, wiegt sie! Sie ist zu dünn. Sie war schwer krank. Sie ist nicht wie eine

mit drei. Sie ist nicht reif. Sie kann nicht geprüft werden. Sie hält es nicht aus.«

Die Schwarzkittel springen auf. Sie wollen meine Oma schlagen. »Nein!«, piepse ich mit meinem Kinderstimmchen und werfe mich gegen einen von ihnen, der meine Oma an den Haaren reißt. »Das dürft ihr nicht. Ich verbiete es. Ich bin Isis, die Eine ist und Alle. Ich verbiete es!«

Da stehen sie still und starren mich an, und einer verbeugt sich vor mir, bis sich alle verbeugen. »Siehe, das ist Isis, die Braut und Mutter des Seth!«, ruft der Erste aus. Und alle rufen es ihm nach. Ich halte mir die Ohren zu, bis der Hohe Priester mir mit seinem Anubisstab auf die Finger schlägt.

Als ob es ein Zeichen an die anderen Schwarzkittel gewesen wäre, springen sie auf, zerren mich auseinander und reißen an mir, bis ich schreie. Todesdrohungen werden ausgestoßen. Wenn ich nicht geeignet bin, wenn sie mich nicht prüfen dürfen, habe ich kein Recht zu leben. Opfern wollen sie mich, schlachten, auffressen, meine Gebeine den Raben vorwerfen, die draußen um den Berg fliegen. »Nein! Nein! Nein!«, heule ich. Doch keiner achtet darauf.

Der Hohe Priester packt mich. »Sollen wir dich prüfen?«, brüllt er mit furchtbarer Stimme.

»Ja«, schreie ich. »Ja, ja, ja!« Denn ich will nicht geschlachtet und gefressen werden. Und ich weiß nicht, wie es ist, wenn sie mich prüfen.

»Auf den Altar mit ihr!«, befiehlt der Hohe Priester.

Die Hohe Priesterin ergreift mich. »In den Stock mit ihr! In den Block!«

Sie spannen mich in den Schraubstock. Sie legen mir Beinschrauben an und quetschen meine Finger, bis die Fingerspitzen blau werden. Sie sagen, sie reißen die Fingernägel aus. Sie sagen, sie brechen meine Beine und Arme, alles wollen sie brechen, auch meinen Kopf, genau an der Stelle, wo die Narbe ist.

»Schrei nicht! Schrei nicht!«, befehlen sie. »Oder du bist des Todes.«

Da schreie ich nicht mehr laut. Ich schreie nur noch im Kopf. Ich weiß, ich sterbe.

Ich friere in dieser Nacht vor Kälte und vor Angst. Sie sagen, ich muss einen Test bestehen. Wenn ich danach noch lebe, bin ich würdig und werde die Braut des Seth. Wenn ich sterbe, sagen sie, ist das der Beweis, dass ich nicht das richtige Kind war. Dann wird ein neues gemacht. Ein kräftigeres.

Ich schreie nicht mehr laut. Ich schreie nur noch im Kopf. Ich weiß, ich sterbe.

Sie bemalen mich mit Zeichen, die ich nicht kenne. Sie kippen eine stinkende Flüssigkeit über mich und reiben mich ein. Sie streuen ein rotes Pulver über mich und lachen, als ich mich in Schmerzen winde. Sie sagen, sie schneiden mich auf, wenn ich schreie.

Ich schreie nicht mehr laut. Ich schreie nur noch im Kopf. Ich weiß, ich sterbe.

Sie umhüllen mich mit weißen Binden. Auch der Kopf wird umwickelt. Nur die Augen bleiben frei und ein Atemschlitz für die Nase.

Sie legen mich in einen Sarg. Sie schließen den Deckel. Entsetzen, grenzenloses Entsetzen. Die Kälte kriecht in mich. Sie lähmt mich.

Ich kann nicht schreien. Aber ich schreie auch nicht mehr im Kopf. Ich weiß, ich sterbe. Es ist schön, tot zu sein.

Plötzlich schrecke ich auf. Es poltert. Wo bin ich? Was ist passiert? Alles Zeitgefühl ist fort. Angst, Angst. Was geschieht jetzt? Stimmen irgendwo, alles dunkel, kaum noch bewegen können, alles kalt, erfroren. Bin ich tot?

Auf einmal ein Spalt Licht, die Finsternis hebt sich. Kerzen, viele Kapuzen, Angst, unendliche Angst. Ich werde begrüßt, befühlt, betastet, behorcht. »Ja, sie lebt!«

Nun werde ich aus dem Sarg gehoben. Meine Oma schreit meinen Namen. Ich höre ihre Stimmen wie eine Berührung und spüre, wie ich zu leben beginne.

Andere brüllen wütend auf. Sie wollten, dass ich tot bin. Sie wollen kein Kind wie mich. Sie wollen ein schönes, gesundes Kind. Die Stimme meiner Mutter keift am lautesten. Mein Opa mischt sich ein. »Sie lebt. Dann ist es der Wille Seths. Dann soll es so sein. Sie ist Isis, die Eine und Alle. Bereitet sie vor.«

Die Vorbereitung des Verlobungsfestes beginnt. Ich werde ausgewickelt, in einen Bottich mit Eiswasser gesteckt und gebadet. Meine Haare werden geschoren. Der ganze Körper wird mit einer scharfen Flüssigkeit einmassiert. Hände und Füße kommen in eine Extralauge. Es brennt. Es brennt.

Aber ich schreie nicht laut. Ich schreie nicht mehr im Kopf. Ich weiß, ich sterbe.

Die Haut blättert in Röllchen ab. Sie wird mit der Wurzelbürste geschrubbt. »Erneuere dich!«, sagen die Kapuzen. »Wirf dein altes Leben ab.« Ich verstehe es nicht. Aber ich werde die Worte nie vergessen. Sie jagen mich nachts aus dem Schlaf. Sie verfolgen mich.

Sie stecken mir einen Schlauch in den Hals, ganz tief. Sie füllen eine Flüssigkeit hinein. Sie stecken mir einen Schlauch in den Po. Ganz tief hinein. Sie füllen eine Flüssigkeit hinein. Ich übergebe und löse mich gleichzeitig. Ich falle.

Ich schreie nicht laut. Ich schreie nicht mehr im Kopf. Ich weiß, ich sterbe.

Aber sie reißen mich immer wieder ins Leben. Sie haben noch so viel mit mir vor. Die Scheide gemessen, geprobt und geweitet. Zur Probe auf ein Holz gezerrt. Schmerzen bis zum Hals. Erbrechen, wo nichts mehr ist.

Ich schreie nicht laut. Ich habe vergessen, wie schreien geht. Ich weiß, ich sterbe.

Aber ich sterbe auch daran nicht. Die Hände meiner Oma wecken mich. Sie sind so gut, so sanft. Sie reiben mich mit dicker Creme ein. Immer, immer wieder.

Andere kommen. Sie bringen ein weißes Kleid für mich, Birkenzweige bringen sie mit, Dornenzweige von wilden Schlehen. Sie kleiden mich, bekränzen mich. Die Dornen zerstechen meinen fast kahlen Kopf. Den etwas bitteren Geruch von Schlehenblüten werde ich für den Rest meines Lebens nie mehr vergessen.

Auf den Altar gelegt. Unter mir glühen Kohlen in einem Eisenbecken. Um mich herum brennen Kerzen. Sie sind gelb. Ein großes Kreuz steht neben meinem Kopf. Ich blute. Tropfen rinnen in meinen Kragen. Sie fallen auf mein weißes Kleid.

Der Hohe Priester tritt heran. Er hält ein Messer über sich. Es blitzt im Kerzenlicht. Er spricht. Ich verstehe nichts. Angst, Angst, nur noch Angst in mir, neue Angst, die mich schreien lässt. Nicht nur im Kopf. Laut schreie ich. Laut. Sie halten mich fest. Das Messer ritzt meine Arme, meine Beine, die Scham. Blut ist auf dem Messer. Alle müssen es küssen. In den Rest die Finger getaucht. Rote Zeichen auf meinem Gesicht. Das Zeichen des Seth auf meinem Bauch. Und ein Trichter in meinem Mund. Da hinein fließt feuriger Wein.

Der Schmerz ist zu groß. Er macht meine Zunge dick. Die Augen treten hervor. In meinem Leib sitzt ein Tier. Es wühlt in mir. Es treibt was aus mir aus. Ich liege in Krämpfen, bis es Nacht um mich wird. Aber nur kurz.

Sie eistauchen mich wach. Sie rußen mein Gesicht ein. Sie reiben Asche in meine Haut. Sie heben mich hoch. Meine Arme und Beine schlenkern. Mein Kopf hängt schief. Ich schreie nicht mehr. Ich weiß, ich sterbe …

Dennoch lebe ich, und sie verloben mich Seth. »Siehe, das ist Isis, deine Braut.«

Sie feiern. Ich merke es nicht.

Danach bringen sie mich heim. Betten mich, salben mich, pflegen mich, heilen mich. Tage braucht es, bis ich mich wieder bewegen kann. Ich schreie nicht. Auch nicht mehr im Kopf. Ich habe vergessen, wie es geht.

Mein Leben verdanke ich wohl auch in diesem Fall wieder meiner Oma. Sie wachte neben mir. Sie flößte mir Wasser ein, worin sie ein Pulver gegen Fieber und Erbrechen verrührt hatte. Sie wischte den Angstschweiß weg. Sie hielt mich, wenn mein Atem stockte. Als ich erstmals erwachte, küsste sie meine Stirn.

»Warum sie? Warum nicht meine Mutter?«, frage ich oft und schäme mich, weil schon diese Frage meiner Oma Unrecht zu tun scheint. Aber ich meine mit diesen Fragen nicht, dass sie sich rechtfertigen müsste für ihre Liebe zu mir. Ich meine damit, warum sie die Kraft hatte, sich gegen die Gesetze des Seth zu wehren und meine Mutter nicht. Hatte sie meine Mutter geliebt wie mich? Hatte meine Mutter sich deshalb in meinen Vater verliebt, einen Mann, der nicht zur Familie des Seth gehörte? Oder hatte sie meine Mutter weniger geliebt? Hatte sie ihr die Liebe des kalten Herzens geschenkt? Vielleicht, weil sie damals noch jünger und unerfahrener, oder weil sie in der Jugend weniger mutig war? Vielleicht gestattete sie sich den Ungehorsam gegen Seth und die warme Liebe zu mir, weil sie im Alter den Tod schon greifbar vor sich sah und keine Angst mehr vor den Strafen des Seth hatte, welche den Lebenden angetan wurden?

Ich weiß, dass meine Mutter nicht die Hohe Priesterin des Seth sein wollte, als sie meinen Vater heiratete. Sie hat ihn zuerst im Zeichen des Christengottes geheiratet. Und sie hat ihr erstes Kind, meine Schwester Aimée, dem Gott der Christen geweiht. Sie hat ihren Vater, meinen Opa, angefleht, dieses Kind vor den Weihen des Seth zu retten und am Ende sich selbst, ihre christliche Ehe und mich geopfert, um Aimée zu retten. Also hat auch sie aus warmem Herzen geliebt und Seth nicht gehorcht. Mit dem einen Unterschied zu meiner Oma, dass diese mich liebte und meine Mutter es nicht tat. Sie sah mich nicht als ihr Kind an. Meine Oma aber sah mich als ihr Enkelkind an. War das der Unterschied?

Es sind Fragen ohne Antwort. Meine Mutter kann mir nur ihren Part der Geschichte erzählen. Ich muss nicht mehr rätseln, ob sie mich je geliebt hat oder nicht. Sie tat es nicht.

Und meine Oma ist tot. Ich kann sie nicht herbei beschwören und fragen. Ich weiß nicht einmal, warum sie mir so viel aus meinem eigenen Leben erzählte und so wenig aus dem ihren. Ich weiß nur, dass sie nichts ohne Grund getan hat.

Das muss mir leider genügen.

KAPITEL 19

Als ich schwieg, schaute mich meine Tochter fassungslos an. Von allem, was ich ihr bis jetzt berichtet hatte, war ihr nie das Geringste bekannt gewesen. Sie hatte wie im Auge des Zyklons gelebt. Und ich war es, die sie in Sicherheit gebracht hatte. Es machte mich stolz, mein schönes Kind gesund zu sehen, und so glücklich, dass ich selbst sitzend weiche Knie hatte.

Endlich war sie zu mir gekommen. Endlich saßen wir wie zwei Freundinnen zusammen. Nahezu 21 Jahre alt musste sie werden und 36 Jahre ich, ehe wir es geschafft hatten, uns innerlich wieder zu finden. Mit flatternden Nerven erwiderte ich ihren Blick, der mich so bewusst umfasste, dass ich ihn wie eine Umarmung spürte, die ich körperlich noch nicht wagte.

Sie, eine hoch gewachsene, schlanke, attraktive junge Frau mit kurzen naturschwarzen Locken und den Grübchen meiner Mutter in den Mundwinkeln. Ich eher klein und nicht wirklich schlank, silberblonder denn je und immer noch von jenem Teint der Mondscheinlilien des Seth. Sie, verführerisch im reulosen Genuss der Macht ihres jugendlichen Sexus, den unbekümmerte Schönheit und Jugendlichkeit ihr verlieh. Ich unfähig zur liebenden Hingabe ohne Schuldgefühle. Sie rastlos verliebt durch die Reihen ihrer Anbeter flatternd, sie, die schon als Kind heimlich in ihrem Tagebuch davon träumte, ein Kind zu bekommen und endlich eine richtige Familie aus Mutter, Vater, Kind zu haben. Ich noch immer auf der Flucht vor der Liebe, die ich so gern festhalten würde, hätte ich nicht zu viel Angst, mich selbst zu verlieren, wenn ich zu sehr festgehalten werde.

Marlene ist und bleibt mein einziges Kind. Und ich habe einen Kampf um sie gekämpft wie vielleicht keine andere Mutter außer mir. Denn sie wollten sie haben. Sie, die Gemeinde des Seth. Wollten sie mir entreißen. Sie zu meiner Nachfolgerin machen in Seth. Zur neuen Isis, Fürstin der Nacht. Wollten sie büßen lassen für die Schuld der Mutter, die Seth verließ.

Nur eine Rettung war am Ende eines langen täglichen Kampfes geblieben: Marlene ziehen zu lassen, sie in ein Internat zu geben, in fremde Hände. Ihr Flügel zu verleihen, als ihr das Nest zu klein wurde, das ich ihr bieten konnte. Ihr nachzugeben, als ihr mein Klammern, meine schreiende Angst, meine Überkontrolle, meine Unfähigkeit, ihr Grenzen zu setzen, meine Panik bei jeder auftauchenden Familienähnlichkeit, mein Misstrauen gegenüber ihrem Charakter, meine Tränen über mich selbst, meine Unreife als Mutter, als ich in meiner ganzen Person ihr so unerträglich geworden war, dass sie mich hasste, obwohl ich mehr ahnte als spürte, dass sie mich liebte.

Marlene gehen zu lassen, war mir als die einzige reale Möglichkeit erschienen, sie vor meinen damals noch weitgehend unverarbeiteten Erinnerungen zu retten. Hätte ich sie diesen voll ausgesetzt, hätte ich sie ungewollt, aber automatisch in die Gesetzmäßigkeiten der Familie des Seth hineingezogen. Sie hätte in einem Alter, in dem sie meinen Erinnerungen niemals gewachsen gewesen wäre, von Dingen erfahren müssen, die ihr Kinderverstand und ihre unreife Persönlichkeit nicht verkraftet hätten. Ich wusste nicht, wie ich sie retten sollte. Die einzige Möglichkeit, die sich mir auftat, war, sie von mir zu entfernen und an einen Ort zu bringen, an dem sie vor dem Einfluss und dem Zugriff meiner Eltern sicher war.

Ich hatte mich von ihnen losgesagt, seitdem ich vor der Sekte des Seth geflohen war. Seit Jahren hatte ich jeden Kontakt zu ihnen abgelehnt. Aber ich wusste von meinem Therapeuten, dass ich diesen Kontakt erneuern musste, wenn ich es schaffen wollte, mich tatsächlich und ganz bewusst, aus freier Entscheidung von der Familie des Seth loszusagen. Bis jetzt war es nur eine Flucht. Um mich selbst zu befreien, musste ich mich erst stellen und dann gehen.

Aber ich konnte keine Wiederannäherung an meine Eltern wagen, so lange ich Marlene nicht in Sicherheit wusste. Ich durfte für mich das Risiko eingehen, von der Vergangenheit eingeholt zu werden. Mein Leben war in Gefahr, wenn ich es tat. Das konnte ich verantworten. Aber das Leben, die freie Entfaltung meiner Tochter gefährden durfte, nein, wollte und würde ich nicht. Niemals. Um keinen Preis. Auch nicht um den Preis meiner Freiheit und seelischen Gesundung.

Ich hatte keine andere Wahl gehabt, als Marlene wegzuschicken. Und es war erleichternd für uns beide, dass sie selbst weggehen wollte. In allem Kummer um den Verlust meines Kindes und die Trauer darüber, dass ich sie nicht bei mir haben konnte, sie nicht aufwachsen sehen würde, war es mir immer ein Trost, dass ich sagen konnte: »Sie wollte es auch. Ich habe ihr keine Gewalt angetan. Sie hat diese Entscheidung für sich getroffen. Ich habe ihre Freiheit geschützt und ihren Willen nicht gebrochen.«

Und jetzt hatte sich eine vielleicht allerletzte Chance für uns beide aufgetan, indem meine Tochter mir unwissentlich durch eine Dritte die Botschaft vermittelt hat, dass sie sich nach mir sehnte und meine Nähe wünschte. Sie war erwachsen geworden, eine junge Frau, die mit beiden Beinen fest im Leben steht. Sie hat kein Leben in Angst und Schrecken hinter sich, sondern hat immer ihren eigenen Weg gehen dürfen. Und dennoch suchte sie mich.

Von mir aus hätte ich es nicht gewagt, sie aufzusuchen. Ich hatte immer noch Angst gehabt, in ihr Leben einzugreifen. Aber jetzt hatte sie mir die Tür selbst geöffnet. Ich durfte eintreten. Aber durfte ich es wirklich? Redete ich es mir nicht nur ein, weil ich es mir so sehr wünschte? War ich vielleicht nur egoistisch?

»Wenn Sie und Ihre Tochter eine Chance miteinander haben wollen, müssen Sie reden«, sagte mir mein Therapeut. »Sie wird nur verstehen, warum Sie beide einander meiden mussten, um sich eines Tages zu finden, wenn Sie ihr den Teil des Puzzles an die Hand geben, den nur Sie besitzen.«

Ich spürte, dass er Recht hatte. Ich musste mit Marlene reden. Auch wenn ich dadurch Gefahr lief, dass es vielleicht unser allerletztes Gespräch sein würde und sie mich künftig niemals mehr anschauen würde. Mich, Isis, die Fürstin der Nacht.

Also musste ich meinem einzigen Kind die Abgründe des Bösen öffnen, um Marlene Brücken zu mir zu bauen. Musste ihr alles sagen und vieles damit nehmen. Musste einmal noch Isis sein, die Eine und Alle, in deren Händen Anfang und Ende liegen, Beginn und Untergang der Gemeinde des Seth.

Ich war vergangen vor Angst, ehe ich zu erzählen begonnen hatte. Aber Marlene hatte gefragt. »Mutti, was war los mit dir und mit uns? Warum ist alles so gekommen, wie es kam?« Sie hatte ein Recht auf Antwort. Und doch hielt mich die Angst fest in ihrem Griff.

Ich hatte ja kaum Beweise für das, was ich meiner Tochter sagen konnte. Das Einzige, was ich zu bieten hatte, war ich selbst, waren meine Erinnerungen. Sie waren ungeheuerlich. Sie waren unglaublich. Selbst mein Therapeut ertrug sie kaum, bezweifelte sie oft und stand jedes Mal aufs Neue erschüttert vor den schließlich doch ans Tageslicht kommenden sicheren Zeugnissen und Beweisen. Und er war ein studierter Fachmann, ein Kenner der Abgründe der Seele. Ich hatte die unsäglichste Furcht, meine Erinnerungen preiszugeben, mich ganz zu entblößen, und mein Kind würde nur den Wahnsinn erkennen, nicht die Wahrheit.

Ich rang um Mut und quälte mich: Würde Marlene mir glauben? Würde sie überhaupt bereit sein, das, was ich ihr sagte, für möglich halten zu wollen? Oder würde sie mich sofort auf immer und ewig für wahnsinnig erklären? Würde sie mich verlassen, wieder einmal, und diesmal für immer?

Und der allerschrecklichste der entsetzlichsten Gedanken: Würde ich sie mit meinem Erzählen nicht erst recht in die Klauen der letzten Überlebenden aus der Gemeinde des Seth treiben, die nur darauf lauerten, Marlenes Seele zu fangen und endlich zu besitzen? Die aus Marlene ihre neue Isis machen wollten?

Wenn sie mir nicht glaubte, wenn sie mich für wahnsinnig hielte, würde sie den anderen glauben. »Gott, Vater, im Himmel, verlass sie nicht!«, schrie es in mir und trieb mich in die Kirche, die nicht die meine war, weil ich ungetauft und eine Heidin bin, trieb mich in Gebete, die ich nicht kannte, trieb mich Wochen lang um, raubte mir jede ruhige Sekunde. Doch es war die Kirche meines Kindes, denn sie war in Gott-Vaters Namen getauft. Ich hatte sie taufen lassen, wie meine Schwester Aimée getauft und vor dem Zugriff Seths gerettet war auf immer und ewig. Und darum war es gut, mich dorthin zu flüchten und zu diesem Gott zu beten, der Marlene bei ihrem Namen gerufen hatte, damit sie zu ihm gehörte.

Dann endlich war die Ruhe der Entscheidung da. Ich wählte Marlenes Telefonnummer, die ich ein halbes Jahr vorher von einer ehemaligen Mitschülerin meiner Tochter erhalten hatte, welche ich nie gekannt hatte. Zufall? Ich glaube nicht an Zufälle. Wir hatten uns in der Einkaufsstraße getroffen. Besser gesagt, wir waren trotz reichlich vorhandenen Platzes zum Ausweichen gegeneinander gestoßen.

Während wir uns gegenseitig wortreich entschuldigten und uns gemeinsam nach einer Einkaufstüte bückten, die mir aus der

Hand geglitten war, erkannte mich die junge Frau. »Sind Sie nicht Marlenes Mutter?«, rief sie.

»Ja«, stimmte ich überrascht zu.

»Ich kenne Sie von einem Foto, das bei ihr hängt«, sagte sie. »Sie hat es aus der Zeitung ausgeschnitten. Sie waren da mal bei einer Demo gegen das Zentrum für Gesellschaftsgestaltung in Berlin. Wurden interviewt. Wissen Sie noch? Da hat sie das Bild ausgeschnitten.«

Ich war fast sprachlos vor Überrumpelung. »Ein Bild?«, fragte ich. »Von mir? Marlene?«

Die junge Frau ergriff meinen Arm. »Kommen Sie«, sagte sie. »Setzen wir uns ins Café. Da hinten ist gleich eins. Das ist ganz nett. Ruhig. Da kann man gut reden. Kommen Sie, ich erzähle Ihnen von Marlene.« Da ging ich mit.

So kam ich eine halbe Stunde später in den Besitz der geheimen Telefonnummer meiner verschwundenen Tochter. So rief ich sie Wochen später an. So war sie zu mir gekommen.

Und jetzt war mein Mund trocken vom Reden und mein Mut wie ein flatternder Spinnwebfaden im Wind.

Das Schweigen sank wie Nebel zwischen uns. Als wäre ich mit dem Auto bei Sichtweiten unter fünfzig Metern unterwegs, ahnte ich mehr, welche Gefühle in meiner Tochter stritten, als dass ich die Reaktionen in ihrem Gesicht wahrnehmen konnte.

»Mutti«, flüsterte Marlene plötzlich, »Mutti, und das alles ist wahr? Das hast du erlebt? Auf Ehre? In echt?«

Ich musste beinahe lachen, obwohl mir nicht nach Lachen zumute war. Es war ihre Fragestellung. Es war eines unserer Rituale aus ihren Kinderzeiten. Wenn es wirklich galt, hatte ich sie und sie mich in dieser Weise nach der Wahrheit gefragt. Darauf gab es nur eine Antwort. »Ja«, sagte ich, »es ist wahr. Ich schwöre.«

»Und war es dann vorbei damit?«, fragte Marlene. »Ich meine, weil du doch nie verheiratet warst.«

»Nein«, antwortete ich. »Es war nicht vorbei. Aber es ging danach etwas langsamer. Möchtest du es hören?«

»Nicht wirklich«, sagte Marlene. »Aber ich will es wissen.« Und so berichtete ich weiter:

»Obwohl ich mich an Ereignisse erinnere, die weit vor meinem dritten Lebensjahr liegen, erinnere ich mich aus meiner Kinderzeit vor allem an das, was in jener Nacht geschah, in der meine Cousine Edda als Statthalterin der Isis zur Braut und von Manne als Statthalter des Großen Tieres 666 zur Schale des Seth gemacht wurde. Eher unbewusst doch trotzdem beunruhigend, kam mir seine grauenhaft anzusehende krumme Gestalt im schwarzen Pelz damals irgendwie bekannt vor.

Nicht, dass ich ihn wirklich erkannte. Ich hatte Manne ja nur einmal getroffen, als ich noch nicht drei war. Aber diese Begegnung hatte mich zutiefst berührt. Ich konnte sie wie das grelle Hintergrundbild einer überraschenden Blitzlichtaufnahme immer wieder vor mein inneres Auge rufen. Und genau das geschah, als meine Oma mit mir unter den Buchen saß und mich streichelte, damit ich vergessen sollte, was ich gesehen hatte. Ich wusste plötzlich, wer das Große Tier 666 war. Und seltsamerweise hatte dieses Wissen etwas Tröstliches für mich.«

»Mutti, spinnst du?«, schrie Marlene auf. »Er war ein Monster, ein Vergewaltiger, ein Irrer!«

Ich ertappte mich, dass ich ihr mit derselben Geste die Hand auf den Arm legte, wie mein kranker Vater dies manchmal bei mir tat. »Nein«, sagte ich, »er war nicht irre. Er war vermutlich nicht einmal wirklich dumm. Er war unwissend, vernachlässigt und daher zurückgeblieben. Er vergewaltigte, aber er war nicht wirklich ein Vergewaltiger. Er war ebenso ein Getriebener wie alle in den Fängen der Familie des Seth. Er war das Opfer seiner Großmutter, der Mutter meines Vaters, die ihn zwar überleben, aber nicht wirklich leben ließ. Sie liebte ihn nicht. Sie ernährte ihn, weil sie ihn nicht verhungern lassen konnte. Weil sie keine Mörderin sein wollte. Aber sie ekelte sich vor ihm und betete jeden Tag auf den Knien um seinen frühen Tod. Doch er starb nicht. Und sie hasste ihn dafür. Deshalb schloss sie ihn in einem Stall weg, wo er von niemandem gesehen werden konnte. Und da ihn niemand beschützte, wurde er schließlich das Opfer meiner Eltern, die ihn zur phantastischen Hauptfigur in ihrem okkulten Theater machten und gnadenlos zu ihren Zwecken ausbeuteten. Eine bessere Inkarnation des Großen Tieres 666 konnte es für sie nicht geben.«

»Bestialisch«, stellte Marlene angewidert fest.

»Dass er meine Cousine Edda und wohl auch andere Mädchen aus der Familie des Seth vergewaltigte, war dem armen Manne nicht bewusst. Er war sexuell potent und überdimensional ausgestattet. Sein Trieb war wach und ließ sich mit denselben Cremes und Salben, die auch mir in die Haut einmassiert worden waren, erhitzen und zu grausamen Schmerzen steigern.

Wer das nicht selbst erlebt und erlitten hat, kann sich nicht vorstellen, wie qualvoll dieses Feuer auf der Haut und in allen Körperöffnungen brennt. Niemand, kein Mensch, kann etwas dagegen tun, dass dieses Brennen den sexuellen Zwang nach Befriedigung auslöst. Ja, dass es diesen Drang geradezu toben lässt. Du hast keinen anderen Gedanken mehr als die Erlösung davon. Du hast keinen anderen Willen. Und es ist dir absolut, vollkommen egal, mit wem du es tust. Wenn es denn nur getan wird. Wenn es nur endlich geschieht und diese Qual explodiert. Immer wieder, immer wieder, bis dein Körper aufgibt und der sexuelle Notstand in der Ohnmacht endet.

Und dann, mit diesem rasenden Schmerz in der Mitte seines Leibes, lehrten sie Manne, wie er diese Schmerzen nicht nur abreagieren, sondern lustvoll genießen konnte. Nein, Marlene, in seinem eigenen Kopf war der arme Manne kein Täter. Er war ein Opfer wie alle anderen Kinder, die in die Familie des Seth hinein geboren wurden.«

Meine Tochter schüttelte den Kopf. »Was haben sie ihm denn verabreicht? Was für ein Zeug war das?«

»Ich weiß es nicht«, sagte ich und log bewusst, denn dies gehört zu den Dingen, die ich niemals preisgeben werde.

»Wenn deine Oma dich so geliebt hätte, wie du meinst, hätte sie dich retten müssen«, sagte meine Tochter schließlich. »Du warst ein kleines Mädchen. Und sie hat dich an die Hand genommen und auf die Schlachtbank geführt.«

Ich blinzelte gegen die aufsteigenden Tränen an. An meine Oma zu denken tut weh. Meine Trauer um sie ist unendlich. Die Zeit hat den Schmerz nicht geheilt. »Meine Oma hat mich so sehr geliebt, dass sie für mich gestorben ist«, sagte ich.

Ungläubig beugte Marlene sich vor. In ihre schönen, von meiner Oma ererbten nordseegrünen Augen trat dieser Mix aus spöttischer Überlegenheit und mitleidigem Bedauern, von dem ich nie geglaubt hätte, dass auch er sich vererben könne.

Dieser Ausdruck war einer der Gründe, warum ich meine Tochter, schon als sie ein Kind war, oft nicht anschauen konnte. Immer hatte ich den Eindruck, meine Mutter anzusehen. Ich atmete tief durch und zündete mir eine Zigarette an, um etwas Zeit zu gewinnen und ein wenig innere Distanz aufzubauen.

»Wie meine Oma starb, blieb ungeklärt«, sagte ich. »Eine Nachbarin fand sie tot in ihrem geliebten Ohrensessel, eine unvollendete kleine Handarbeit im Schoß und ein Röhrchen neben sich auf dem Fußboden, welches ursprünglich einmal Knöpfe enthalten hatte, jetzt aber die Staubreste eines tödlichen Giftes aufwies. Neben ihrem Ohrensessel stand eine fast leere Kaffeetasse auf einem dreibeinigen Tischchen. Im Kaffeesatz ließen sich Reste des Giftes nachweisen. Dasselbe Gift fand sich in der Kaffeekanne wieder, die in der Küche auf dem handwarmen

Herd stand und mit einem Kaffeewärmer aus wattiertem Stoff überzogen war. Für die Nachbarin war klar: ›Sie hat sich das Leben genommen.‹ Da niemand außer meiner Oma im Haus war, rief sie die Polizei.

Für die Polizei war die Sache auch klar. ›Sie wurde umgebracht‹, sagte der Untersuchungsbeamte. ›Die Sache ist faul. Hier wird ein Selbstmord vorgetäuscht.‹

Unter Verdacht geriet zunächst mein Opa, der jedoch ein Alibi hatte. Er war nachweislich zur ermittelten Tatzeit auf einem Bauernhof der Umgebung, wo er die Nase tief ins Glas gesteckt hatte. Dennoch ermittelte die Polizei weiter. Die Zechgesellen waren nämlich nicht imstande anzugeben, ob mein Opa die ganze Zeit bei ihnen gewesen sei oder genügend Zeit gehabt hätte, nach Hause zu laufen. Theoretisch wäre es problemlos möglich gewesen, da die Häuser nur wenige hundert Meter voneinander entfernt lagen. Mein Opa hätte zwar trinken, aber dennoch den günstigen Moment abwarten können, zu dem die Zechkumpane bereits lallten. Dann hätte er kurze Zeit verschwinden können, um heimlich nach Hause zu eilen, meiner Oma das tödliche Gift in ihren geliebten Kaffee zu geben und das Röhrchen neben ihr zu deponieren. Anschließend hätte er in aller Heimlichkeit wieder zu den Zechern laufen und sich heftig besaufen können.«

»Und? War es so?«, fragte meine Tochter.

Ich schüttelte den Kopf. »Mein Opa war der Hohe Priester des Seth, ehe meine Mutter meinen Vater heiratete und dieser durch sie zu Opas Nachfolger wurde. Die Familie des Seth war für meinen Opa der Lebensinhalt. Er war der treuste Diener und Jünger des Seth. Nie und nimmer hätte mein Opa etwas getan, das die heilige Sache Seth gefährden konnte.

Wenn er meine Oma hätte umbringen wollen, hätte er dies geschickter angefangen. Er hätte seine Absicht mit den Jüngern des innersten Zirkels abgesprochen und genau geplant. Zum Beispiel hätte er dafür gesorgt, dass meine Oma von keinem gefunden werden konnte, der nicht zur Familie des Seth gehörte. Er hätte einen Arzt aus der Familie bestellt, der anstandslos einen Totenschein wegen Herzversagens ausgestellt hätte. Niemals wäre es zu einer polizeilichen Ermittlung gekommen.«

»Aber wer war es dann?«, drängte Marlene, die plötzlich allen Spott und alles Von-Oben-Herab aus ihrem Blick verloren hatte.

»Die Polizei stieß auf meine Großeltern väterlicherseits«, machte ich es ein wenig spannend. »Dass sie in Medikamenten und Kräutern bewandert waren, wusste jeder. Für einige Zeit verdichtete sich der Verdacht gegen meinen Großvater als Giftmischer so stark, dass er in Untersuchungshaft genommen wurde.

Das erste Ergebnis der Ermittlungen war, dass Manne bereits eine Woche nach der Inhaftierung vom Hof abgeholt und unter Händeringen und vielen Tränen meiner Großmutter in einem Kastenwagen weggekarrt wurde wie ein wildes Tier.«

»Wohin?«, fragte Marlene.

Ich wusste es nicht. Wir hatten es nie erfahren.

»Als mein Großvater väterlicherseits nach Wochen aus der Haft entlassen wurde«, fuhr ich fort, »war er gesundheitlich ein gebrochener Mann, der bald dem Alkohol verfiel. Doch als Mörder meiner Oma war er vollständig entlastet. So blieb die Sache schließlich ungeklärt. Zumindest nach außen hin. Die Familie des Seth aber wusste mehr.

Mein Vater erzählte mir davon auf unseren einsamen Spaziergängen durch den Park, bei denen wir die Gespräche führten, nach denen ich mich Jahrzehnte vergeblich gesehnt hatte. ›Deine Oma‹, sagte er, ›starb, weil sie das Gesetz des Seth gebrochen hatte. Sie hatte missachtet, dass die Liebe des Seth nicht die Liebe des Osiris ist. Sie hatte es gewagt, für diese falsche Liebe öffentlich in der Familie des Seth Zeugnis abzulegen, als du mit drei in Seth verlobt wurdest. Sie erhob ihre Stimme, die schwer in der Runde wog, weil sie vor deiner Mutter die Hohe

Priesterin an der Seite deines Opas gewesen war. Sie wollte verhindern, dass du den heiligen Prüfungen unterzogen wurdest, ohne die du nicht in Seth verlobt werden konntest, als du drei warst. Sie hatte es gewagt, dich deiner Bestimmung entreißen zu wollen. Sie war nicht bereit, deinen Tod in Kauf zu nehmen, wenn es um Seth ging. Einen ungeheuerlicheren Frevel gibt es nicht. Dafür musste sie sterben.‹

›Also wurde sie doch von der Familie des Seth getötet?‹, rief ich und kauerte mich vor dem Rollstuhl meines Vaters auf die Fersen nieder, um ihm direkt ins Gesicht sehen zu können. ›Wer hat es getan? Du? Oder meine Mutter? Wer? Sag es mir!‹

›Sie selbst!‹, sprach mein Vater. ›Es ist nichts überliefert. Wir haben nichts bei ihr gefunden. Aber wir wissen es. Sie hatte beschlossen, dich zu retten. Sie wusste, wie krank du warst. Sie wusste, dass du weitere Prüfungen nicht verkraften würdest. Und sie wusste, dass deine Mutter dich gnadenloser prüfen würde als jedes andere Familienmitglied.

Deine Mutter war zwar die Tochter deiner Oma, aber sie war die mächtigste Frau in der Familie des Seth und weit mächtiger, als es deine Oma jemals war. Deine Oma hatte deine Mutter geboren, die in direkter Blutlinie vorbestimmt war, einmal selbst Hohe Priesterin zu werden. Deine Mutter war jedoch nicht im heiligen Geist des Seth gezeugt worden und hatte nie die Zeichen des Seth an sich getragen. Aber du. Und deshalb war keine Frau in der Familie des Seth mächtiger als deine Mutter, die Mutter der Isis. Gegen sie konnte deine Oma nicht antreten. Es hätte deine Situation vermutlich nur verschärft.

Die einzige Möglichkeit, diese Prüfungen zu stoppen und dir für einige Jahre eine Ruhepause zu verschaffen, in der du gesund werden konntest, bestand darin, die Familie des Seth für einige Zeit auszuschalten. Das hatte deine Oma absolut richtig erkannt. Wie aber konnte sie, eine alte, entmachtete Hohe Priesterin, dies bewerkstelligen? Durch ihren eigenen Tod. Durch

Öffentlichkeit. Das ist der Grund, weshalb sie sich vergiftete und dafür sorgte, dass ihr Tod nicht vertuscht werden konnte.‹

Ich wollte das nicht glauben, Marlene. Ich wollte nicht schuld am Tod des einzigen Menschen sein, der mich jemals lieb hatte. Aber mein Vater sagte, es gebe einen Beweis, einen Brief, den meine Oma an die Nachbarin geschrieben hatte, von der sie gefunden worden war. In diesem Brief hatte meine Oma die Nachbarin, mit der sie herzlich befreundet war, eingeladen, sie doch zum gemeinsamen Handarbeiten und Plauschen zu besuchen, da mein Opa den Abend mit seinen Kumpeln verbringen werde und sie nicht gern allein bleiben wolle. Die Einladung war auf den Tag ihres Todes und die Verabredung auf eine Stunde nach ihrem Tod festgelegt. ›Wundere dich nicht, wenn du hereinkommst‹, hatte meine Oma geschrieben. ›Ich werde dich überraschen. Du sollst wissen, dass ich dies schon jetzt vorbereite und glücklich dabei bin.‹«

»Und woher weißt du das?«, fragte Marlene, indem sie die Betonung auf das Du legte und erneut ihren Das-glaub-ich-dir-nicht-Blick aufsetzte.

»Mein Vater gab mir die Adresse der Freundin meiner Oma«, gab ich zurück. »Ich habe sie besucht. Sie selbst war leider auch schon tot. Aber ihre Kinder hatten aus Pietät eine Tasche mit alten Fotos und Briefen von ihr aufbewahrt. Diese ließen sie mich anschauen. Und darin fand ich tatsächlich den Brief, von dem die alte Frau meinem Vater berichtet hatte. Da er das einzige Schriftstück ist, das ich jemals von meiner Oma gelesen habe, bat ich die Angehörigen ihrer verstorbenen Freundin, mir eine Fotokopie davon anzufertigen. Stattdessen haben sie mir den Brief geschenkt. Du kannst ihn sehen. Warte, ich kann ihn holen.«

Stumm saßen wir noch lange beisammen, meine Tochter und ich.

KAPITEL 20

Nach dem Tod meiner geliebten Oma erfüllten die polizeilichen Ermittlungen tatsächlich genau den von ihr geplanten und beabsichtigten Zweck. Die Familie des Seth ging auf Tauchstation. Keine Versammlungen mehr, keine Messen, keine Wanderungen auf den Satanskofel. Nichts. Man war eine große Familie mit einem großen Freundeskreis und traf sich. Aber man traf sich bei Tageslicht und schloss bei Nacht die Augen.

Auf diese Weise entging ich den für meinen sechsten Geburtstag vorgeschriebenen Hochzeitsfeierlichkeiten, welche wohl mit so grausamen Martern für mich verbunden gewesen wären, dass meine Oma lieber starb, als diese zuzulassen. Ich weiß nicht, wovor sie mich bewahrte, doch bin ich sicher, dass sie es umso genauer wusste. Sie war die erste Hohe Priesterin in Seth. Sie wurde als Kind auf diese Aufgabe vorbereitet. Sie muss am eigenen Leibe erfahren haben, was sie mir ersparte.«

»Aber sie war doch nicht Isis«, wandte meine Tochter ein. »Sie wurde doch nicht so wie du ausgebildet. Oder doch?«

»Die Ausbildung der Hohen Priesterin unterschied sich nicht wesentlich von meiner Ausbildung«, klärte ich sie auf und merkte dabei, dass ich über diese Frage noch nie wirklich nachgedacht hatte. »In der Familie des Seth ging alles darum, für Seth und die ewige Wiedergeburt des Seth die ihm vorbestimmte Mutter seines Sohnes, des Großen Tieres 666, zu zeugen und auszubilden. Jede Hohe Priesterin war eine potentielle Mutter einer potentiellen Isis. Jede Tochter, die ihr geboren wurde, konnte eine Isis sein. Sobald diese Tochter ein ungewöhnliches Kind war, ging man davon aus, dass sie eine Isis sein könne und bildete sie entsprechend aus. Ich war ein solches Kind, weil ich zum Beispiel schwarze Haare auf dem Rücken hatte und als scheinbar unverletztes Baby ein Stück von meinen eigenen Knochen ausspuckte, der wie eine Mondsichel geformt war. Aber diese Zeichen allein genügten nicht, mich tatsächlich als Isis zu beweisen. Daher musste ich ständig neue Beweise erbringen, welche mit bestimmten Ritualen verknüpft waren, die immer wieder meine innere Stärke auf die Probe stellten und nur dann einen Seth-Beweis erbrachten, wenn ich sie tapfer durchlitt und gestärkt überlebte.

Da eine Hohe Priesterin für die Geburt einer Isis besonders würdig sein musste, wurde auch sie fast denselben Ritualen und Weihen unterworfen wie eine Isis. Der große Unterschied bestand darin, dass eine Hohe Priesterin ihre Yoni nicht für Seth aufsparen musste, sondern die sexuelle Vereinigung zu jeder Zeit und nach eigener Lust ausüben durfte und sich auch den Mann wählte, den sie heiraten und durch diese Heirat zum Hohen Priester erheben konnte.

Als meine Oma mich vor den Qualen der Hochzeitsfeierlichkeiten schützte, hatte sie diese zwar nicht genau so am eigenen Leibe erlitten. Aber sie hatte die mit diesem Ritual ausgeübten Torturen zu anderen Gelegenheiten bereits miterlebt. Sie hat mir nie gesagt, wie ihre Kindheit im Zeichen des Seth verlaufen ist. Aber ich weiß, dass sie meine kannte. Und sie hätte mich niemals vor einem Seth-Ritual geschützt, wenn sie nicht genau gewusst hätte, was dieses für mich bedeutet hätte.«

»Musste das Fest denn nicht nachgeholt werden?«, fragte Marlene.

Und ich erzählte ihr, dass diese versäumte Feierlichkeit nicht einfach irgendwann nachgeholt werden durfte. Die Gesetze des

Seth waren unverbrüchlich. Es gab keine Abweichung. Doch Seth gab neue Chancen. Und so war der Familie von Anfang an klar, dass es ein neues Weihefest für mich geben würde, wenn ich das neunte Lebensjahr erreicht hätte. Die 9 in der Umkehrung der 6 war dafür der vorbestimmte Zeitraum. Es würde die Weihe der Isis an Anubis, den Wächter des Totenreiches, sein, der den Duft der Isis in sich aufnehmen muss, um sie als treuer Diener seines Herrn auf ihrem Weg zu Seth durch die Gefahren des irdischen Lebens begleiten und beschützen zu können.

In der Zwischenzeit wurde ich erst einmal eingeschult und dem Martyrium des Kindes einer Familie unterworfen, die um keinen Preis negativ auffallen darf. Wie alle anderen Kinder bekam ich am Einschulungstag eine schöne Schultüte, doch mit dem Unterschied, dass Isis kein Kind wie alle anderen ist und daher keine Geschenke für sich behalten darf, sondern unter Tränen glücklich sein muss. Das heißt, ich verteilte den Inhalt meiner Schultüte an meine Cousinen und Cousins, die mit ihren Eltern gekommen waren, um meinen großen Tag zu feiern.

Danach kam der Drill. Jeder Tag begann mit der Kontrolle durch meine Mutter. Sie bestimmte, wann ich aufzustehen hatte, und weckte mich immer zu spät, wohl wissend, dass ich die von ihr vorgegebene Zeit zum Waschen, Zähneputzen und Anziehen nicht einhalten konnte und deshalb regelmäßig zu spät zum Frühstück in der Küche erschien. Ein Vergehen, das mit dem Handfeger oder dem Rohrstock ausgezählt wurde. Für jede Minute einen Schlag. Unter fünf Minuten kam ich selten weg. Und hatte ich es doch einmal geschafft, weckte meine Mutter mich am folgenden Morgen genau diese Zeit später. Schließlich sollte ich ja Pünktlichkeit und Disziplin lernen. Heimlich früher aufzustehen hätte ich niemals gewagt.

Was ich wagte, war, mich nicht zu waschen und keine Zähne zu putzen, sondern stattdessen mein Handtuch kurz anzufeuchten und etwas Zahnpasta zu lutschen, während ich in meine Kleider schlüpfte. Diese legte meine Mutter mir allabendlich auf einem Stuhl am Fußende des Bettes bereit. Selbstgestricktes, Selbstgenähtes, Selbstgehäkeltes, Selbstgeknüpftes, Selbstaufgetragenes und -gewendetes, das war meine Garderobe, welche als Lachnummer in die Annalen meiner Schule einging, als ich auch noch im selbst fabrizierten Badeanzug zur Schwimmstunde kam und wie in einer hautengen Leberwurstpelle aus dem Wasser stieg.

Meine Haarborsten zu kämmen war sowieso »vergebene Liebesmühe«, wie meine Mutter sarkastisch anmerkte und verpasste mir alle vier Wochen mit der Schere einen neuen Pottschnitt. Dass sie sich dazu einer Effilierschere bediente, sodass mein Haar gar keine Gelegenheit hatte, sich zu der von mir so heiß ersehnten Pagenkopffrisur auszuwachsen, begriff ich erst viele Jahre später, als ich ein solches Gerät erstmals bei einem Friseur entdeckte.

Erschien ich bereits abgehetzt am Frühstücksplatz, tischte meine Mutter Gesundes auf, wie sie sagte, und legte fest, wie viel gegessen werden musste. Ich erbrach mich von Dickmilch und ranzigem Weißkäse. Also gab es abwechselnd Dickmilch und ranzigen Weißkäse. So lange, bis es gegessen, und so oft, bis es nicht wieder erbrochen wurde. Und dauerte es auch so lange, bis die Dickmilch verdarb und der schwabbelige Käse Schimmelfäden zog. Aus heutiger Sicht halte ich dies für eine Art Ekeltraining. Damals musste ich aufhören zu denken, zu fühlen, zu riechen, zu schmecken und außerdem lernen, nur noch ein Automat zu sein, der die Klappe öffnete, einen Inhalt hineinschob, die Klappe schloss und den Inhalt mit einem Schluck, ohne Kauen und ohne längeren Zungen Gaumen Kontakt verschlang.

Zu diesen kulinarischen Köstlichkeiten brachte meine Mutter Schwarzbrot auf den Tisch, dessen schwer verdauliche Grobkörnigkeit mir Magenschmerzen verursachte. Es wurde in Brocken unter die Dickmilch gehoben oder unter den Weißkäse gemengt. Verweigern? Nein, ich aß und wusste schon, dass ich in der Schule wieder krumm vor Schmerzen in der Bank sitzen und deshalb verspottet werden würde.

Während ich mit dem Frühstück rang, kontrollierte meine Mutter den Schulranzen und warf zu Boden, was ihr unordentlich eingeräumt erschien. Meist war es der komplette Inhalt. Diesen musste ich anschließend in der von ihr geforderten Reihenfolge wieder einpacken und an die von ihr bestimmte Stelle legen. Gelegentlich riss sie den Umschlag von einem Heft oder einem Buch herunter und zwang mich, einen neuen aus dem ockerfarbenen Wachspapier anzufertigen, mit dem sie den Topfschrank in der Küche auszuschlagen pflegte. Derartige Einbände waren der Brüller in meiner Klasse.

Anschließend hieß es, das Frühstücksgeschirr abzuwaschen und wegzuräumen sowie die Schuhe erneut zu putzen, weil meiner Mutter der am Vorabend von mir erzielte Glanz missfiel. War daran ausnahmsweise nichts zu mäkeln, fand meine Mutter gewiss an den Schleifen etwas auszusetzen und ließ mich diese so lange neu binden, bis ihr der Winkel des Knotens und die Anordnung der Schnürsenkelschlaufen genau genug erschienen.

Über all diesem Prozedere war die Zeit, die mir für den Schulweg blieb, bis der Unterricht begann, fast täglich viel zu knapp geworden. Den rumpelnden Ranzen auf dem Rücken rannte ich endlich aus dem Haus, um unterwegs nur allzu oft über die eigenen Füße zu stolpern, mir im Sturz Löcher in die Strümpfe zu reißen, meinen Rock oder Mantel zu beschmutzen.

Ich gab mir alle Mühe, nicht immer zu spät zum Unterricht zu kommen. Trotzdem öffnete ich meistens erst lange nach dem ersten Klingelzeichen die Klassenzimmertür und wurde mit lautem Zischen, Lachen und höhnischen Bemerkungen meiner Mitschülerinnen und Mitschüler empfangen, weil ich nicht nur verschlafen zu haben schien, sondern obendrein verschwitzt und schmuddlig aussah.

Auch bei den Lehrerinnen und Lehrern machte mich dieses Dauerzuspätkommen besonders beliebt. Nie vergaßen sie mich bei den Sonderzuwendungen wie Nachsitzen, Strafarbeiten und dem letzten Tafeldienst nach Unterrichtsende. Hingegen verteilten sie Blumendienst, Klassenbuchdienst, Landkartendienst und ähnliche ehrenvolle Aufgaben nur an andere.

Natürlich hatte meine Mutter einen genauen Zeitplan, wann der Unterricht vorüber und wann ich wieder zu Hause sein musste. Sie war den Weg zusammen mit mir und einer Stoppuhr abgelaufen. Jeder Schritt war gezählt. Regelmäßig kam ich also auch hier zu spät und war mit meinen zerrissenen Strümpfen, meinem schmutzigen Kleid und den Schuhen, die mich durch jede Pfütze trugen, wie eine Lumpenpuppe anzusehen. Dass die Strafe umgehend erfolgte, war wie die Tasse Kaffee am Morgen. Resigniert nahm ich sie hin.

Unterwegs mit jemandem zu reden, ein bisschen zu trödeln, lustig zu sein, innezuhalten, um etwas Schönes zu betrachten, Blumen zu pflücken oder eine Freundin zu besuchen, war mir vollkommen verwehrt, weil ich mir keine Sekunde Umwegs erlauben durfte.

Es tat so weh, immer in dieser Außenseiterrolle leben zu müssen. Wie sehnte ich mich danach, eine Freundin zu haben. Wie gern wollte ich auch einmal eingeladen werden, bei einem der Mädchen Mittag zu essen und ein bisschen zu spielen. Aber mit mir wollte niemand etwas zu schaffen haben.

Ich war kein Prügelknabe wie mein Urgroßvater bei den von Rewelows; ich war ein Prügelmädchen. Und die mich prügelten, waren nicht einer, sondern meist eine ganze Gruppe. Die

Raufllustigen in der Klasse machten sich einen Sport daraus, mir auf dem Heimweg aufzulauern und mich zu verhauen oder mit Dreck zu bewerfen. Am Anfang versuchte ich noch, mich zur Wehr zu setzen. Dann begriff ich, dass genau das ihr größtes Vergnügen war, und gab es auf, ließ einfach alles über mich ergehen, bis es ihnen langweilig wurde. Doch die Demütigung, der bittere Schmerz und das Bewusstsein, etwas an mir zu haben, was zu diesen Gemeinheiten berechtigte, wurden dadurch nicht geringer.

Einmal, zu Weihnachten, erhielt ich eine gut verpackte lange Rolle geschenkt, die ich nicht öffnen wollte. »Willst du denn gar nicht wissen, was es ist?«, fragte meine Mutter. »Ein Stock«, sagte ich ahnungsvoll und wurde ausgelacht, dass man auf die Idee leider noch nicht gekommen sei. Aber wenn ich mir den so sehr wünschte …

Ich wünschte mir keinen Stock. Aber ich wusste, dass er täglich für mich im Salz lag und auf meinem Rücken, meinen Fingerspitzen tanzen lernte. Und wie schwer litt meine arme Mutter darunter, die jedes Mal schrie: »Glaubst du, es macht mir Spaß, dich zu schlagen? Es tut mir viel mehr weh als dir. Aber du willst es ja so haben, du missratenes Ding, du Wechselbalg, du Satansbraten, du Hexenbraut, du Isis, du!«

Aber ich glaubte ihr nicht. Mir war so, als lauerte meine Mutter nur darauf, dass ich einen Fehler machte, damit sie sich mit Hilfe der Prügel endlich innerlich entladen konnte. Sie war oft so rasend, so gierig nach dem Prügelstock.

Nach dem Mittagessen setzte sich meine Mutter zu den Hausaufgaben neben mich. Unter Beschimpfungen, Gebrüll und Ohrfeigen lernte ich. Auf Höchstleistungen getrimmt unter Androhung: »Sonst lernst du mich erst richtig kennen!«

In höchste Versagensangst geprügelt, schrieb ich die Hausaufgaben zehn Mal und öfter neu, bis mir die Brille von den Tränen blind lief, die Nerven flatterten, die Finger schmerzten und allein deshalb neue Fehler auf dem Papier auch dort entstanden, wo ich zuvor keine gemacht hatte. »Dumm geboren, nichts dazu gelernt!«, hieß es dann oder: »Dummer Esel, hat geschrieben, kann nicht lesen!«

Spielen, draußen mit den anderen zusammen sein, lachen – alles Fremdworte für mich. Was war das? Wie fühlte sich das an?

»Wir mussten aufpassen«, erklärte mir mein Vater auf unseren einsamen Spaziergängen. »Du warst ein Kind, du hast geplappert, wie Kinder nun mal so sind. Du hättest alles verraten können. Du warst nicht wie andere Kinder. Du bist Isis, versteh das doch.«

Für mich bedeutete das eine Art Isolationshaft. Damit ich nichts verraten, bei niemandem Verdacht wecken, niemanden außerhalb der Familie des Seth mir Liebe erweisen konnte, musste ich unbeliebt sein. Das Alleinsein kam dann von selbst.

Indem sie mir verboten, irgendein anderes Kind mit zu mir nach Hause zu bringen oder selbst eines zu besuchen, machten sie mich für meine Mitschülerinnen und Mitschüler vollkommen uninteressant. Ich lebte zwischen ihnen, aber sie nahmen mich nur in der einzigen ihnen und mir von meinen Eltern übrig gelassenen Art der Kontaktaufnahme wahr – indem sie mich quälten, verspotteten, schlugen, ausgrenzten und sich an meinen Tränen weideten. Das war die Liebe des Seth. Genau so wollten meine Eltern es für mich haben. Denn nachts war ich Isis, die Eine und Alle, an der sich die am Tage erfahrene Liebe des Seth immer vollkommener erfüllte.

Der Geist des Seth schien plötzlich in den Ecken des allmählich dunkler werdenden Zimmers zu lauern. Geradezu körperlich empfand ich seine Nähe, sodass die Schlange des Seth sich in meinem Leib regte. Ein Gefühl, das mich normalerweise unter die Dusche trieb, unter deren härtestem Strahl ich oft mehrere Stunden stehe, ehe ich wieder Ruhe finde. Mit Marlene neben mir war mir diese Erlösung jedoch verwehrt. »Lass uns eine Weile rausgehen«, bat ich. »Ein bisschen fahren, ein bisschen laufen. Okay?«

»Okay«, stimmte sie zu. Hast du einen Plan, wohin?«

»Ja«, sagte ich. »Zu den Friedhöfen des Seth.«

KAPITEL 21

Die Friedhöfe des Seth lagen eine Stunde Wegs außerhalb meiner Stadt in einem kleinen Wald, der zu dem Privatbesitz eines Adelshauses gehörte, welches ich hier frei erfunden das Geschlecht derer von Rewelow nennen will. Zu diesem hatten wir, meine direkte Familie und ich, eine sehr merkwürdige Beziehung. Ich entdeckte sie, als ich den wenigen schriftlichen Hinweisen nachging, welche sich im Nachlass meines Opas und meiner Oma befunden hatten, den ich im Hause meiner Eltern sichtete und mit den Fakten anreicherte, die meine Mutter mir mitteilte. Sie war immer stolz auf ihre Herkunft gewesen und hatte sich niemals davon abbringen lassen, dass in ihren Adern blaues Blut flösse.

Die Beziehung zu den von Rewelows war vor vielen Jahren durch den Vater meines Urgroßvaters mütterlicherseits entstanden, der aus verarmtem Landadel stammte und seinen Kindern trotz Geldmangels eine standesgemäße Erziehung angedeihen lassen wollte. Dies ermöglichte er ihnen, indem er die Kinder »zu Hofe schickte«, wie meine Mutter es nannte.

Auf diese Weise war mein Urgroßvater als sechsjähriges Kind in den Haushalt eben dieses Adelsgeschlechts der von Rewelows gelangt. Bei Überstellung des Kindes wurde zwischen den Vätern per Handschlag ein Handel abgeschlossen, der beide Seiten zufrieden stellte. Der Vater meines Urgroßvaters hatte den Vorteil, einen Esser aus dem Haus zu haben; gleichzeitig war die Zukunft seines Sohnes gesichert. In einem noblen Hause nicht nur standesgemäßes Benehmen, sondern auch einflussreiche Persönlichkeiten kennen zu lernen, barg nämlich die durchaus ehrenwerte Möglichkeit, eines Tages den Beruf eines Hofverwalters oder zumindest eines ersten Kammerdieners ausüben zu dürfen.

Als Gegenleistung bestand die Pflicht des kleinen Jungen, welcher mein Urgroßvater damals war, darin, den einzigen Sohn der Adelsfamilie zu unterhalten und zugleich sein persönlicher Diener zu sein. Dieser Dienst war einer Leibeigenschaft nicht unähnlich, denn es gab niemanden bei Hof, der sich für das seelische Wohl des Kindes zuständig gefühlt und dafür gesorgt hätte, dass es nach Hause hätte zurückkehren dürfen, wenn es dies wollte. Im Gegenteil, eine Heimkehr zur Unzeit, also vor Vertragsablauf zwischen den Vätern, war ausgeschlossen.

Das Kind erhielt seine Mahlzeiten in der Gesindeküche oder gelegentlich auch am Tisch der Herrschaft, hatte einen Schlafplatz in einer Kammer neben dem Zimmer seines jungen Herren und wurde mit den einfacheren der von ihm abgelegten Textilien bekleidet. Zusätzlich durfte der kleine Junge als besondere Vergünstigung an den privaten Unterrichtsstunden teilnehmen. Als Lohn dafür hatte er jederzeit stellvertretend für seinen Herrn den Allerwertesten unter den Rohrstock des Herrn Magisters oder des Herrn Fechtmeisters oder sonstiger Lehrmeister zu beugen und die von dem jungen Herrn wohlverdiente Strafe entgegenzunehmen. Selbstverständlich durfte er dabei nicht laut weinen, denn die Strafe traf zwar seinen verlängerten Rücken, doch gehörte der Schmerz dem jungen Herrn, der ihn beim Anblick der Züchtigung nach Belieben mit lautem Wehgeschrei quittierte oder sich herrschaftlich würdevoll und schweigend darüber erhaben zeigte.

Der junge Herr von Rewelow war damals zwölf Jahre alt und von sadistischer Grausamkeit gegen seinen Prügelknaben. Von Anfang an musste das so viel jüngere, seinem Besitzer und Peiniger hoffnungslos unterlegene Kind diesem in jeder Weise zu

Willen sein und dessen zahlreiche Gelüste befriedigen. Wehren konnte und durfte das Kind sich nicht, denn natürlich hätte der junge Herr die eigenen Schandtaten nie zugegeben. Nach der landläufigen Meinung war er von Gottes Gnaden in seinen hohen Stand geboren und berechtigt, sich der von Gott zum Dienst geschaffenen Rangniedrigeren zu bedienen. Hätte sich mein Urgroßvater als Kind den Anforderungen seines jungen Herrn widersetzt oder sich über die ihm zuteil werdende Behandlung beklagt, wäre er als nur gnadenhalber in den Dienst genommener Abkömmling des verarmten Landadels mit Schimpf und Schande verjagt worden. Was das für ihn selbst, aber mehr noch für die Eltern und Geschwister bedeutet hätte, konnte ich mir sehr genau vorstellen.

Mein Urgroßvater war jedoch nicht nur der Lust- und Prügelknabe des jungen Herrn auf Schloss Rewelow, sondern auch sein Spielgefährte und erster Geheimnisträger. Gemeinsam lagen die Jungen nächtelang auf der Empore über dem Empfangs- und Festsaal des Hauses und belauschten, was sich dort unten abspielte. Besonders faszinierend fanden sie die Treffen des Herrn von Rewelow mit einem englischen Reisenden und dessen Gefolge, in welchem sich österreichische und französische Geschäftsleute befanden, deren seltsam gefärbtes Deutsch die Kinder amüsierte.

Wenn sich der süßlich duftende Pfeifenrauch in blauen Schwaden bis unter die Decke hinauf wälzte, Gläser klangen und die Stimmen der Herren immer lauter wurden, bekamen die beiden Kinder heiße Ohren und seltsame Gefühle von den Reden, die sie aufschnappten. Von Seth und Satan war die Rede und von den falschen Lehren der Kirche. Heilige Orden der Lehre des Ostens sollten überall auf der Welt und besonders in Deutschland gegründet und die falschen Priester verbrannt werden. »Weg mit der Bibel! Weg mit den falschen Pfaffen! Errichtet die Weltherrschaft neu in Seth!«, schrie es. »Die rechte Lehre muss sein: Tu, was du willst, denn du sollst keine Götter haben neben dir.«

Oft kamen zu später Stunde schöne Damen hinzu, die in dünnen Schleiern tanzten und sich Geldscheine in den Busen und hinter das Strumpfband stecken ließen. Gern räkelten sie sich auf dem Schoß der Herren, denen dies sichtlich gefiel.

Später, als die Lauscher auf der Empore älter geworden waren, verstanden sie mehr von den seltsamen Lehren, die dort unten ausgebrütet und erprobt wurden. Inzwischen trafen sich immer wieder dieselben zwölf in vornehme schwarze Fräcke gewandeten Herren mit goldenen Uhrketten über dem Bauch und Zylinderhüten auf dem Kopf. Schweigend betraten sie den Saal. Schweigend suchten sie das normalerweise nur dem Hausherrn erlaubte Herrenzimmer auf, verschwanden eine Weile darin und kamen in schwarzen Kutten mit tief in die Gesichter vorragenden Kapuzen wieder hervor.

Auf der Brust, direkt über dem Herzen, trugen vier ein blaues Medaillon in einem goldenen Ring. Darauf war ein im Flug aufsteigender weißer Vogel zu sehen. Dieser fliegt über eine kelchartige Schale hinweg, über welcher ein silberner Vollmond leuchtete. Vier andere Herren schmückten sich mit einem schwarzen Kreuz mit weißen Rändern, über dessen Mitte ein goldenes Pentagramm befestigt war. Die letzten vier Herren hatten eine Anstecknadel, die meinem Urgroßvater am besten gefiel. Sie bestand aus einem sechszackigen goldenen Stern, in dessen Mitte ein silbernes Wappen befestigt war. Im blauen Feld schimmerten drei silberne französische Lilien. Diese Anstecknadel erinnerte meinen Urgroßvater an das Wappen über dem Kamin in seinem Elternhaus, das ebenfalls drei französische Lilien auf blauem Grund zeigte.

Zusätzlich trugen alle Herren ein schwarzes Kreuz mit einem silbernen Rand. Anders als mein Urgroßvater es von den Schmuckkreuzen kannte, die seine Mutter um den Hals trug, hing dieses Kreuz kopfunter an einer bis zum Bauch reichenden Silberkette. Und sobald die Herren Aufstellung um den runden Tisch genommen hatten, an dem sie anschließend stets Platz nahmen, bekreuzigte sich ein jeder von ihnen mit dem umgekehrten Kreuzzeichen.

Nach und nach begriffen die fasziniert lauschenden Knaben, dass sie Zeugen der »schicksalhaften Neugründung einer geheimen Loge der Brüder des heiligen Ordens der Templer im Geiste des wahren Lichtgottes Seth« geworden waren und dass die leibhaftig vor ihnen stehenden zwölf Männer sich in ihrem Geist als Jünger des Satans berufen und daher von diesem selbst auserwählt fühlten, die Welt und die Menschheit aus den Fängen des falschen Lichtgottes der Christen zu retten.

Regelmäßig wurden sie Zeugen leidenschaftlicher Messen, in denen sich nach der Andacht und Anbetung des Seth die Mitglieder des Ordens und deren Frauen nebst den jungen Söhnen und Töchtern in jeder gewünschten Kombination dem heiligen Akt der tantrischen Vereinigung hingaben, um auf diese Weise die in ihnen lebendige Gotteskraft des Seth zu gewinnen und zu stärken.

Voller Freude begriffen mein Urgroßvater und sein junger Herr in der Stunde der Erkenntnis, dass sie sich ihrer geheimen sexuellen Akte nicht mehr länger schämen mussten, sondern sich gegenseitig von Anfang an einen Seth gefälligen Dienst erwiesen hatten. All die Verbote und Drohungen mit der Hölle, die sie im Bibelunterricht gelernt hatten und von denen sie so oft niedergedrückt worden waren, galten ja in Seth nur als Christengeschwätz. Daraus mussten sie, die sie nun Wissende waren, sich nichts mehr machen. Wenn zwei Männer sich begatteten, war dies in Wahrheit so gut und richtig wie zwischen Mann und Frau. Es kam allein darauf an, dass es eine tantrische, eine göttliche Vereinigung war, die höchste Lust erzeugte. Und mit umso mehr Lust, je öfter und länger der Akt vollzogen werden konnte, desto mehr der göttlichen Kraft Seths war daraus zu gewinnen.

Die Jungen konnten sich nicht genug damit tun, sich gegenseitig immer wieder zu erklären und zu versichern, was sie gelernt hatten. Zu diesen Jüngern des Seth, den sie bereits jetzt insgeheim als ihren Herrn und Meister verehrten, das schworen sie sich gegenseitig in die Hand, wollten und würden sie selbst eines nahen Tages auch gehören.

Da mein Urgroßvater den Dienst an seinem jungen Herrn auf jedem Gebiet befriedigend ausübte und sie dem alten Herrn von Rewelow gemeinsam bekannten, dass sie im Herzen sowie im tantrischen Dienst längst schon treue Jünger des Seth geworden waren und liebend gern in die Familie des Geheimbundes aufgenommen werden wollten, wurde meinem Urgroßvater die große Ehre einer Berufsausbildung zuteil, die ihm einen Aufstieg ins gehobene Bürgertum gestattete. Er durfte Juwelier werden. Damit nicht genug, widerfuhr ihm nach bravourösem Abschluss der Lehre die unerhörte Gnade, durch Heirat zu Geld zu kommen. Alles, was er dafür tun musste, war, eine junge Frau zu ehelichen, die bereits Mitglied der Familie des Seth und durch die tantrische Methode geschwängert worden war.

Diese junge Frau stammte aus der Dynastie einer vermögenden Uhrmacherfamilie und war nicht nur gebildet, sondern auch ausgesprochen schön. Trotz aller Begeisterung für die Lehre des Seth war ihrem Vater das Abwenden der öffentlichen Schande eines unehelichen Kindes durch eine Ehe mit einem auch nur im Entferntesten adligen Herrn eine besonders umfängliche Mitgift wert. Mein Urgroßvater griff ohne Zögern zu.

Erst viel später begriff seine junge Frau, dass dies nicht nur wegen der Verehrung des Seth und des Geldes geschehen war. Bewusst wurde es ihr wohl spätestens nach der Entbindung von einer gesunden Tochter, die mein Urgroßvater sofort wie sein eigenes Kind liebte und unter Hinweisen auf die Familienähnlichkeit mit den Damen seines edlen Stammbaumes in aller Öffentlichkeit stolz als sein eigen Fleisch und Blut präsentierte.

Anlass dieser Erkenntnis der jungen Ehefrau war die Tatsache, dass mein Urgroßvater auch nach der Entbindung nie die Ehe mit seiner Frau vollzog, denn er war nicht bisexuell, wie sie bis dahin geglaubt und auch gehofft hatte, sondern vollkommen schwul. Dank des ersten scheinbar gemeinsamen Kindes und weiterer fünf, die ihm seine Frau im Laufe der Jahre als Früchte der tantrischen Kraft verschiedener Seth-Jünger gebar, blieb seine homosexuelle Neigung jedoch der Öffentlichkeit verborgen. Diese lebte er innerhalb der Familie des Seth vorzugsweise, doch nicht ausschließlich, mit seinem früheren jungen Herrn ungeniert aus.

Die erste Tochter meiner Urgroßmutter war meine geliebte Oma. Von Kind an wuchs sie wie ich im Geiste der Ideen auf, die mein Urgroßvater im Hause der von Rewelows aufgeschnappt und verinnerlicht hatte. Durch ihn wurde sie mit Gleichgesinnten wie Eugen Grosche und seiner Geheimloge »Fraternitas Saturni« bekannt. Gemeinsam mit ihm und anderen Logenangehörigen entdeckte sie zunächst die Schweiz, später auch Sizilien und Lesbos als Reiseland.

In Zürich wurde sie in die Lehren der Gnostiker eingeweiht, die sich »Orden der Erleuchteten« und »Bruderschaft der Rosenkreuzer« nannten. Danach, im Alter von 18 Jahren, der Quersumme 9 und Umkehrung der ersten 6 des Großen Tieres 666 aus der heiligen Schlange des Seth, wurde sie zur ersten Hohen Priesterin der Familie des Seth geweiht, deren erster innerster Zirkel den »Heiligen Orden der Templer im Geiste des wahren Lichtgottes Seth« gegründet hatte.

Als meine Oma wenig später meinen Opa heiratete, den Sohn eines Bankiers, der der Sekte angehörte, verliehen sie dem Geheimbund den Namen »Lux Argentum In Nomine Seth«. Kurz darauf beerdigten sie den alten Herrn von Rewelow als ersten Jünger des Seth auf dem Familienfriedhof seines Geschlechts und stellten ihm ein Grabkreuz auf, dessen Stamm von der Schlange des Seth umwunden und von der Schale des Seth bekrönt wird.

KAPITEL 22

Auf den Friedhöfen des Seth angekommen, schaute Marlene sich fröstelnd um. Wir hatten das Auto auf dem ausgefahrenen Feldweg abgestellt, der sich hinter dem Ausgangsschild des Dörfchens Rewelow durch Wiesen und vereinzelte Maisfelder schlängelte.

Das Örtchen hatte ursprünglich zum gleichnamigen Schloss gehört. Von einer Ansammlung einfacher Häuser hatte es sich zu einer gepflegten Gemeinde gemausert, von der viele in die umliegenden Städte pendelten. Die Rewelower waren stolz auf ihren schmucken Ort, auf die Blumenkästen mit Geranien und Fuchsien an fast allen Fenstern und Balkonen, die frisch getünchten Hausfassaden, die endlich abgedichteten Dächer und die ordentlichen Straßenbeläge.

Was allerdings niemandem gefiel, war Rewelows schnell wachsende Popularität als Mekka der neuen Hexen und Satanisten, seit eine bekannte esoterische Zeitschrift einen Leitartikel mit Gruselfotos über eine Grabschändung auf den nahen Friedhöfen veröffentlicht hatte. Es war seither fast an der Tagesordnung, schwarz gekleidete Gestalten mit klirrenden Nieten, schriller Bemalung und dem Satanszeichen als Guten-Tag-Gruß in den Gassen zu sehen. Zur Empörung der Einheimischen lungerten sie sogar auf der Bank unter der Dorflinde herum.

Mütter im Dorf bekamen Angst um ihre Kinder, die von dem abenteuerlichen Aussehen der Fremden eher fasziniert als erschreckt waren. Eine Abordnung schrieb an die Behörden und bat um Hilfe. Väter stellten die Herumtreiber zur Rede, stießen Drohungen aus und versuchten es mit Verbotsschildern. Vergeblich. Die Spinner, wie man sie pauschal nannte, kamen, sahen und versuchten zu siegen, indem sie draußen auf den Friedhöfen von Rewelow ihre Botschaften an Wände schmierten und düstere Versammlungen abhielten. Die Polizei blieb in Habachtstellung auf dem Posten, aber es geschah nichts, was einen Einsatz gerechtfertigt hätte. Und die von Rewelows, die den Zugang zu ihrem Land hätten verbieten und damit das Eingreifen der Polizei hätten rechtfertigen können, schwiegen.

»Kannst du dir vorstellen, dass sie das gut finden?«, fragte Marlene. »Ich meine, heute noch? Glaubst du, die sind immer noch in dieser Sekte?« Ich zuckte mit den Schultern. Hilflos. Unsicher. Bang. Was sollte ich ihr antworten?

»Ich war so jung«, sagte ich. »Ich hab die Leute nur in ihren Kapuzen gesehen. Auch später. Für mich hatten sie keine Namen. Ich habe jetzt zum ersten Mal mit meinen Eltern darüber geredet, aber sie erinnern sich nicht mehr an die Namen.

Meinem Vater vermag ich das zu glauben. Er ist schwer krank, leidet an Demenz. Namen sind für ihn seit Jahren Schall und Rauch. Selbst die Namen der engsten Angehörigen vergaß und verwechselte er ständig. Er ist nicht ohne Grund entmündigt. Außerdem vergiss bitte nicht, dass die Beziehung zu den von Rewelows niemals etwas mit seiner Familie zu tun hatte. Er könnte, wenn überhaupt, nur das wissen, was meine Mutter ihm eventuell irgendwann gesagt hat.«

Ich schwieg einen Moment. »Und meine Mutter? Sie sagt, sie hat die von Rewelows nie gesehen. Sie hat nie etwas mit ihnen zu tun gehabt. Sie sagt, auch ihr Vater habe nichts mehr mit ihnen zu schaffen gehabt. Sie wisse nur die ganz alten Sachen, die sie vom Hörensagen mitbekommen hat. Ob sie doch mehr weiß, kann ich dir nicht sagen. Sie hat keinen gläsernen Kopf. Ich kann nicht reinschauen. Leider.«

Meine Tochter schob die Hände in die gegenüberliegenden Jackenärmel. »Mann, Mutti, das ist ja wohl wie auf den Glasberg steigen, was?«

Worte, die sofort eine Erinnerung weckten: wir beide in Marlenes Bett, Kopf an Kopf, wie wir zusammen in ein Märchenbuch schauen, das Licht der Nachttischlampe in einem gelben Kreis über uns, einander abwechselnd Abschnitte vorlesen und in den jeweiligen Pausen aus der gemeinsamen Tasse heißen Pfefferminztee trinken.

Aufblickend trafen meine Augen Marlenes funkelnden Blick. Ohne Worte wussten wir, wir hatten gerade eben an dasselbe gedacht. »Ich hab dich so tierisch vermisst«, sagte sie und verwandelte ihr stilles Augenlächeln in ein schiefes Grinsen, hinter dem Gefühle, die nicht aufwallen sollten, leichter verborgen werden konnten.

Wir näherten uns dem Familienfriedhof derer von Rewelow über eine kleine von Schlaglöchern durchsetzte Allee unter Buchen. Am Ende des Weges fiel der Blick auf ein rundes Mausoleum, das aus roten Ziegeln erbaut und ursprünglich einmal gelb gestrichen gewesen war. Es bestand aus einem festen Innenteil mit nur einer eher kleinen Fensterrotunde und einer Doppelflügeltür, die allerdings fehlte. Ringsum verlief eine Halle aus dorischen Säulen, die ein schön gewölbtes Kuppeldach mit glasierten Ziegeln trugen. Auf einem Fries, der die Kuppel umlief, stand in tief eingeschlagener Schrift der drei Mal wiederholte Spruch: »In Lux Argentum Esperamus«.

»Was heißt denn das?«, fragte Marlene und buchstabierte die lateinischen Worte. »Auf das silberne Licht hoffen wir«, übersetzte ich und ertappte mich dabei, wie ich automatisch die Finger von unten nach oben verschränkte, sodass sie mit den gewölbten Handflächen das Symbol der geöffneten Yoni als Schale des Seth zeigten. Die alte Gebetshaltung der Gemeinde des Seth. Hastig schüttelte ich die Hände aus.

»Das silberne Licht?« Marlene schien in sich hineinzulauschen. »Ach so«, antwortete sie sich selbst, »der Mond, das dunkle Licht, der ganze Quatsch. Verstehe.«

Trotz meiner aufsteigenden Angst versuchte ich, mit ihren langen Beinen Schritt zu halten und zusammen mit ihr durch die Türöffnung ins Innere des Mausoleums zu treten, das ich so genau, viel zu genau, kannte. Als ich zuletzt dort gewesen war, hatten die breiten Doppeltüren noch in den Türzargen gehangen. Mit einem riesigen Schlüssel, dessen Bart länger als meine Hand gewesen war, musste aufgeschlossen werden. Bengalisch anmutendes Licht war durch das runde Fenster gegenüber der Türöffnung ins Innere und auf einen schmalen Altartisch gefallen. Dieser Effekt entstand durch das in drei Emblembereiche unterteilte Glas, welches drei Lilien im blauen Feld, im roten Feld ein schwarzes Kreuz mit weißem Rand und einen aufsteigenden weißen Vogel in einem weiteren blauen Feld zeigte. Zu beiden Seiten des engen Altarraumes standen damals Särge und Urnen in steinernen Nischen übereinander.

»Unheimlich«, murmelte Marlene, obwohl weder Särge oder Urnen noch bengalisches Licht, ja, nicht einmal die Grabnischen geblieben waren. Stattdessen hatten Vandalen die mit groben Meißelschlägen geschändeten Wände beschmiert. Graffiti wechselten mit schwarzen Fratzen-Comics, derben Sprüchen und zotigen Symbolen. Unrat und welkes Laub lagen in den Ecken. »Irgendwie toter als tot. Findest du nicht?«, sagte Marlene und stieß mich mit dem Ellenbogen an.

Ich gab keine Antwort. Wie oft hatte ich von mir selbst gedacht, toter als tot zu sein? Und ausgerechnet diesen Gedanken hörte ich an diesem Ort von meiner Tochter. Stumm wandte ich mich ab. Was ich ihr zeigen wollte, befand sich außerhalb des

Mausoleums und wirkte auf den ersten Blick wie ein Buchsbaumlabyrinth. Tatsächlich war dies ein Trugschluss, denn hinter den völlig gleich angelegten Heckenwänden lag ein verfallener Friedhof, der eine morbide Schönheit ausstrahlte. Das rührte nicht nur von den verschwiegenen Grabnischen her, die sich dem Labyrinthbesucher selbst dann überraschend erschlossen, wenn er die schmalen Wege zu kennen meinte. Es hing auch mit dem Zustand der Gräber zusammen. Einstmals waren sie aus schwarzweiß gemasertem, schneeweißem oder hochglänzend schwarz poliertem Marmor angefertigt worden. Nun waren sie von Moosen und Flechten verfärbt, zum Teil zerborsten, tief eingesunken und vernachlässigt. Dennoch blinkte hier und da ein Rest Goldfarbe in den tief gekehlten Namenszügen der verschiedenen Damen, Kinder und Herren von Rewelow. Auf allen Gräbern aber standen oder lagen windschiefe oder abgebrochene handgeschmiedete Kreuze, um deren Stamm sich die Schlange des Seth zu der für sie bestimmten Schale hinaufwand.

»Es sieht aus wie so ein Arztzeichen«, sagte Marlene. »Man könnte denken, hier liegen lauter Mediziner.«

»Ja«, stimmte ich zu. »Das war eine gute Tarnung. Die von Rewelows waren in langer Tradition immer wieder Ärzte geworden. Sie hatten ein Sanatorium und private Kliniken, die nach dem Krieg verstaatlicht wurden. In der Nazizeit betrieben sie Hirnforschung und bestellten Kindergehirne zu Sezier- und Forschungszwecken. Es gibt Berichte der Alliierten, dass in den Labors konservierte Gehirne und Unterlagen gefunden wurden, aus denen hervorging, dass damalige Mediziner untersuchten, wie Stromschocks und Gewalterfahrungen sich auf Gehirnströme auswirken und welche bleibenden Veränderungen sie auslösen.«

»Und du … ?« Zögerlich hing die Frage in der Luft. »Ja«, sagte ich.

Ich brauchte nie eine offizielle Bestätigung dessen, was ich erlitten habe. Dennoch habe ich Jahre damit zugebracht, alle mir zugänglichen Ermittlungsberichte über die Ärzte der Nazizeit, den Holocaust und die Nürnberger Prozesse zu lesen. In neuerer Zeit verfolgte ich ebenso atemlos die Gräuel der Gewalttaten an jugoslawischen Kriegsgefangenen sowie an Kindern und Frauen. Mit dem tiefsten Schaudern sah ich mir die Fernsehreportagen über die in ihren orangenen Anzügen auf Kuba inhaftierten Terroristen an. Ihre Fesselungen, ihre Augenbinden, ihre Dauerberieslung mit manipulierenden Texten und Musik, ihre stundenlang in der Hocke erstarrenden, grausam schmerzenden Muskeln und Gliedmaßen – ich kenne das. Und die Erfahrungsberichte überlebender Folteropfer klingen, als hätte ich sie selbst geschrieben.

Und alles in mir schrie, nein, schreit, dass auch diese Kriegsgefangenen und besiegten Privatleute, dass selbst diese Terroristen auf Kuba Menschen sind, leidensfähig, quälfähig, folterfähig. Und dass diejenigen, die ihnen Torturen im Namen der Gerechtigkeit oder des Völkerschutzes antun, nicht mehr Recht haben als diejenigen, die mir Torturen im Namen Gott-Mutters und ihres göttlichen Sohnes Seth antaten oder ihre Folterungen unter dem Deckmantel der medizinischen Forschung an mir durchführten.

Gerade in Rewelow musste ich dies meiner Tochter zeigen und berichten. Gerade hier genügte es nicht, nur zu reden. Sie musste sehen, was geschehen war, um es zu wissen. Denn nur wenn sie weiß, was damals an mir geschehen ist, wird sie wissen, warum ich sie so über alle Maßen fest zu schützen versuchte.

Zwei der komplett aus Marmorplatten zusammengefügten Grabhöhlen waren leer. In der einen stand ein wenig Wasser. Über der anderen lag ein zerborstener Marmordeckel mit einem verrosteten Eisenring in der größeren Hälfte. Ich fühlte, wie das Zittern der Erinnerung in mir aufstieg.

»Hey, Mutti?«, rief meine Tochter und rüttelte mich am Arm. »Hey, driftest du ab? Ach, nee, oder?« Der Ton ihrer frischen, lebendigen Stimme erreichte meinen abfliegenden Geist und hielt ihn zurück.

Ich musste hier bleiben, um es ihr zu erzählen.

KAPITEL 23

Und warum hast du mich jetzt nach Rewelow gebracht?«, fragte Marlene und kickte einen der letzten Kieselsteine auf dem holprigen Weg zwischen den Buchsbaumhecken beiseite.

Wenn ich ehrlich sein sollte, hatte ich mir mehr von ihr erhofft als diese fast aggressiv hervorgestoßene Frage. Es schmerzte mich, keine Silbe des Trostes oder auch nur des Mitgefühls zu hören. Das innere Kind meiner Seele, welches ich in der langen Zeit meiner Therapie als den tiefsten, geheimsten, innersten Kern meines Wesens in mir entdeckt und immer besser kennen gelernt hatte, verlangte danach, bemitleidet und in den Arm genommen zu werden.

›Dieser Ton ist gemein‹, wisperte es in mir. ›Das musst du dir nicht gefallen lassen. Du hast dir lange genug alles gefallen lassen. Sag ihr, sie soll sich davonscheren. Sag ihr, du hast die Nase voll von Leuten, die nichts kapieren.‹

›Du hast dir doch nicht ernstlich einbilden können, dass sie dir spontan alles glauben würde?‹, meldete sich die innere Stimme der Vernunft. ›Du kannst froh sein, dass sie dir überhaupt zuhört. Sie könnte auch sagen: 'Nein, danke, es reicht'. Sie könnte dich gleich hier und jetzt stehen lassen und wegfahren. Aber sie tut es nicht. Sie bleibt hier stehen und stellt lediglich eine völlig berechtigte Frage. Also reiß dich zusammen. Oder soll sie etwa den Eindruck von dir gewinnen, dass du sie nicht ernst nimmst?‹

Manchmal war ich meinem inneren Kindergarten, wie ich diese Stimmen aus dem Untergrund nannte, dankbar für die Debatten, die sich irgendwo in mir zwischen Unterbewusstsein und Bewusstsein abspielten. Es hatte mir schon oft geholfen, Klarheit zu gewinnen und Entscheidungen zu treffen. Auch diesmal half es mir, Schwerpunkte zu setzen und zu erkennen, was mir wirklich wichtig war: die Pflege der eigenen beleidigten Leberwurst oder mein Kind? Ich musste fast lachen. So eine Frage! Ich hatte Marlene doch nicht endlich neu gefunden, um wegen einer einzigen Frage, die mir nicht in den Kram passte, gekränkt zu sein und mein Kind gleich wieder zu verlieren. Also strengte ich mich an, ruhig zu bleiben.

»Rewelow ist für mich mit der Weihe der Isis an Anubis verbunden«, sagte ich. »Hier, in diesem Mausoleum, in diesem Wäldchen, in diesen Gräbern wurde ich mit 9 Jahren gefoltert und lebendig begraben. Ich wollte, dass du diesen Ort mit eigenen Augen siehst, ehe ich dir mehr davon erzähle.«

Marlene schien etwas sagen zu wollen. Sie öffnete den Mund und schwieg dann doch. Tastend suchte ihre Hand die meine. »Da?«, fragte sie und zeigte auf das zerborstene Grab mit dem über der Bodenplatte stehenden Regenwasser.

»Das daneben«, gab ich zurück. »Das mit dem Ring. Den haben sie wegen mir gesetzt. Damit sie die Platte besser bewegen konnten.«

Marlene schüttelte sich in spontanem Schaudern. »Komm weg hier«, bat sie. »Lass uns zum Auto gehen. Du kannst mir ja unterwegs erzählen. Ich bleib heute Nacht bei dir, wenn ich darf. Dann haben wir Zeit genug.« Fest drückte ich ihre Hand, ehe wir uns abwandten und diesen Ort verließen, der für mich wohl immer der Mittelpunkt des Grauens bleiben wird.

Es dämmerte schon. Die Bäume des Wäldchens von Rewelow schienen näher zu rücken. Viele von ihnen waren mit schwarzen und roten Zeichen versehen: Wicca-Kröten mit und ohne

Monde, Drudenfuß-Pentagramme, die Faust mit gestrecktem Zeige- und kleinem Finger, Namen wie Adonai, Asmodi, Urian, die Zunge herausstreckende Fratzen, Drei-Balken-Kreuze mit sich windenden Schlangen, Yoni- und Phallussymbole wechselten einander auf den glatten Stämmen der Buchen ab.

»Fällt dir was auf?«, machte mich Marlene aufmerksam. »Wenn du den Zeichen nachgehst, läufst du im Kreis. Ist das alt?«

»Nein. Das machen die jungen Leute, die sich hier treffen. Sie zünden Feuer an und tanzen. Manchmal trommeln sie, sagen die Leute im Dorf. Dann dröhnt der Wald die ganze Nacht bis hinunter in den Ort. Sie glauben, dass sie damit Dämonen anlocken und Kontakt zu den Toten aufnehmen können.«

»Mutti!« Marlene schrak plötzlich zusammen und krallte sich an meinen Arm. »Da hinten, Mutti, ist da jemand? Da ist doch jemand, guck doch! Komm, schnell, nichts wie weg hier. Mutti!«

Aber ich lief nicht mit, als sie mich an der Hand hinter sich her und fort zum Auto zerren wollte. Sie hatte nur meine Nike gesehen, meinen trauernden Schutzengel. Wie eine lebendige junge Frau schien er aus dem Baumschatten auf eine kleine Lichtung herauszutreten und mit einem kleinen Mädchen an der Hand auf das Mausoleum zuzugehen. Ihre lebensgroßen Figuren waren nicht aus Fleisch und Blut, sondern aus hellem Flusssandstein gemacht. Aber der seelenvolle Schmerz des schönen Engelsgesichtes war wie aus dem Leben geschnitten und rührte mich auch in diesem Moment wie damals an, als ich ein Kind war und glaubte, dass es mein eigener Stein gewordener Schutzengel sein müsse, der mich aus dem Leben führte.

Mein Widerstand ließ Marlene stehen bleiben. »Es ist nur eine Statue«, sagte ich. »Der Todesengel. Ich habe ihn immer als meinen Schutzengel angesehen. Siehst du das Kind? Die Augenbinde zeigt, dass es tot ist, dass seine Augen für das Leben verschlossen sind. So haben sie meine Augen auch verschlossen, als sie mich hierher gebracht haben. Und meine Mutter hat mich geführt. Sie trug nur kein so schönes Kleid.

Beim ersten Mal hatten sie mich spät in der Nacht geweckt. Ich war neun Jahre alt. Völlig benommen wankte ich aus dem Kinderzimmer nach unten. Nur der Schein der Taschenlampe, die meine Mutter mit der Hand abschirmte, warf etwas Licht auf Treppe und Flur.

›Mir ist kalt‹, flüsterte ich schlaftrunken und wurde in eine kratzige Decke gehüllt, ehe sie mir die Augen verbanden und mich in das vor der Haustür haltende schwarze Auto schubsten. Gleich darauf hörte ich meine Mutter auf dem Beifahrersitz einsteigen und geräuschlos die Tür schließen. Im Leerlauf rollte der Wagen an. Erst weiter unten, hinter der Kurve, startete er durch.

Schnell ahnte ich, wohin es ging. Mein Körper erkannte die Fahrtstrecke hinaus zum Wald an der Straßenlage des Autos, an den Kurven und Geraden, an jedem Schlagloch. ›Angst! Angst!‹, blinkte mein inneres Warnsystem. Ich war hellwach. ›Wenn sie halten!‹, dachte ich und immer wieder: ›Wenn sie halten.‹

Und dann geschah es wirklich. Sie hielten an der Stelle, von der ich wusste, dass es neben dem Auto eine Böschung gab und dahinter ein Feld mit hohem Mais. ›Pinkelpause!‹, rief mein Onkel Bernd. ›Wer muss noch mal, wer hat noch nicht?‹, und schlug Augenblicke später mit wohlbekanntem Ächzen sein Wasser über dem Vorderreifen an der Fahrerseite ab. Auch meine Mutter machte sich davon, indem sie sich kichernd in die Büsche schlug, die auf der anderen Straßenseite wuchsen.

Woher ich den Mut nahm, weiß ich nicht, aber er war da, und ich klinkte die Autotür auf und ließ mich fallen und drückte sie leise, leise von außen wieder zu und rollte, rollte, rollte, bis ich irgendwo an harte, derbe Stängel stieß und mich auf allen vieren in ihren schützenden Verhau zwängte. Sekunden später rollte das Auto davon. Ich zitterte am ganzen Leib, als ich mir die Binde von den Augen riss und so schnell so weit wie möglich zwischen den Maisstangen tiefer ins Innere des Feldes floh.

Mit Ohren, welche die Angst schärfte, hörte ich das bekannte Singen der Autoreifen zurückkehren. Sie suchten mich. Mein Onkel stellte das Auto breit auf die Straße, so dass die Scheinwerfer sich in die Nacht und in den Mais bohrten. Mein Herz schlug so laut, dass es mir fast aus den Ohren trommelte. Ich schob die Faust in den Mund, um nicht zu schreien, während ich mich an den Boden schmiegte und erstarrte.

Ihre brüllenden Stimmen griffen wie mit Händen nach mir. Das Brechen der Maisstangen knallte wie Schüsse in meinen Ohren, als mein Onkel sich ins Feld wälzte. Alles in mir gefror zu Eis.

Doch als Mutter und Onkel sich schreiend verfluchten, dass er, nein, sie nicht richtig auf mich aufgepasst hätten. Als die Stampfschritte meines Onkels unweit von mir in die Irre gingen, breitete sich eine solche Wärme, eine fast irre Freude in mir aus, dass ich kaum liegen bleiben konnte. Sie wussten nicht, wo ich war. Sie fanden mich nicht. ›Ich bin Isis‹, dachte ich, ›die Eine und Alle. Und ich bin schlauer als ihr.‹«

»Trotzdem schnappten sie dich«, meinte Marlene, während sie die Autotür aufschloss und sich hinter das Lenkrad ihres eigenen Wagens setzte, ehe sie mir die Beifahrertür von innen aufschob.

»Ja. Aber erst später, als sie mit dem Hubschrauber kamen und das Feld ableuchteten, während sie gleichzeitig mit Suchhunden durch den Mais zogen.« Ich schnallte mich an und lehnte den Kopf an die Nackenstütze zurück. »Sie griffen mich, obwohl ich schrie und trampelte. Und sie brachten mich zu meinen Eltern zurück, obwohl ich heulte, dass ich ins Kinderheim will, dass ich alles mache, wenn ich nur nicht zu ihnen nach Hause muss, dass ich Angst habe, dass ich lieb sein werde, dass ich alles verspreche, wenn ich nur nicht zu ihnen muss. Aber die Polizisten lachten bloß. ›Die ist wirklich übergeschnappt‹, sagte einer von ihnen. Da war ich still, denn jetzt wusste ich, dass sie mir nicht helfen würden. Meine Mutter hatte immer behauptet, dass sie sagen würden, ich sei verrückt, wenn ich ihnen einmal weglaufen sollte. ›Wir finden dich‹, hatte sie geschworen. ›Egal, wo du bist, wir kriegen dich. Versuch es erst gar nicht. Die Rache des Seth ist fürchterlich.‹ Und ich wusste, dass sie nicht log. Aber ich hatte es trotzdem versucht. Ich war verloren. Ich war schon tot.«

»Da du noch lebst …«, versuchte Marlene einen Scherz.

»Richtig.« Ich lächelte zu ihr hinüber und versuchte, das Glücksgefühl zu speichern, das mich beim Anblick ihres lieben Gesichtes durchrieselte. Sie hatte die etwas scharfen Züge meiner Oma geerbt. Die hoch gewölbten Augenbrauen, den schmalen, geraden Nasenrücken, die vollen Lippen und sogar die langen, ungewöhnlich dichten Wimpern, die ihre Augen wie mit Samt umsäumten.

»Gefalle ich dir?«, fragte sie und zog mit einer Bewegung die eine Braue hoch, dass ich plötzlich ihren Vater vor mir zu sehen glaubte, an den ich ewig nicht gedacht hatte.

»Sehr«, sagte ich und legte mir ihre Hand an die Wange.

»Du gefällst mir auch«, sagte sie. »Hatte ich fast vergessen.« Das Schweigen zwischen uns war schön.

Marlenes Auto lief wie von selbst. »Als die Polizei mich zu Hause ablieferte, zeigten meine Eltern sich von ihrer Zuckerseite. Sie taten und redeten, als sei alles ein schlimmer Zufall gewesen. Wir hätten alle eine Pipipause eingelegt. Und dabei sei es passiert. Sie hätten geglaubt, ich sei schon im Wagen und unter die Decke gekrabbelt. Erst nach ein paar Kilometern sei ihnen aufgefallen, dass ich weg sei. Sofort hätten sie kehrtgemacht und nach mir gesucht. Verzweifelt seien sie gewesen. Todesangst hätten sie um mich gehabt.

Und dann machten sie viel Radau um mich und dass ich doch nur ja nicht krank werden dürfe. All das, was zu einem guten Theaterstück gehört. Die Polizisten bekamen feuchte Augen, so griff ihnen die Jammerei meiner Mutter ans Gemüt. Dass sie mir hinter dem Rücken die Faust ballte, sah nur ich.«

»Oh, je!«, meinte Marlene. »Wie lange konntest du danach nicht sitzen?« Vielleicht hatte sie die Frage nicht wirklich ernst gemeint. Aber sie hatte Recht, ich hatte im Bett bleiben müssen, weil meine Mutter nach der Prügelorgie Angst bekommen hatte, jemand in der Schule könne meinen pflaumenblau verfärbten Allerwertesten sehen und dumme Fragen stellen.

»Über eine Woche«, sagte ich. »Zum Glück war ich ja allgemein als krankes Huhn bekannt. Und da sie auch in der Nachbarschaft die Geschichte vom armen zufällig, unglückseligerweise verlorengegangenen Schätzchen verbreitet hatte, dachte sich niemand etwas dabei, dass ich krank war. Außerdem kam ja auch mein Kinderarzt zur Hausvisite.

Dass er kam, um den riesigen Bluterguss zu behandeln und mir Spritzen gegen die Thrombosegefahr zu geben, damit ich nach zwölf Tagen erneut meiner Bestimmung zugeführt werden konnte, ahnte ja niemand. Offiziell kam er, weil ich angeblich eine schwere Bronchitis und Albträume wegen der Stunden im Maisfeld hatte. Das musste gesagt werden, weil ich in meiner Angst vor der Rache des Seth tatsächlich schlecht träumte und dabei mehrmals so laut geschrien hatte, dass man es in der Nachbarschaft hörte.«

»War das der Typ, mit dem deine Mutter mal was hatte?« Marlene griff ins Handschuhfach. »Willst du?« Sie bot mir einen Kaugummi an.

Ich schüttelte dankend den Kopf. Meine Zähne waren nicht mehr für Kaugummis geeignet. Wer einmal mit der Mundbirne geweitet wurde, weiß, was ich meine. Dabei handelt es sich um ein Gerät, ähnlich einem modernen Korkenzieher, jedoch nicht mit zwei, sondern mit vier beweglichen Metallteilen. Mit Hilfe einer Mittelschraube und einem zwischen den Metallteilen befindlichen Gestänge kann diese Birne ähnlich wie ein Regenschirm bedient werden. Mein Opa, der mit seinen Uhrmacherfingern bis ins Alter hinein ein geschickter Tüftler war, hatte das Wunderding nach dem Vorbild einer mittelalterlichen Abbildung erschaffen. Eigentlich sollte es nicht benutzt werden. Aber was hieß schon eigentlich, als meine Oma tot und meine Mutter die alleinige Herrin in Seth geworden war?

Eng gefaltet, passt diese Birne geschlossen in jeden Mund. Dreht man dann an der Schraube, spreizen sich die vier Metalllappen auf und drücken den Gaumen und die Kiefer auseinander. Je nachdem, wie stark man schraubt, desto weiter klaffen die Metallteile auseinander und umso weiter kann man den Mund aufsperren. Wer die Birne im Mund hat, kann nicht schreien, ganz egal, wie entsetzlich weh es tut, und kaum atmen. In jener Nacht auf Rewelow lockerten sie die Birne erst, als ich fast bewusstlos war, damit ich wieder Luft bekam. »Willst du nochmals schreien?«, fragten sie. Und ich schüttelte den Kopf und schwor mit meinem blutenden Mund, in dem die Zähne sich wie gesplittertes Glas anfühlten, nie, nie wieder zu schreien, und schrie doch, als sie mich ins Grab legten und der Deckel über mich fiel.

»Mutti?«, weckte mich die liebe Stimme meiner Tochter aus dem Albtraum Mundbirne auf. »Bist du okay? Du atmest so komisch? Hast du was?«

Meine Zunge fühlte sich pelzig an und wollte nicht recht beweglich werden. »Mhm«, machte ich deshalb stumm und schüttelte den Kopf. Die Mundbirne war nichts, wovon ich Marlene erzählen wollte.

»Wenn du müde bist, schlaf doch«, lud mein Kind mich fürsorglich ein. »Ich pass schon auf. Wir sind ja bald zurück bei dir. Dann kochen wir uns als Erstes einen Kaffee und du erzählst weiter. Okay?«

»Mhm.« Ich schloss die Augen, als sei ich wirklich schläfrig. Manche Erinnerungen sind wie Würgefäuste. Sie strangulieren das Herz.

KAPITEL 24

Der Kaffee war heiß und schwarz, wie Marlene und ich ihn beide lieben. »Na, wieder munter?«, fragte sie und gab damit das Zeichen, dass sie bereit war, das Ende der Rewelow-Geschichte zu hören.

Ich setzte mich außerhalb des Lichtkegels der Stehlampe in meinen Lieblingssessel. Eigentlich war mir noch nicht so ganz nach Reden zumute. Aber dennoch holte mich meine Erinnerung ein. Sie ist immer bereit. Wenn ich sie nicht hinter einem gedachten Staudamm verschließe, ertrinke ich in der Flut dieser Erinnerungen. Manchmal fühle ich mich, als stünde ich am Fuß eines wahrhaftigen, echten Staudammes und versuchte, mit meiner kleinen Menschenkraft die zerberstenden Wände zu verschließen.

Jahrelang hatte ich mir verboten, an die Weihenacht des Anubis auch nur zu denken. Wenn ich nicht daran dachte, würde sie vielleicht irgendwann nur mehr eine hässliche Geschichte, nie wirklich geschehen, nur erträumt oder erfunden, nur die Ausgeburt einer widerlichen Phantasie sein. Etwas, was mir nie widerfahren war. Etwas, das ich gelesen, zufällig aufgeschnappt hatte. Etwas, das ich vergessen konnte. Etwas, das nie wieder von mir gedacht werden musste. Mit aller Kraft hatte ich mich gegen die Erinnerungen gestemmt.

Aber dann war ich krank geworden. Schwer krank. Meine Leber spielte nicht mehr mit. Meine Nieren streikten. In der Lunge fanden sich verklebte Bläschenklumpen, die ihre Arbeit für meinen Organismus bereits eingestellt hatten.

»Sie müssen reden«, sagte mein Therapeut. »Sie müssen loslassen. Lassen Sie die Staumauer brechen. Wir bauen ein Boot. Eine Arche. Steigen Sie ein. Nehmen Sie mit, was Sie lieben. Lassen Sie zurück, was Sie nicht mehr brauchen. Aber bedenken Sie, ein wenig Ballast, genau die richtige Portion Erinnerung, braucht jedes Boot, wenn es nicht kentern soll.«

»Ich nehme Marlene mit«, zählte ich in schlotternder Angst auf. »Ich nehme meine Freundin mit. Ich nehme meine Blumen mit. Meine Bücher. Meinen PC und meine Musik. Meinen schönen Sessel von meiner Oma. Mein Fotoalbum. Mein Schaf. Meine Wolle und mein Stickzeug.«

»Sehen Sie«, sagte der Therapeut, »wie viel Schönes Sie besitzen? Die Arche muss tüchtig groß werden, wenn Sie alles einladen wollen. Jetzt zählen Sie auf, was Sie nicht mitnehmen wollen.«

»Seth«, wollte ich schreien. »Seth bleibt draußen.« Aber ich wagte es nicht. Und dann schrie ich : »A-nu-bis! A-nu-bis bleibt draußen.«

»Wer ist Anubis?«, fragte der Therapeut. Und ich erinnerte mich an die Nacht, in der ich meine Oma dasselbe gefragt hatte. Meine Oma antwortete nicht, denn sie war tot. Ich lebte. Aber auch ich antwortete nicht.

Jetzt sah ich meine Tochter an, deren Gesicht im Lichtschein zart wie Elfenbein wirkte. »Willst du es wirklich wissen? Willst du es mit mir aushalten?« Sie nickte.

Da begann ich zum ersten Mal von Anubis zu reden. Für Marlene. Nahtlos knüpfte ich an die Geschichte meiner Flucht ins Maisfeld und erzwungenen Heimkehr an.

»Das zweite Mal holten sie mich mit einem weißen Krankenwagen ab. Da ich noch nicht wieder zur Schule gehen konnte, machte es nichts aus, bereits tagsüber zu kommen. Wohin sie mich fuhren? Ich kann dir den Ort nur von innen beschreiben.«

Mit beiden Händen berührte ich meine Augäpfel, die urplötzlich unter den geschlossenen Lidern hin und her zu jagen begannen. Schon trugen mich meine Gedanken in die Folterkammer meiner Kindheit zurück. Das unauslöschlich in mir gespeicherte Bild brach auf. »Ein Raum wie eine große Halle, weiß gekachelt, mit vielen Duschen an den Wänden«, schilderte ich, was ich wieder wie damals sah. »Es riecht nach Desinfektionsmittel. Dahinter ein anderer großer Raum, Neonbeleuchtung an den Decken, sehr grelles, beißendes Licht. Es tut meinen Augen weh. Ein Metalltisch mit seltsamen Rinnen an den Seiten, hochfahrbar mit dem Fuß. Man kann ihn nach allen Seiten kippen und aufgerichtet hinstellen. An den Seiten Lederbänder und Gurte. Darüber eine runde Lampe mit verschiedenen Scheinwerfern. Seitlich in der Mitte Ringe und Ketten an den Wänden. An der Decke ein Ding mit Seilen und Rollen. Ein Flaschenzug?

An der einen Seite des großen Raumes eine Tür, schmäler als die, durch die sie mich soeben brachten. Dort geht es steil auf einer Eisentreppe abwärts in den Keller, zu großen Heizungsöfen. Ich war früher schon dort gewesen. Damals, als sie mich in den Ofen einriegelten. Als sie mir sagten, sie würden mich verbrennen wie die Hexe bei Hänsel und Gretel.

Meine Beine wackeln. ›Nein‹, flehe ich. ›Ich will da nicht rein.‹ Aber sie stoßen und zerren mich weiter. ›Es ist eine Ehre für dich‹, zischt meine Mutter. ›Du bist auserwählt. Du bist Isis, die Eine und Alle. Schrei nicht, sonst machst du uns bloß noch mehr Schande.‹

Auf der anderen Seite sehe ich eine Tür zu riesigen Kühlschränken, einige davon mit herausfahrbaren Schubladen. Auch diese kenne ich schon. Von innen lassen sie sich nicht öffnen. ›Zuerst friert man‹, denke ich. ›Dann wird man müde. Dann schläft man ein.‹

Die letzte Tür führt zu einer Kapelle. Ob ich jemals drinnen war? Buntes Licht wie aus farbigen Scheiben sehe ich von dort.

Es ist eher dunkel. Welke Blumen stehen in einer spitzen Vase. Ich erkenne sie. Es sind Chrysanthemen. Ihre dicken cremigen Köpfe hängen schlaff über die Vase herunter.

Ich werde zunächst in den ersten Raum gebracht. Habe eine Augenbinde, sehe absolut nichts. Es ist erdrückend leise, obwohl viele Leute da sind. Das spüre ich deutlich. Sie atmen fast unhörbar. Doch ihre Körper sind wie Wände, an denen mein inneres Echolot aufprallt und abprallt und meiner Seele meldet: ›Achtung, Gefahr!‹

Meine Mutter hat mir gesagt, ich solle endlich Anubis geweiht werden. Die Zeit sei fast schon wieder überschritten. Alles, was jetzt käme, habe ich so gewollt. ›Du wolltest es so. Du hast uns keine andere Wahl gelassen. Dein schlechtes Benehmen hat alles unnötig erschwert. Du hast dir selbst zuzuschreiben, was jetzt passiert.‹

›Was passiert?‹, will ich fragen. Aber sie wirft mich schon weg. Sie hört mich nicht an. ›Wer ist Anubis?‹, denke ich und spüre, wie die Angst in mir hochrast. ›Oma‹, schreit es in mir. ›Ich habe es vergessen. Bitte, wer ist Anubis?‹ Aber meine Oma ist tot. Sie kann mir nicht antworten. Der Kummer um ihren Tod lässt mich weinen. Die Tränen rinnen in die Augenbinde.

Ich werde durch viele ausgezogen. Viele Hände auf meinem Körper. Sie heben mich in die Luft, tragen mich, legen mich mit dem Bauch auf den kalten Boden, halten mich fest. Der Rücken, der Po, alles wird mit einer Salbe eingerieben. Sie sagen: ›Das ist der Feuerbrand des Seth. Er wird dich verbrennen, weil du uns weggelaufen bist. Das ist die Strafe des Seth. Du musst brennen. Innen fängt es an. Hörst du das Feuer?‹ Ich höre ein Streichholz über die Reibefläche ratschen, das leise Aufzischen der Flamme. Es wird heiß an mir. Und es brennt. Es brennt.

Rasend werden vor Angst. Ist es tatsächlich Feuer? Die Augen verbunden, ich sehe nichts. Die Hände auf dem Rücken gefesselt. Ich kann nichts tun. Ich schreie, schreie. So laut, so gellend. Es knackt in den Ohren, so laut schreie ich. ›Löscht mich!‹, brülle ich.

Sie sagen, ich solle mich kratzen. Sie sagen, sie haben eine Salbe genommen, die Feuerpaste heißt. Wenn man sie nicht schnell genug abkratzt, brennt sie von selbst. Sie brennt schon von der eigenen Körpertemperatur. Sie lachen, klatschen, spornen mich an, als ich aufspringe und an die Wand renne, um die Salbe von meinem Rücken abzuscharren. Sie kreischen vor Vergnügen, als ich mich auf dem Boden wälze und immer noch brenne.

Ein Trank soll helfen, erlösen. Sie sperren meinen Mund auf. Sie sagen, sie schütten Balsam hinein. Aber es ist kein Balsam. Es ist bitter, gallig, klebrig. Ich spüre die Erlösung nicht. Ich kann nicht mehr schreien, etwas in meinem Mund quetscht die Zunge ein. Sie wird dick. Der Atem stockt. ›Anubis! Anubis!‹, höre ich es rufen. ›A-nu-bis! A-nu-bis!‹

Etwas Wildes ist über mir, eine lange, nasse Zunge, die mich am ganzen Körper leckt, etwas Heißes, das in mich fährt, immer wieder, immer schneller, zittert, zittert. Ich sehe es nicht, ertaste es nicht, kann es nur riechen. Es riecht nach Tier. Nacht um mich.«

Meine Tochter sprang auf. Sie war schneeweiß im Gesicht. »Mutti!« Sie starrte mich an, umarmte mich. »Mutti!« Wiegte mich. Alle Schmerzen fielen von mir ab für diesen Moment der gemeinsamen Tränen und der warmen, sanften Liebe des einen Menschen, der zu mir gehört; für diesen einen Moment der Liebe meines Kindes.

»Und danach«, sagte Marlene endlich und zündete sich mit flatternden Händen ihre Zigarette an, »danach haben sie dich raus nach Rewelow gekarrt und lebendig begraben?« Es ist keine Frage. Sie stellt es fest. Klar, ohne jeden Zweifel. Ich muss nur noch »Ja« sagen.

»Man sollte sie anzeigen«, murmelte mein Kind. »Warum hast du sie niemals angezeigt, Mutti?«

»Warum?« Eine gute Frage. Ich kann nicht zählen, wie oft ich sie mir gestellt habe. Die einzige Antwort ist, dass ich Angst hatte und immer Angst haben werde. Und genau das bekannte ich nun auch Marlene. »Sie haben ihre Menschen und Netzwerke überall auf der Welt. Nur die Wissenden sind eingeweiht. Nur sie, die wie ich in diesen Strukturen leben oder gelebt haben, wissen, dass es alles das und noch viel mehr gibt als das, was ich dir erzählt habe, mein Kind.«

Marlene schwieg.

»Du erinnerst dich noch an die Toten, die sich ›Sonnentempler‹ nannten?«, fragte ich, eindringlicher um ihr Verständnis werbend. »Sie haben sich angeblich das Leben genommen. Aber sie wurden ermordet. Selbst die Kinder.«

Widerstrebend stimmte Marlene mir zu.

»Du erinnerst dich auch an ›Colonia Dignidad‹ in Chile? Die Menschen dort durchlebten ganz Ähnliches wie ich. Und die Wurzeln der ›Colonia Dignidad‹ liegen hier bei uns, in Deutschland, sogar ganz nahe hier bei uns im Osten. Wer sagt, dass es nicht die Wurzeln sind, aus denen ich stamme?«

»Meinst du wirklich?« Marlene schob mich auf Armeslänge von sich, um mir nicht den Zigarettenrauch ins Gesicht zu pusten, dessen Inhalieren und langes Ausatmen ihr halfen, sich zu fassen und das Grauen abzuschütteln, das sie immer wieder befiel.

»Ich weiß es nicht, Marlene«, gab ich zu. »Aber in Berlin gibt es wieder Orden wie damals. Sie nennen sich ›Astrum Argentum‹ oder so ähnlich. Erinnerst du dich? Ich sagte dir vorhin, dass der Name der Geheimloge, der mein Urgroßvater angehörte, ›Lux Argentum in Nomine Seth‹ lautete. Das ist ähnlich. Zu ähnlich. Wer sagt mir, dass nicht dort die Nachfolger der Sekte sind?«

»Hast du deshalb an der Demonstration gegen das Zentrum für experimentelle Gesellschaftsgestaltung in Berlin teilgenommen?«, grinste meine Tochter. »Weil die dort Sternenzauber, Astralreisen und Beschwörungsrituale anbieten?«

»Ja«, nickte ich. »Ich habe Angst, aber ich kann nicht zusehen, wenn es wieder passiert. Die Kinder, die Jugend, die sich darauf einlässt, ist so dumm, so verführbar. Sie wissen nicht, was wirklich auf sie zukommt. Sie sind neugierig. Und plötzlich sind die Türen zu. Auf einmal ist es passiert. Denkst du noch an diesen Sandro aus Thüringen? Der umgebracht wurde, weil seine Mörder an Satan glaubten. Oder an das Liebespaar, das neulich vor Gericht stand, weil es grausamste Ritualmorde für Satan begangen hat? Es sieht nur so aus, als wären es Einzelne.«

»Und was ist mit Zeugen?«, hakte Marlene nach. »Die Großeltern?«

»Mein Vater hat Alzheimer und Parkinson.« Ich schüttelte entschieden den Kopf. »Meine Mutter erklärt mich für irre, wenn ich ihr damit komme. Sie hat mir dies seit jeher so angekündigt. Sie würde sich darauf berufen, dass ich seit Jahren in Psychotherapie und psychiatrischer Behandlung bin. Sie würde alles bestreiten, was ich sage. Ich könnte niemanden als Zeugen benennen, wenn ich denn jemals den Mut aufbringen würde, um Anzeige zu erstatten. Und außerdem ist es zu spät. Was sie getan haben, ist verjährt.«

Sekunden lang schauten wir uns schweigend an. »Nein, Marlene«, sagte ich schließlich. »Es gibt keine Anzeige. Es gibt nur dich und mich. Und dass du mir glaubst. Für mich ist das alles jetzt endgültig vorbei. Es hat mein Leben so lange vergiftet und uns beide fast getrennt. Lass es ruhen. Es ist vorbei, nicht vergessen, nicht vergeben. Aber ich kann damit leben. Und ich will nicht die mir verbleibende gute Zeit damit verbringen, dass ich sie der schlechten hinterherwerfe.«

Marlene nickte. »Hast du das geschrieben?«, fragte sie und zog ein gelbes Blatt Papier aus dem Stapel hervor, den ich seit Tagen für unsere Aussprache vorbereitet hatte. »Sieht wie ein Gedicht aus. Ist es das?«

Unsicher nickte ich. Ich fühlte mich nicht als Gedichteschreiberin. Manchmal sprangen mir Erinnerungen in fertigen Wortblöcken in den Sinn. Dann schrieb ich sie auf. Untereinander, weil die Worte für mich in diesem Rhythmus klangen. Abgehackt wie das Grauen, von dem sie handelten.

»Eingesperrt ein Kind«, las meine Tochter vor.
»Eingesperrt in ein dunkles Loch.
Wissen wollen:
Wie viel hält ein Kind aus.
Welches Maß ist das äußerste.
Ab wann bleibt der Tod.
Ohne Essen,
Ohne Trinken,
Dunkelhaft,
Isolationshaft,
Beugehaft.
Das Kind glauben gemacht:
Nie mehr die Sonne sehen.
Nie mehr diesem Loch entfliehen.
Nie mehr hier herauskommen.
Ein Leben ohne Hoffnung, ohne Licht.
Das Kind glauben gemacht:
Nur der Wahnsinn erlöst.
Nur der Tod bringt Erleichterung.
Nur dieser Weg ist offen.
Tagelang
grausam allein.
Ein Kind

Erst neun Jahre alt.
Kein Kind mehr.
Ich.«

Marlene ließ das Blatt sinken. »Wie bist du damals wieder rausgekommen?«, fragte sie. »Wie konnten diese Monster dir das nur antun? Drei Tage lang in so einem Loch. Du hättest verrückt werden können, erfrieren können. Alles wäre möglich gewesen. Und was hätten sie dann gemacht, ohne ihre Isis?«

»Als ich nach der Anubisweihe wieder zu mir kam, waren wir auf Rewelow«, sagte ich. »Sie legten mich in dieses Grab. Sie sagten, ich müsse drei Tage und drei Nächte aushalten. In Wirklichkeit waren es drei Stunden. Ich habe sie jedoch wie dreihundert Jahre empfunden.«

KAPITEL 25

Noch eine letzte Tasse, ehe wir zu Bett gehen?«, fragte Marlene und ging in die Küche, um zum wiederholten Mal neues Wasser aufzubrühen. »Weißt du noch, wie du das Wasser drei Mal hintereinander anbrennen lassen hast?«

Trotz aller inneren Aufgewühltheit und Anspannung musste ich lachen. Es stimmte, ich hatte es tatsächlich geschafft, drei Töpfe zu ruinieren, weil ich Kaffeewasser aufgesetzt und dann auf dem Herd vergessen hatte. Jedes Mal war ich erst aufgeschreckt, als die leer gekochten und nun trocken verschmorenden Töpfe einen geradezu bestialischen Gestank verbreitet hatten. »Immerhin!«, rief ich. »Das kann nicht jeder. Oder hast du das auch schon mal fertig gekriegt?«

Marlene trat mit dem gefüllten Topf, von dessen Rand das Wasser perlte, an die Küchentür. Sie grinste koboldhaft. »Ich? Ich hab mir einen Kaffeekocher gekauft, mit Abschaltautomatik. Extra wegen dir. Gene sind Gene. Man kann ja nie wissen.«

Der Herdschalter in der Küche knirschte, als sie ihn auf die höchste Heizstufe drehte. »Der Knopf ist ja immer noch total verquarzt«, hörte ich sie mit diesem Staunen rufen, das uns überfällt, wenn wir lange Vermisstes und verloren Geglaubtes überraschend wiederfinden. ›Ob sie wohl je ermessen kann‹, dachte ich, ›wie sehr ich ihre frische Unbekümmertheit und ihre kreativen Wortschöpfungen vermisst habe?‹ Marlenes Stimme: »Hast du auch solchen Hunger? Soll ich uns was machen?« Vertraute Frage.

»Ja«, rief ich zurück, wie ich stets zurückgerufen hatte. »Gern.« Sie hatte immer gern für uns beide etwas zu essen gezaubert. Mir Frühstück ans Bett gebracht. Mir für den Abend Kamillentee gekocht. Kuchen als Überraschung gebacken, während sie allein zu Hause war, und mir unter die Bettdecke geschoben, so dass ich ihn erst finden konnte, wenn ich schlafen gehen würde.

›Hast du damals nicht gemerkt, dass das alles Zeichen für die Worte waren, die sie nicht sagte?‹, fragte ich mich und gab mir die Antwort selbst. Ich hatte es nicht gemerkt. Ich hatte nicht gemerkt, wie lieb mich mein Kind hat. Und ich hatte nicht gemerkt, wie lieb ich mein Kind habe. ›Wie denn auch?‹, schien jemand in mir zu protestieren. ›Woher denn auch? Wer hat dir das denn beigebracht?‹ ›Niemand!‹, sagte eine andere Stimme aus der Tiefe meiner Seele. Und mir war so, als käme sie von einem kleinen Mädchen, das tief in einer Mauernische kauert, die so eng ist, dass nicht einmal der schwarze Hund hinter ihr hereinrobben kann, den sie immer schicken, wenn sie wieder einmal ausgerissen ist. Das Mädchen war ich. Ich erinnerte mich.

Sie hatten mir gesagt, dass ich artig sein müsse. Die Herren sollten kommen. Ich wusste, damit waren die in den schwarzen Anzügen gemeint, die mit den goldenen Uhrketten und den schönen farbigen Anhängern daran, wie auch mein Opa einen besaß. Wenn sie kamen, taten sie mir weh. Sie hatten einen Apparat, den sie »Sethorgan« nannten. Er sah aus wie ein dicker verkabelter Dorn, der nicht rund, sondern mit vielen Kanten geschliffen war. Wenn sie mich holten, legten sie mich auf ein Brett und banden mich fest. Sie drückten eine kalte klebrige Paste aus einer Tube und schnallten runde Metallscheiben an mir fest. An den Schläfen zwei, viele auf meinem struppigen Kopf, an den Brustwarzen zwei, zwei in den Leisten. Dann steckten sie kleine Stecker mit langen dünnen Kabeln in die Metallscheiben und schoben den dicken Dorn in mich hinein. »Das ist die Schlange des Seth«, sagten sie zu mir. »Merkst du sie in deinem Bauch?« Und dann stellten sie den Strom an, der sich zuerst wie leichtes Kribbeln anfühlte und zuletzt wie ein Hämmern in mich trommelte, bis er mich innen und außen am ganzen Leibe zittern und zucken ließ, bis ich irgendwo in mir drinnen zu zerspringen schien, bis ich aufschrie. »Du musst schneller kommen«, sagten sie und fingen von vorn an.

Ich weiß nicht mehr, wann die schwarzen Männer anfingen, mich mit dem »Sethorgan« zu behandeln. Rückblickend fällt mir ein, dass es nicht immer dasselbe Gerät war. Es schien meiner Größe angepasst zu werden. Aber immer hatte es mich so oft in meinem Innern zerrissen, bis mein Kopf in einer schillernden Blase zu zerspringen schien und die Nacht über mich fiel, die sie das Licht des Seth nannten.

Wenn die Männer kamen, gab es kein Entrinnen. Meine Mutter stand dabei und sah zu, und dabei hielt sie das Geld an die Brust gedrückt, das sie ihr für mich bezahlt hatten. Später sagte sie mir, es sei ein medizinisches Experiment gewesen. Man habe an mir untersucht, ob der menschliche Körper unter Einwirkung von künstlicher Energie ebenso wie der pflanzliche Organismus zu schnellerer Reife gelange. »Es war eine Ehre für uns«, sagte sie. »Außerdem haben sie gut gezahlt. In Westmark. Da kam dein Spaß uns wenigstens allen zugute.«

Nur bei diesem einen Mal war ich entkommen, als ich ihnen nackt davonsprang und mich in einem Mauerspalt verbarg, in den ich mich, auf dem Bauch liegend und mit den Füßen zuerst, hineinschieben konnte. Während ich tiefer rutschte, hörte ich Pfotenscharren und raues, wütendes Bellen vor meinem Versteck. Ich hörte den hechelnden Hundeatem. Immer wieder schob sich der Kopf mit dem langen zottigen Bart und den wütend funkelnden Augen in meine Höhle herein und blieb doch jedes Mal stecken.

Ich hörte die heranrennenden Schritte der anderen, ihr Brüllen: »Isis! Isis!« Ich sah die Arme, die sich lang nach mir ausstreckten und doch zu kurz waren, die Finger wie Krallen nach mir greifen. Ich sah den langen Haken auf mich zukommen, mit dem sie nach mir stocherten und mich doch nicht erreichten.

»Ätschbätsch, altes Loch, komm herein und fang mich doch!«, höhnte ich in meiner Todesangst und nahm mit dieser Zuflucht in die Frechheit die letzte Hilfe, die ich mir in meiner Seele geben konnte, ehe ich vielleicht wahnsinnig geworden wäre. Wortlos, intuitiv, reduziert auf Instinkte, von deren Existenz ich nichts wusste, fühlte ich mich plötzlich sicher, so unsagbar sicher. Ich war Isis, die Eine und Alle. Ich hatte die Kraft des Seth in mir. Ich, glühte es in mir, ich bin stärker als alle. Bis der Schlauch kam und das Wasser und sie mich halb ertrunken herauszogen.

›Fort! Fort mit euch, ihr Erinnerungen!‹, schrie ich stumm in meinem Kopf und sprang auf, um zu Marlene in die Küche zu gehen. Sie konnte nicht wissen, wie innerlich uralt mich ihr Verschwinden damals zurückgelassen hatte. Wie jäh abgeschnitten von allem, was lebendig und veränderbar in meinem Leben gewesen war. Mich auf mich selbst reduziert hatte. Gezwungen, mit mir auszukommen und zu lernen, mich, Isis, als lebensberechtigte und lebenswerte, als positive Schöpfungseinheit anzunehmen.

Marlenes Hantieren im Ohr, ihre raschen Handgriffe und ihr flüchtiges Zulächeln im Blick, stützte ich den Kopf in die Hand und ließ meine Gedanken zu den Tagen zurückschweifen, die vielleicht die unbeschwertesten meines Lebens waren, die Tage mit Marlenes Vater. »Hab ich dir schon mal erzählt, wie ich deinen Vater kennen gelernt habe?«

»Du nicht.« Marlene schob die Pfanne mit den fertig gekochten Nudeln ins Ofenrohr, um sie mit Käse zu überbacken.

»Aber die Omi. Sie hat mir gesagt, du hättest ihn überhaupt nicht gekannt.«

Ich schüttelte den Kopf. »Wir hatten uns im Frühling zum ersten Mal gesehen. Ich hatte gerade mit meiner Schreinerlehre angefangen. Er war frisch gebackener Ingenieur. Beide mochten wir eine bestimmte Musik gern hören. Und bei einem Konzert trafen wir uns auch. Die zehn Jahre Altersunterschied merkten wir kaum. Er war schwarzhaarig wie du, so ein eher drahtiger Typ, und er fasste mich an, als ob ich eine Prinzessin wäre, so zart und sanft und schüchtern. Ich hatte noch nie einen Menschen erlebt, der mich gefragt hat, was ich will. Ob er mich in den Arm nehmen und mal drücken darf? Ob ich mit ihm tanzen will? Ob er mich duzen darf? Ob er mich küssen darf?«

Meine Tochter grinste von einem Ohr zum anderen. »Also hast du dich in ihn verknallt, ja?« Das hatte ich mich auch schon oft gefragt.

»Ich weiß es nicht. Ehrlich! Es war schön, von ihm so zartfühlend behandelt und bei allem gefragt zu werden. Das hat mir gefallen. Wir haben uns verabredet und viel zusammen gelacht.«

»Und das war so einfach möglich?« Marlene schaute mich nicht an, weil sie mit der Auflaufform beschäftigt war. Es schien so unbedeutend, dass sie ausgerechnet jetzt die Nudeln und den Käse mit der köchelnden Sahnemasse testen musste. Aber mein inneres Warnsystem schlug Alarm. Misstraute sie mir?

»Ich war 15 Jahre alt«, sagte ich und prüfte jedes Wort sorgfältig, das ich wählte. »Meine Eltern waren damit beschäftigt, den Vollzug meiner Hochzeit in Seth vorzubereiten. 15, in der Quersumme 6: Es war das richtige Jahr, um endlich den großen Tag der Empfängnis des Großen Tieres 666 zu begehen. Sie glaubten, an mir ihre Pflicht erfüllt und alles getan zu haben, um mich auf diesen Tag vorzubereiten. Und sie waren so überzeugt davon, diese Aufgabe perfekt erfüllt zu haben, dass es ihnen nicht einmal in den Sinn kam, es sei mir möglich, immer noch ungehorsam gegen Seth sein zu können. Es gab nichts, was sie übersehen haben könnten. Dachten sie. Sogar die medizinischen Experimente und Voruntersuchungen waren erfolgreich abgeschlossen. Man war sicher, dass ich fruchtbar und empfängnisbereit und trotz meiner weltlich berechneten Jugend zur höchsten orgiastischen Lust und überirdischen Beglückung des göttlichen Sohnes Seth fähig war. Ihrer Meinung nach war ich absolut bereit für die Schlange des Seth.«

»Ach, und deshalb passten sie weniger auf dich auf?« Diesmal sah Marlene mich voll an, so dass ich den Zweifel in ihren Augen erkennen musste.

»Sie mussten damals schon lange nicht mehr auf mich aufpassen«, sagte ich. »Ich war Isis, die in Seth geweihte Eine und Alle. Ich war in Seth verlobt, in Anubis geweiht und mit dem Feuer geläutert worden. Ich war lebendig begraben und wieder auferstanden. Ich war mit dem elektrischen Strom des Sethorgans, dem finsteren Licht unseres Herrn und Meisters Seth, zur höchsten sexuellen Reife erleuchtet worden. Seth ist Sex und Sex ist Seth. Und ich war die Fürstin der Nacht, die Erfüllung in Seth. Meine Eltern und die Gemeinde des Seth mussten mich nicht mehr bewachen. Sie waren so sicher, dass es in mir nichts, kein Fleckchen Seele mehr gab, das nicht vollkommen von Seth besetzt war.«

»Aber sie irrten sich!« Marlene klatschte in die Hände. »Sie hatten dich unterschätzt.« Mir war zum Weinen zumute.

»Sie hatten wohl eher unterschätzt, dass Isis nicht nur die Braut und Geliebte des finsteren Lichts, sondern auch die des hellen Lichts sein soll«, sagte ich und sehnte mich tief nach meiner Oma, die ihrer Urenkelin die Geschichte von Osiris und Isis sicher gern erzählt hätte.

»Das ist doch völliger Humbug!«, brauste meine Tochter auf und schlug die Backofentür so heftig zu, dass von dem oben auf der Herdplatte simmernden Wassertopf der Deckel herunterklirrte. »Isis, ja, gut, das ist dein Name. Aber dieser ganze Schwachsinn von Osiris und Seth und Herren des dunklen und des hellen Lichts! Das ist doch Fantasy, das ist doch wie *Herr der Ringe*, total geil als Geschichte, aber doch nicht real. Mutti! Streng dein Gehirn an! Komm runter von Wolke 13 und guck dich um! Hier ist nicht die Hölle! Hier ist die Erde, ganz normal mit Regen und Sonne und mit mir, deiner Tochter aus einem Stink-Normalo-One-Night-Stand oder so, aber doch nicht vom Satan. Deine Eltern und dieser ganze Haufen Perverser haben dich missbraucht und gefoltert und all das. Aber sie sind nicht von einem anderen Stern. Die sind keine grünen Männchen oder so was. Die sind Erdlinge, kapierst du, Erdlings-Gangster sind das. Ja, bist du denn des Wahnsinns fette Beute, heute noch zu glauben, dass du die Isis bist, die sie aus dir machen wollten?«

Ihre aufgebrachte Empörung tat mir unendlich gut. Trotzdem hatte sie in mindestens einem Punkt Unrecht. Es ging nicht um Fantasy-Geschichten und den finsteren Herrscher aus Mordor, der mit Hilfe eines goldenen Ringes die Guten besiegen wollte. Es ging nicht um Märchen. Was ich erlebt habe, war real. Und die Menschen, die es mit mir erlebten, waren keine Erfindung.

»Komm«, lenkte ich ein, »ich erzähl dir erst mal, wie wir dich gemacht haben, dein Vater und ich.« Jetzt grinste sie wieder, das liebe Gänschen, und blinzelte: »Und das meinst du, weiß ich noch nicht?« Ich glaube, kein Mensch kann sich jemals vorstellen, wie sehr ich dieses köstliche Lachen mit meiner Tochter genieße.

»Also«, sagte ich, »wo waren wir stehen geblieben? Ich hatte dir erzählt, dass wir uns oftmals trafen. Das musst du dir nicht vorstellen, als hätten wir uns ständig fest verabredet. Er kannte meine Lehrstelle und meinen Heimweg. Er wusste, dass ich gern Musik hörte und welche Art Konzerte ich besuchte. Er war einfach da. Er stand neben mir, wenn ich mich umsah. Er begleitete mich, wenn ich ging. Manchmal erwartete er mich irgendwo, weil er wusste, dass ich dort vorbeikommen musste.«

»Romantische Liebe«, feixte meine Lästerschnabel-Tochter und rieb sich die Arme. »Da kriegt man Gänsehaut beim Zuhören.«

»Ja, und als er mich dann irgendwann an der Bushaltestelle nicht nur mit Küsschen, sondern mit Küssen verabschiedete, dachte ich, dass ich jetzt wohl verliebt wäre.«

»Aber du warst es nicht?«, hakte Marlene nach und sah mich prüfend an.

»Er war der erste Mann, der sich tatsächlich für mich interessierte«, antwortete ich vorsichtig. »Er war der Erste, mit dem es für mich so etwas wie eine Harmonie der Körper gab. Ich konnte nie tanzen. Aber mit ihm konnte ich es. Ich konnte nie auf einem Holzstamm balancieren. Aber mit ihm schon. Doch ich wusste nicht, ob mein Körper auf ihn reagierte, weil ich verliebt war und diesen Mann begehrte, denn mein Körper reagierte nicht, wie ich es wollte, sondern wie andere es wollten. Vielleicht reagierte ich so auf diesen Mann, weil er mich begehrte? Vielleicht bewirkte sein Wille, mit mir ins Bett zu gehen, dass mein Körper schon bereit war, ehe es begann? Vielleicht war auch dieser Mann nur das Werkzeug Seths? Ohne es zu wissen, vielleicht. In Seth ist nichts unmöglich, hatte ich gelernt. Und ich war immer noch Isis, die zukünftige Mutter des Großen Tieres 666. Wie, wenn dieser Mann nur von Seth gesandt war, damit ich Mutter würde? Vielleicht würde ich einmal mit ihm ins Bett gehen und mein Schicksal wäre erfüllt?«

Meine Tochter starrte mich wortlos an und ließ mich in ihrem Gesicht lesen, was sie dachte. »Ja«, sagte ich, »als ich schwanger von deinem Vater war, dachte ich so. Ich war mit ihm ins Bett gegangen, nachdem wir uns lange gestreichelt hatten und zärtlicher waren als jemals irgendein Mensch zu mir gewesen war. Er hatte mich hundert Mal gefragt, ob ich auch wirklich bereit sei, nicht mehr zu jung sei, keine Angst vor dem ersten Mal habe. Tausend Mal hatte er versprochen, lieb zu sein und vorsichtig. ›Beim ersten Mal tut's noch weh, hatte er gesagt. Aber ich versuche, ganz zart zu sein. Ich hör sofort auf, wenn du es sagst.‹ Er traute sich kaum. Ich war diejenige, welche. Ich hab ihn mir genommen. Es war das erste Mal, dass ich es von mir aus tat. Aber ich wusste trotzdem nicht, ob ich es wollte.«

»Was hat er dazu gesagt, dass es nicht dein erstes Mal war?«, fragte meine Tochter.

»Zuerst nichts«, sagte ich. »Ich bin ihm danach aus dem Weg gegangen. Ich war ja durch das Sethorgan entjungfert worden, nicht durch einen Menschenpenis. Ich hatte nicht geahnt, dass die Penetration und der mir verbotene sexuelle Vollzug mit einem Samenerguss in eine meiner Körperöffnungen eine solche Wirkung auf mich hätten haben können. Ich hatte ständig den Wunsch, so eine Stunde wieder mit ihm zu haben. Und ich wollte das nicht. Ich dachte, er hat meinen Körper süchtig danach gemacht, mit ihm zu schlafen. Meine Mutter hatte mir vorher gesagt, dass das passiert, weil ich Isis bin und sie mich mit dem ›Sethorgan‹ dazu erzogen haben, nie genug zu kriegen. Bevor ich deinen Vater kannte, habe ich gedacht, sie lügt. Aber jetzt war es so. Und ich hasste dieses Gefühl, dauernd auf ihn vorbereitet zu sein, dauernd daran zu denken, es wieder mit ihm tun zu wollen.«

»Aber dann warst du doch total verliebt in ihn!«, rief Marlene.

»War ich das?«, fragte ich und hätte Jahre meines Lebens darum gegeben, ein einziges Mal genau zu wissen, wie es ist, verliebt zu sein.

»Habt ihr euch nie mehr getroffen?«, drängte Marlene mich. »Hast du einfach so mit ihm Schluss gemacht?«

»Wir trafen uns nochmals, als ich sicher wusste, dass ich schwanger von ihm war.« Ich schwieg, sah im Geiste sein trauriges Gesicht und hörte sein kurzes Auflachen wieder, als er sagte: ›Und du bist sicher, dass es von mir ist? Oder will dich der andere nicht, und da kommst du zu mir und denkst, der Depp wird's schon richten?‹

»Was ist? Was hat er gesagt?«, fragte Marlene.

»Er wollte wissen, ob er der Vater ist oder der andere, mit dem ich vor ihm zusammen war.«

Marlene senkte den Blick. »Hast du ihn deshalb nicht geheiratet?«

»Ja«, nickte ich. »Deshalb und wegen Seth. Ich wollte nicht, dass er denkt, das Kind ist vielleicht nicht von ihm. Ich wollte keinen, der denkt, ich schiebe ihm ein Kind unter. Vor allem aber wollte ich nicht, dass er mit mir in die Familie hineingezogen wird. Das hatte er nicht verdient. Er war keiner von denen. Er ist immer noch der beste Mensch, den ich kenne. Ich wollte ihm nichts von Seth sagen müssen. Nicht erleben müssen, wie er mich hasst, weil ich ihn da reingebracht habe. Er sollte an mich denken, weil es eine superschöne Stunde mit uns beiden gewesen war. Sonst nichts. Ich hatte das Gefühl, einen vollen Bauch zu haben, aber trotzdem völlig leer zu sein.«

Meine Tochter lehnte sich in mein altersschwaches Sofa zurück und blickte sich mit einem tiefen Atemzug in der Wohnung um. Dank der offenen Türen überschaute sie die ineinander übergehenden Räume auf einen Blick. »Weißt du eigentlich, wie oft ich Heimweh hatte?«, fragte sie.

Ich schüttelte den Kopf. »Es sah nie danach aus.«

Marlene verzog das Gesicht. »Es sollte auch nie so aussehen. Schließlich wollte ich weg von dir. Ich wollte nicht mehr mit dir zusammen sein. Und ich hatte gleichzeitig so eine tierische Sehnsucht nach dir, dass ich dich hasste, weil du nicht da warst, und mich hasste, weil ich mich nach dir sehnte, und dich noch mehr hasste, weil du schuld daran warst, dass ich dich hasste. Es war so eine elendige Abgrundverzweiflung. So ein Wahnsinnsgefühl ohne dich und irgendwie doch mit dir, weil ich einfach nicht aufhören konnte, an dich zu denken. Wie du mich angeguckt hattest, als ich ging. Du warst da so unglaublich allein. Und trotzdem hatte ich das Gefühl, losrennen zu müssen und nie wieder zu kommen. Es war grässlich. Und ich habe dich so geliebt, Mutti. So unheimlich irre geliebt. Und immer gemeint, du merkst es nicht und liebst mich nicht. Hast du das jemals gewusst? Kannst du dir das überhaupt vorstellen?«

Ich saß wie betäubt. Meine Tochter hatte geglaubt, ich liebte sie nicht. »Wie bist du nur darauf gekommen?«, rief ich. »Wie konntest du denken, ich liebte dich nicht?«

»Deine Mutter hat es mir gesagt«, sprach mein Kind und sah mich aus den Augen meiner Oma und meiner Mutter an und hatte doch so ganz andere Blicke. »Sie sagte mir, dass ich eigentlich ihr Kind bin. Dass du mich bekommen hast, weil sie zu alt war. Aber dass ich aus ihrem Samen und aus ihrer Wurzel bin. Dass du nur die bist, die mich ausgetragen hat. Eine Leihmutter eben. Dass du mich ihr gestohlen hast. Und dass sie nichts dagegen tun kann, weil es in Deutschland verboten ist, ein Kind durch eine Leihmutter austragen zu lassen.«

Hatte ich richtig gehört? Meine Hand mit der Tasse zitterte so stark, dass ich sie auf dem Tisch abstellte. »Marlene«, sagte ich, »glaubst du das immer noch?«

»Weiß nicht«, murmelte mein Kind und weinte still.

KAPITEL 26

Der Nudelauflauf sah köstlich aus. Verlockend breitete sich der Duft in meiner Wohnung aus. Marlene und ich gingen zwischen Küche und Esstisch hin und her und deckten auf, als sollten Gäste zu Besuch kommen: Servietten, die besten Gläser, das gute Essbesteck, die Teller mit dem Goldrand. Jeder Handgriff lenkte uns von den Gedanken ab, die uns bestürmten. Jeder Moment des Aufschubs, ehe wir uns mit der Behauptung meiner Mutter befassen mussten, erschien uns wie der Strohhalm dem Ertrinkenden. Doch rascher als gewollt war nichts mehr zu tun übrig, als Platz zu nehmen und mit dem Essen zu beginnen. Schweigend legte Marlene mir vor. Ebenso stumm schenkte ich ihr von dem Rotwein ein, den ich für diesen Tag eingekauft hatte. Wortlos ließen wir die Gläser klingen, doch noch ehe wir trinken konnten, stellte Marlene ihr Glas hörbar ab. »Ist das auf einmal eine Leichenbitterstimmung hier! Soll das jetzt so weitergehen? Du keinen Ton, ich keinen Ton? Und morgen fahre ich zurück, und alles ist wie gehabt?«

Ich stand so hastig auf, dass ich den Stuhl gegen die Wand stieß. »Nein, bitte, das nicht. Aber wie soll ich dir beweisen, dass ich deine Mutter bin, wenn du es nicht glaubst? Soll ich einen Mutterschaftstest machen lassen?«

Marlene zog kopfschüttelnd die Augenbrauen hoch. »Quark mit Soße! Da bekämen wir wahrscheinlich gar nicht raus, ob du die Mutter bist. Ich sage bloß: Familiengene und so. Wir bekämen höchstens raus, wer mein Vater ist. Und da wir das wissen, brauche ich ihn doch bloß zu fragen, ob er mit meiner Oma oder mit dir ins Bett gegangen ist. Also reg dich ab und erzähl mir lieber, wie es wirklich war.«

»Und wieso – wenn du das alles weißt –, wieso hast du dann eben gemeint, du weißt nicht, ob ich es bin oder die Omi?«, rief ich und spürte den Zorn aufsteigen, der mich rasch befällt, wenn ich mich irgendwie lächerlich gemacht wähne.

»Tja«, gab meine Tochter leise zurück, während sie mit ihrem Glas spielte und den hohen Stiel drehte, dass der Wein in der Schale rotierte und rote Schlieren über die gewölbten Glaswände zog. Ich musste den Blick abwenden. Der Anblick setzte das Karussell meiner Erinnerungen in Bewegung. Die Messe. Gesänge. Der Kelch. Das Blut. »Brüder und Schwestern in Seth, kommt und trinkt alle davon. Tut dies zu seinem Gedächtnis. In nomine matris et filii Seth.« Doch ich verweigerte mich. Mühsam hielt ich mich in der Gegenwart, indem ich die Knöpfchen an Marlenes Bluse fixierte und mir jedes Detail der sieben mit feinem Batist überzogenen fingernagelgroßen Perlen bewusst machte.

»Mit meinem inneren Kind, wie du das nennst, und deinem inneren Kind ist das so eine Sache«, setzte Marlene ihren in einer sekundenlangen Kunstpause schwebenden Satz fort. »Eigentlich ist es sogar ziemlich gleich. Du bist von deiner Mutter nie geliebt worden, sagst du. Und ich habe nie gemerkt, dass ich von meiner Mutter geliebt worden bin. Unter dem Strich kommt das auf dasselbe heraus. Meinst du nicht?«

»Hast du es denn wirklich nie, niemals gemerkt?«, fragte ich. »Nie, wenn wir zusammen gekuschelt haben? Wenn ich dir vorgelesen habe?«

»Oder ich dir«, ergänzte Marlene. »Doch, Mutti, ich habe es eigentlich schon gemerkt. Aber es war immer so ein aus mir heraus Merken, nie eine Sicherheit. Schwestern haben sich ja auch gern. Verstehst du? Und Omi hatte gesagt, du würdest alles tun, damit keiner merkt, dass du eigentlich nicht die Mutter bist. Du würdest allen Theater vormachen, besonders mir. Ich war nie sicher, ob du nur so tust, wenn du gut warst. Oder ob es echt war.«

»Aber warum hätte ich das machen sollen?«, rief ich. »Nenn mir mal einen vernünftigen Grund.«

»Wegen Geld«, gab meine Tochter zurück und leckte mit blitzschneller Zunge die Spur des Rotweins von ihren Lippen.

›Wie ein Kätzchen‹, dachte ich, das schwarze Haar meiner Tochter und die weiße Bluse erinnerte mich an das schwarzweiße Haar des Kätzchens, das mich einst auf den Heuboden gelockt hatte. Hätte mir der arme Manne auch gesagt, dass er nie geliebt worden war? ›Ganz sicher‹, dachte ich. Die ungeliebten Kinder der Familie des Seth. Starker Titel. Müsste mal jemand recherchieren. Vor meinem inneren Auge tauchte eine Hand mit einem Mikrophon auf, das meiner Mutter mit der Frage entgegengehalten wurde: ›Wissen Sie, ob Seth jemals von seiner Mutter geliebt wurde?‹

Ein Rütteln an meinem Handgelenk schreckte mich auf. »Hey, schon wieder up, up and away?«

Ertappt strich ich mir mit der Hand durch das Haar.

»Geld ist doch ein gutes Argument, findest du nicht?«, spöttelte Marlene. »Omi brachte es jedenfalls ziemlich überzeugend rüber. Ohne mich würdest du mehr arbeiten müssen, sagte sie. Du wärest ja schon immer krank gewesen, besonders im Kopf. Deshalb hättest du auch keinen besonders tollen Beruf gelernt.«

Ich kochte vor Zorn. »Das hat sie von sich gegeben? Diese gemeine alte Ziege!«

Marlene lachte. »Seh ich schon auch so. Jetzt jedenfalls. Aber als Kind oder so in der Pubertät? Da hast du dann schon Probleme und findest das nicht gerade witzig. Ich hab dich dadurch auch dauernd beobachtet. Und wenn mal was nicht geklappt hat, bin ich damit zu ihr hin und hab ihr das brühwarm erzählt. Das war schon cool, wenn wir zusammen über dich gelacht haben. Das gab so eine Gemeinschaft mit ihr. Aber innerlich hab ich doch gewusst, dass es nicht okay ist. Außer, du wärst nicht meine Mutter gewesen. Aber das war ja nie so klar. Manchmal glaubte ich es. Manchmal glaubte ich es nicht. Ich wusste wirklich nicht, wem ich glauben sollte.«

Mir gingen die Augen über. Plötzlich bekamen die Dinge ein anderes Gesicht. Wie oft hatte Marlene mir entgegengeschleudert: »Du hast mir gar nichts zu sagen!« Oder: »Das muss ich dir nicht erzählen!«

Wie oft hatte sie mich belogen, mich in Panik versetzt, wenn sie nicht zur verabredeten Uhrzeit nach Hause gekommen war. Oder die Schule. Sie wusste, wie wichtig es heutzutage ist, gute Zeugnisse zu haben, gute Noten zu schreiben. Und sie? Sie hatte einfach nichts gelernt, hatte mich ausgelacht, wenn ich schimpfte oder sie bedrängte, doch fleißiger zu sein. Hatte »Du willst doch bloß mit mir angeben!« geschrien. »An mir liegt dir doch gar nichts, überhaupt nichts, Null! Bloß meine Noten sind wichtig.«

Als hätte sie meine Gedanken erraten, fing Marlene meinen Blick mit ihren Augen ein und schloss mit einem bewusst langsamen Kopfschütteln die Augen. Sie musste nicht aussprechen, was das bedeuten sollte.

»Komm, lass es dir schmecken«, forderte sie mich mit einer einladenden Geste auf. »Es wird schnell kalt. Dann schmeckt es nicht mehr halb so lecker. Du darfst auch mit vollem Mund reden.«

»Na, denn.« Ich versuchte, ihren betont heiteren Stimmklang aufzugreifen, erhob mein Glas. »Wie heißt wohl der Leuchtturmwächter auf Sylt?« Und freute mich, an dem Aufblitzen in Marlenes Augen zu sehen, was sie gleich antworten würde: »Prost!«

Ihr rasch gezaubertes Mitternachtsmahl schmeckte ebenso köstlich, wie es geduftet hatte. Der Wein lockerte mir die Zunge, und so gelang es mir schließlich zu offenbaren, wie meine Mutter versucht hatte, sich meines Kindes habhaft zu machen.

»Zu wissen, schwanger zu sein, hieß noch lange nicht, es meinen Eltern zu sagen oder mitteilen zu wollen. Mir war klar, dass sie meine so genannte Hochzeit in Seth arrangierten und daraus ein Riesenfest auf dem Satanskofel werden sollte. Unklar war, wie sie darauf reagieren würden, dass ich bereits schwanger war. Dachte ich an meine Mutter und ihre Ehe mit meinem Vater, schöpfte ich Hoffnung, denn Aimée war auch ohne Zustimmung der Gemeinde des Seth gezeugt worden. Aber ich war Isis. Da lagen die Dinge anders. Die Wahrscheinlichkeit, dass sie mich zu einer Abtreibung zwingen würden, war hoch. Ich aber wollte keine Abtreibung. Ich wollte mein Kind. Was also tun?«

»Stopp! Noch einmal ganz langsam zum Mitschreiben!« Marlene streckte mir ihre Finger entgegen, als sollte ich in den Bann geschlagen werden. »Sag das nochmals, bitte!«

»Was?«, fragte ich. »Dass sie mich zu einer Abtreibung zwingen wollten?« Marlene schüttelte den Kopf. »Nein, das andere. Schönere. Liebere.«

»Dass ich dich wollte?«

Marlene nickte.

»Ja«, sagte ich. »Ich wollte dich. Ganz fest. Ganz in mir drinnen. Du warst, nein, du bist das Kind meines Lebens. So wie dein Vater, ohne dass ich es wusste, wohl auch die Liebe meines Lebens war.«

Marlene kommentierte nichts. Sie saß ganz still. So still wie trotzige Kinder werden, wenn man sie in die Arme nimmt und ihr Toben aushält und sie ausschreien lässt, bis ihr Körper aufhört, starr und hart zu sein und die Tränen kommen, die Erlösung und Befreiung bedeuten. Ich hielt inne. In diesem Augenblick waren wir uns ohne Worte so viel näher, als wenn wir uns umarmt hätten. Mit einem kleinen Lächeln, das Marlene ebenso sacht erwiderte, ging ich über all das hinweg, was noch hätte gesagt werden können.

Nach einem Schluck Wein griff ich meine Geschichte wieder auf. »Ich beschloss also, die Schwangerschaft so lange zu verschweigen, bis mein Zustand offenkundig geworden wäre, und dadurch Fakten zu schaffen. Meine Rechnung ging dahin, dass meine Eltern keinen Imagegewinn mehr daraus ziehen könnten, eine Abtreibung zu verlangen und an mir durchführen zu lassen, wenn die Familie des Seth zuvor mit eigenen Augen sehen konnte, dass ich ein Kind erwartete.

Letztendlich kam aber doch alles anders, denn meine Mutter merkte schon in den ersten Wochen, dass ich in anderen Umständen war. Sie hatte dafür anscheinend einen siebten Sinn oder Röntgenaugen.«

Marlene unterbrach mich. »Das war aber garantiert kein Zuckerschlecken. Ich kann mir schon vorstellen, wie sie sich da aufgeführt hat. Furie, sag ich bloß.«

»Komischerweise nicht.« Ich musste im Nachhinein immer noch staunen. »Wider Erwarten hatte ich in ihr sofort eine Verbündete. Sie machte überhaupt kein Geschrei. ›Ich habe ja immer gewusst, dass du nicht wirklich zur Isis geboren bist‹, sagte sie und tätschelte mir gönnerhaft den Arm. ›So ein Mickerling und ständig krank. Das war doch eigentlich von Anfang an zu sehen, dass so eine nicht für Seth bestimmt sein konnte. Aber ich kam ja nicht gegen die anderen an. Ich musste zulassen, dass sie dich vorbereiteten. Armes Ding! Na, jetzt ist es ja endlich raus. Jetzt ist es geschehen. Seth hat ein Machtwort gesprochen. Er lässt sich eben kein X für ein U verkaufen.‹

Ich war völlig überwältigt und bildete mir für eine Minute ein, meine Mutter meine es trotz allem, was sie mir angetan hatte, gut mit mir. ›Ich werde in der Familie für dich sprechen‹, versprach sie und sah mich kurz mit einem mir unbegreiflichen Wohlwollen an.

Doch so launenhaft, unbegreiflich und plötzlich wie immer schien eine Verwandlung in ihr vorzugehen, und schon war sie wieder die Medusa mit dem Haupte des Seth. Spitz fuhr sie mit dem Zeigefinger gegen mich los und fing an zu keifen. Wie immer, wenn es um ›heilige Angelegenheiten‹ ging, bediente sie sich dabei einer pastoralen Sprache voller biblischer Symbole.

Als ob sie mich verfluchen würde, schrie sie laut: ›Wir werden nicht dein Fest feiern, sondern das Fest deines Kindes. Wir werden nicht dir huldigen, sondern der Frucht deines Leibes in Seth. Wir werden die Botschaft deines gesegneten Leibes verkünden, wie die Botschaft von der Geburt unseres Widersachers Jesus Christus verkündet wurde. Ein Engel des Seth wird erscheinen und dich als die Mutter des Großen Tieres 666 heiligen. Ich aber werde als deine Mutter dieses Kind in Seth großziehen, denn du bist nicht würdig, in das Haus Seths einzuziehen, deines Herrn.‹

Ich sah sie so begriffsstutzig an, dass sie gellend lachte. ›Ja, glaubst du denn wirklich, man könne dir dieses Kind lassen? Dir, Isis, die du Seth bestimmt warst, seine Weihen und heiligen Zeichen empfangen hast, und trotzdem dein Heiligstes, deinen allein Seth vorbehaltenen Tempel, deine nur ihm bestimmte Yoni und die Burg deines Leibes in Seth durch einen hergelaufenen Strolch verunreinigen ließest?‹

Jetzt begriff ich, was sie vorhatte. Sie wollte mir mein Kind nehmen. Deshalb hatte sie vor ein paar Minuten so scheinheilig schön mit mir getan. Sie wollte, dass ich das Kind, das sie nicht mehr haben konnte, zur Welt brachte, damit sie es mir nehmen und zur neuen Isis machen könnte.

Ihre Grausamkeit brachte mich dazu, dass ich wimmernd auf einen Stuhl fiel und mir die Arme über den Kopf warf, um nur diese Stimme nicht mehr hören zu müssen. Aber sie schrie weiter: ›Jedes Kind, das du empfangen hast und empfangen wirst, ist ein Kind Seths, denn sein ist dein Leib und die Frucht deines Leibes. Aber nie wieder wirst du erhöht werden in seinem Namen. Zur Schale der Geringsten unter uns bist du geworden. Und wenn du dich im Grabe verkröchest, so fänden wir dich doch. Wir holen dich überall ein. Nie wird dir die Schande vergeben, die du über Seth, der dich liebte, gebracht hast. Doch die Rache ist mein, spricht Gott-Mutter. Und darum wisse, du Abtrünnige, du bist nicht mehr Isis, die Eine und Alle. Und die Frucht deines Leibes lebt nur in Seth.‹

Von diesem Moment an bekam ich entsetzliche Angst um das Leben des ungeborenen Kindes in mir. Ich wusste nicht, wohin ich fliehen sollte. Es gab keinen, dem ich mich anvertrauen konnte.«

»Und mein Vater?« Marlene kramte in der Schachtel mit alten Kinderfotos, die ich in meinem Bücherregal aufbewahrt hatte. »Hätte er dir geholfen? Er hätte dich verstecken können. Ihr hättet auswandern können.«

»Der edle Ritter auf dem weißen Pferd, ja?« Als kleines Mädchen hatte Marlene davon geträumt, wie einer mal für sie kommen und sie auf sein Pferd heben und mit ihr in die weite Welt hinausreiten würde. »Liebes«, sagte ich und erschrak fast über mein eigenes Wort, »es gibt keine Schlösser mehr auf dem gläsernen Berg und keine Ritter mehr, die Drachen töten, weil sie die Jungfrau lieben, die der Drache zum Frühstück fressen will. Glaub mir, ich hätte deinem Vater niemals erzählen können, dass meine eigenen Eltern mich an den Satan verhökert hatten und nun mein Baby ebenfalls in die Hölle auf Erden befördern wollten. Er hätte mir im besten Fall die Hand auf die

Stirn gelegt und gemeint, dass ich Fieber habe. Aber wahrscheinlich hätte er die Beine in die Hand genommen und Land zwischen uns gelegt, weil er keine Sekunde mit meinem dicken Bauch in Verbindung gebracht werden wollte.«

»Vielleicht hätte er bloß eine Chance gebraucht, um sein Pferd zu holen?« Meine Tochter lächelte traurig. »Nimm mir doch nicht jede Illusion. Ich hätte so gern einen Papa, der mutig und stark ist und es mit jedem Drachen aufnimmt.«

»So einen habe ich mir auch immer gewünscht«, sagte ich. »Aber irgendwie hat meine Mutter wohl den falschen Frosch geküsst.«

Marlene warf ihren schwarzen Lockenkopf zurück und lachte. »Tja, ist eben nicht überall Frosch drin, wo Grün drauf steht.«

»Grün?«, fragte ich.

»Ach, Mutti, du verstehst aber auch gar nichts. Grün wie grüner Daumen, grüner Daumen wie Gärtner, Gärtner wie Schlosspark, Schlosspark wie Brunnen, Brunnen wie Prinzessin ...«

»... und Prinzessin wie Oma«, ergänzte ich Marlenes Bandwurmsatz. »Das hast du früher schon immer gern gespielt. Weißt du noch?«

»Klar wie Klärchen, Klärchen wie Kläuschen, Kläuschen wie Häuschen, Häuschen wie Bettchen, Bettchen wie Klärchen und Klärchen mit Kläuschen«, skandierte Marlene im Kleinkinderabzählreim und klatschte dabei jede Silbe ab. »Wenn ich mit unseren Spielchen zu Omi kam, hat sie immer gesagt, dass das doch alles keine Spiele sind. Ich hab dann auch oft zu dir gesagt, dass ich das blöd finde. Aber das stimmte nicht. Ich fand sie immer schön. Und wenn ich mal Kinder haben sollte, spiele ich sie ihnen auch.«

Ich atmete erleichtert auf. »Wie schön, dass du dich an solche Sachen erinnerst. Ich habe immer so eine Angst um dich gehabt. Du kannst dir gar nicht vorstellen, wie meine Mutter bei deiner

Geburt gejubelt hat. Fünfzehn schwarze Kerzen hatte sie aus Dankbarkeit für das Geschenk einer neuen Isis aus dem Stamme der Hohen Priesterin angezündet. Alle hatte sie einzeln mit Hilfe eines Nagels auf kleine Holzflöße geheftet und dann brennend auf dem Fluss, der unsere Stadt durchquert, gen Orion und in den Schoß des Anubis schwimmen lassen. Eine Kerze pro Lebensjahr der unwürdigen Isis, die ich gewesen war. Jede Kerze eine Bitte um Vergebung meiner Sünden und Annahme der neuen Isis aus meinem unwürdigen Leib an meiner Statt. Und jede Kerze hatte die Fahrt auf dem Fluss angetreten, ohne umzuschlagen und auszugehen. Was bedeutete, dass Seth das Opfer annahm.

Und ich hatte schwach von Wehen und Geburtsschmerzen in meinem Bett gelegen und vor meinem inneren Auge all die Stationen des Grauens durchlaufen, welche meine Mutter diesem winzigen Geschöpf antun lassen wollte und würde.

›Gib sie mir!‹, hatte ich gerufen und die Arme nach diesem Kind ausgestreckt, das ich geboren hatte.

Aber meine Mutter hatte sich lachend abgewandt und das Windelbündel mit dem kläglich greinenden Kind hoch über sich gehalten. ›Du bist nicht würdig, sie an den Tisch unseres Herren Seth zu bringen‹, hatte sie gesagt. ›Du bist nicht würdig, ihre Mutter zu sein. Du bist nur die Amme, die sie nährt. Aber uns ist sie gegeben.‹

Ich glaube, in diesem Moment begriff ich, dass es hier nicht um irgendein Kind ging, sondern um mein Kind. Um dich, meine geliebte Tochter Marlene. Es war der Moment, in dem ich wusste, dass ich dich ihnen nicht ausliefern würde. Nie und nimmer, nicht so lange ich lebe.

Noch an demselben Abend hatte ich den Geistlichen der katholischen Kirche zu mir bestellt und meine Tochter von ihm taufen lassen. Marlene nannte ich dich in Erinnerung an Maria Magdalena, die Frau, die der Lichtbringer der Christen geliebt hatte. Mit der Taufe gab ich dich ihm. Er würde es sein, der eines fernen Tages deinen Namen rufen und dich zu sich ins Licht des ewigen Lebens nehmen würde. Nicht Seth. Von nun an warst du kein Heidenkind mehr. Niemand würde dir die Weihen der Schlange des Bösen antun.

Aber meinen Eltern sagte ich es nicht. Noch nicht. Ich hatte Angst, sie würden dir etwas antun. Und das war überhaupt keine böse Unterstellung von mir, sondern ein fester, absolut sicherer Erfahrungswert. Ich traute ihnen alles zu, wenn sie erkennen müssten, dass sie ein zweites Mal betrogen worden waren und diesmal für immer, denn ohne eine neue Isis war die Familie des Seth zum Aussterben verurteilt.«

»Warum«, hakte Marlene verwundert ein. »Warum konnte es die Sekte ohne mich nicht mehr geben?«

»Die Familie des Seth hatte es zwar zunächst als weniger tragisch angesehen, dass ich als Isis versagt hatte. Sie hatten sich damit abgefunden, dass das große Fest der heiligen Empfängnis mit mir nicht stattfinden würde. Der innerste Zirkel beschloss, mich als Isis zu verwerfen und von der heiligen Empfängnis auszuschließen. Anders als meine Mutter gedacht hatte, waren die Jünger des Seth jedoch nicht bereit, mich als Fürstin der Nacht zu entrechten. Sie wiesen auf das Buch Seth und eine Vorschrift hin, welche besagte, dass eine Seth und Anubis geweihte Isis lebenslang geweiht bleibt. Allerdings konnte ich meiner Mutter nicht im Amt nachfolgen, da ich nicht mehr würdig war, die Schlange des Seth im Fest der heiligen Empfängnis in mich aufzunehmen.«

»Worüber du mit Sicherheit recht unglücklich warst«, meinte Marlene und blinzelte mir zu.

»Natürlich nicht«, pflichtete ich ihr bei. »Aber wenn ich geahnt hätte, welche Folgen das alles für dich hatte, hätte ich die Schlange des Seth nie betrogen.«

»Ach, jetzt bin ich aber ganz Ohr.« Marlene sah mich fragend an.

»Die Jünger des innersten Kreises luden alle Mitglieder der Familie des Seth zu einer Versammlung auf den Satanskofel ein. Das Kreuz des Seth wurde angezündet und brannte wie eine Fackel, als wir alle im Kreis zusammentraten. Meine Eltern und ich standen als Sünder vor allen. Während ihnen die Würdezeichen ihrer heiligen Ämter abgenommen wurden, stieß man mich nackt zu Füßen des flammenden Kreuzes nieder.

In einer roten Kutte, die ich zuvor nie gesehen hatte, trat mein Onkel, der an diesem Abend wie stets den schwarzen Wagen gefahren und uns mitgenommen hatte, vor das Kreuz und schlug das Buch Seth auf, zwischen dessen Seiten er verschiedene breite Bänder gelegt hatte. Mit lauter Stimme, die vom Prasseln des brennenden Kreuzbalkens unterbrochen wurde, verkündete er, dass meine Eltern nicht mehr würdig waren, die Hohe Priesterin und der Hohe Priester des Seth zu sein. ›Wahrlich, ich sage euch‹, schrie mein Onkel, ›hättet ihr eure Pflicht würdig ausgeübt, hätte sie, die euch gegeben war in Seth, euch gesegnet in Seth.‹

›Du, aber, Isis, erhebe dich‹, brüllte er mich dann an und wies zwei Männer an, mich auf meine schlotternden Beine zu stellen und mir eine schwarze Kutte umzulegen. ›Du stehe auf, wie auch Seth aufstand, der als Luzifer zu uns niederfuhr, uns zu lieben und zu heiligen in Seth. Siehe, dir wird vergeben, wie auch deinem Kind vergeben wird, das du trägst. Denn es ist die Frucht deines in Seth geweihten Leibes und darum die Frucht unseres Herrn und Meisters im heiligen Geist. Siehe, die Frucht deines Leibes wird sein das Große Tier 666 oder Isis, die Eine und Alle ist. So steht es geschrieben im Buche Seth, in Ewigkeit.‹

›In Ewigkeit Seth!‹, schrien und jubelten die Mitglieder der Familie und schöpften schon eifrig aus dem dampfenden Kessel, der zu keinem Fest auf dem Satanskofel fehlen durfte.

Doch mein Onkel war noch nicht fertig. ›Höret, was uns verkündet ist im Buche Seth für den Fall, dass die Gemeinde unseres Herrn und Meisters einmal ohne Hohe Priesterin und ihren Gemahl, den Hohen Priester, auskommen muss. Es steht geschrieben, dass alle Messen und Feierlichkeiten auszusetzen sind, bis dass eine neue Isis in direkter Linie aus der Abstammung und Wurzel der Hohen Priesterin des Seth gezeugt, geboren, drei Jahre in Seth erzogen, drei Jahre in Seth geformt, drei Jahre in Seth erweckt, drei Jahre in Seth geliebt, drei Jahre in Seth geläutert und im 15. Jahr im Fest der heiligen Empfängnis zur Schale des Seth erhoben wird.‹

Darum konntest nur du die neue Isis sein. Darum wollten sie dich. Darum wollte ich dir all das nie erzählen.

Darum bin ich wenige Tage nach deiner Geburt sang- und klanglos aus dem Krankenhaus verschwunden und in meine winzige Einzimmerwohnung zurückgekehrt, die ich seit einigen Wochen im Lehrlingsheim bewohnte. Ohne meine Eltern zu informieren, hatte ich dich geschnappt und mich einfach davongeschlichen. Ich wusste, dass sie mir keine Szene machen würden, so lange ich im Heim lebte. Niemals hätten sie die Maske vor fremden Augen fallen lassen. Sie würden sich nicht trauen, mir die Rückkehr nach Hause zu befehlen.

Manchmal kam meine Schwester Aimée zu Besuch. Allerdings kam Aimée weniger als Schwester und Tante, sondern im Auftrag der Eltern. Ich solle endlich nach Hause kommen, richtete sie mir aus. Die Mutter wolle ein Fest für Marlene machen. Alle seien schon neugierig auf das Enkelkind. Unser Vater habe einen großen Laufstall gebaut. Und unsere Mutter habe eine Kammer im Haus zum eigenen Zimmer für Marlene umfunktioniert. Alles sei für die Kleine bereit. Sie würden sich so freuen, wenn ich sie ihnen ganz da ließe.

›Das wäre doch toll‹, sagte meine ahnungslose ältere Schwester. ›Du könntest in Ruhe deine Lehre fertig machen, wärst abends nicht so angebunden und könntest dich amüsieren. Und auffressen wird Mutter die Kleine schon nicht. Sie hat sich geändert. Bestimmt. Sie hat sogar den Kochlöffel verbrannt. Den von früher. Du weißt schon, was ich meine.‹

Natürlich wusste ich, was sie meinte. Aber dem Frieden traute ich trotzdem nicht. Und zu den Eltern fuhr ich auch nicht. Sie mussten zu mir kommen, wenn sie dich sehen wollten. Und wenn sie da waren, begab ich mich keine Sekunde mit ihnen irgendwohin, wo keine Menschen waren. Was immer wir taten, geschah in der Öffentlichkeit des Gemeinschaftsraumes im Lehrlingsheim oder eines Cafés. Und sobald die Eltern wieder abgereist waren, riss ich zuallererst die Windeln und Babykleidchen herunter, um zu prüfen, ob nicht etwa Nadeln oder Zauberpüppchen in den Stofffalten versteckt waren, die dich krank machen sollten. Doch stets war alles in Ordnung.

Natürlich hatte ich bei alledem Angst. Wahnsinnsangst sogar. Die Furcht vor Seth schüttelte mich oft so, dass ich den Verstand zu verlieren glaubte. Ob wachend oder schlafend, ständig spürte ich die Nähe Seths. Es war, als hätte man mir durch die vielen Hypnosesitzungen unsichtbare Drähte unter die Haut implantiert, durch die nun Nachrichten, Befehle, Gefühle in meinen Kopf und meine Seele gesendet wurden.

Wenn ich es nicht mehr auszuhalten glaubte und mich immer wieder dabei ertappte, dass ich wie in Trance unsere Reisetasche gepackt hatte, um zu meinen Eltern zu fahren, setzte ich mich mit dir in die Kirche. Beten konnte ich nicht, wollte ich auch nicht. Kerzen mochte ich nicht anzünden. Die Augen der Heiligen schienen nur auf mich zu starren. Und der Mann am Kreuz sah mich an, als sei alles meine Schuld. Aber da gab es Maria, die so leicht und lächelnd den Fuß auf die Mondsichel setzte und so gar keine Angst vor der Schlange des Seth hatte. Und so hielt ich in der Stille des Gotteshauses aus. Und je öfter ich da war, desto mehr schien es mir, als öffne sich die schwere Kirchentür leichter für mich. So widerstand ich Seth.

Aber meine Eltern waren sehr hartnäckig. Kaum hatte ich meine Lehrzeit überstanden und du dein zweites Lebensjahr, lief meine Mutter zur Höchstform auf. ›Du weißt, dass sie geweiht werden muss‹, schrieb sie mir. ›Du weißt, was passiert, wenn du dich querlegst. Du weißt, du entkommst uns nicht. Komm nach Hause. Wir erwarten dich. Es ist höchste Zeit. Gehorche!‹

Aber ich gehorchte nicht. Stattdessen zog ich um. Verkroch mich mit dir in ein Dorf am Ende der Welt, wo jeder jeden kannte. Hier, dachte ich, würde mich niemand finden und wenn doch, würde ich sofort wissen, dass sie da wären.

In der Wohnung regnete es durchs Dach und pfiff durch die Fensterritzen, und wenn ich den Kohleofen anzündete, zog der rußige Rauch durchs Zimmer, dass ich nachts Angst hatte zu ersticken. Aber es war meine, unsere Wohnung. Und nichts daran erinnerte an Seth.

Bis sie mich fanden, verging ein rettendes halbes Jahr. Rettend, weil du in dieser Zeit deinen dritten Geburtstag feiertest. Für die ersten heiß begehrten Seth-Initationsfeiern war es nun zu spät. Und bis zur nächsten mussten weitere drei Jahre vergehen. Jahre, in denen es nach den Gesetzen des Seth allein mir oblag, meine Tochter zur wahren Isis zu erziehen.

›Tu, was du willst‹, sagte meine Mutter zu mir. ›Niemand entkommt dem Gesetz. Du bist die Mutter der neuen Isis. Das ist die Bestimmung.‹ Doch all diese Drohungen hatten ihre Kraft verloren, denn ich wusste, dass dir durch die Taufe keine Gefahr mehr drohte.«

»Und wann hast du es der Omi erzählt?«, fragte Marlene. »Das gab doch bestimmt eine Riesen-Auseinandersetzung.«

»Oh, ja«, erinnerte ich mich. »Du warst neun Jahre alt. Deine Großeltern hatten ein Geburtstagsfest für dich organisiert. Die ganze Familie war eingeladen. Weißt du noch? Alle hatten dir Geschenke mitgebracht. Du warst ständig mit Auspacken beschäftigt und davon so überdreht, dass du jedes Geschenk nur aus dem Papier rissest, es flüchtig anschautest und gleich nach dem nächsten und übernächsten Päckchen griffst.«

»Genau«, nickte Marlene. »Stimmt. Es war ein geiles Gefühl. Total abgehoben.«

»Was du nicht wissen konntest«, fuhr ich fort, »ist, dass das Fest abends weitergehen sollte. Meine Mutter hatte alles dafür vorbereitet. In dieser Nacht solltest du die erste Seth-Weihe erhalten.«

»Und das wolltest du zulassen?«, Marlene war ganz bleich.

»Nein«, sagte ich, »natürlich nicht. Ich war ganz erschrocken, denn in den letzten Jahren war ich dumm genug gewesen, mir einzubilden, dass die Familie des Seth aus meinem Leben verschwunden sei. Mein Vater befand sich bereits im ersten Stadium der Alzheimer-Krankheit, meine Mutter hatte ebenfalls gesundheitliche Probleme. Irgendwie hatte ich mir eingebildet, dass sie Seth und was früher geschah, wie eine Art Jugendsünde hinter sich gelassen und überwunden hätte. Wir hatten so lange nicht mehr über die Familie und die Gesetze des Seth gesprochen. Für mich war das so weit weg. Ich hatte mir eingeredet, für sie sei das ebenso. Und das war der Fehler. Jetzt plötzlich kamen sie mit dieser irren Idee.«

»Was hast du dann gemacht?« Marlene war ganz Ohr.

»Erst habe ich so getan, als würde ich mitmachen. Doch heimlich suchte ich natürlich nach einem Ausweg.« Ich machte eine Pause.

»Und weiter«, drängte Marlene.

»Als meine Mutter mich auf den Dachboden zog, wo sie das geheime Buch des Seth aufbewahrte, wusste ich, dass ich es ihr jetzt sagen musste.«

»Was?«, fragte Marlene.

»Dass das alles keinen Zweck hatte, weil du schon geweiht warst«, gab ich zurück und blickte meiner Tochter in die Augen. »Ich sagte ihr, dass du im Namen des Christengottes getauft seist und dass Seth kein Recht mehr auf dich habe.«

Spontan ergriff Marlene meine Hände und drückte sie.

Der Anblick meiner Mutter stand mir immer noch vor Augen. Sie war sprachlos gewesen. Mit einer Hand tastete sie hinter sich, und ließ sich dann marionettenhaft auf einen halb gefüllten Altkleidersack sinken. »Du hast Seth verraten«, flüsterte sie. »Du wirst bestraft werden bis ins siebte Glied. Verflucht seist du und die Frucht deines Leibes.« Und dann fiel sie auf die Knie und begann das Sethunser zu beten, dessen Worte nach mir zu greifen schienen, als ich die Dachbodentreppe hinunterrannte, Marlenes Hand ergriff, meine widerstrebende, nach ihren Geschenken schreiende Tochter hinter mir her aus dem Haus zerrte hinein in die nächste Straßenbahn.

»Einige Tage danach erhielt ich Besuch von einer Dame, die sich als Mitarbeiterin einer sozialen Einrichtung auswies und mir im Laufe des Gesprächs berichtete, dass ich wegen Kindesmisshandlung angezeigt worden sei.« Ich blickte Marlene fest an. »Du weißt, dass ich dich nie angerührt habe. Aber so einer Anzeige muss natürlich nachgegangen werden. Und so haben sie alle befragt, die Nachbarn, die Lehrer, die Klassenkameraden. Eigentlich würde ich mich schon gut um dich kümmern, meinte sie am Schluss. Aber als richtige Mutter bräuchte ich Hilfe zur Erziehung. Die würde sie mir dringend empfehlen. Sie hätte auch schon mit meiner Mutter geredet. Die sei ja Lehrerin gewesen. Sie kenne sich mit Kindern aus. Sie sei bereit, ihre Enkelin Marlene aufzuziehen und mich, die Alleinerziehende, zu entlasten.«

Marlene atmete scharf ein. »Wow!«

»Von wegen Wow!«, rief ich. »Mir war auf einen Schlag alles sonnenklar. Meine Mutter hatte mich angezeigt oder jemanden dazu angestiftet, um das Sorgerecht für dich zu bekommen.«

»Die wollten mich«, sagte Marlene. »Sie wollten mich tatsächlich zur neuen Isis machen.«

»Ja«, erwiderte ich und nahm meine Tochter in den Arm, »aber es ist ihnen nicht gelungen.« Sanft lehnte sie den Kopf an mich. So saßen wir lange.

ENDE

NACHWORT

Luzifer – oder die Macht des gefallenen Engels

Über lange Zeit hinweg fast unbemerkt oder bewusst als absurder Minderheiten-Spuk abgetan, breitete sich inmitten des Zerfalls der traditionellen Amtskirchen das Feuer des gestürzten Erzengels Luzifer aus. Sein Name, der, aus dem Kirchenlateinischen übersetzt, »Lichtbringer« bedeutet, wurde für eine Schar der vermeintlich wahren Wissenden zur Inkarnation des echten Gottessohnes, den die Bibel als »Licht des Lebens« bezeichnet.

Nicht Jesus, den die Anhänger Luzifers als falschen Propheten verwerfen, bringe das wahre Licht Gottes in die Welt, sondern Luzifer, der im Himmel geborene echte Sohn Gottes. Dieser habe nur deshalb gegen seinen Gott-Vater rebelliert, weil er die Menschen und die Erde gegen die Zerstörungswut des Vaters habe schützen wollen. Diese Liebestat habe der böse Rache-Gott bestraft, indem er seinen für die Menschen kämpfenden Sohn aus dem Himmel stürzte und in die Hölle verbannte.

Der wahre Retter der Menschheit sei daher der in der Bibel fälschlich als Böse dargestellte Luzifer. Folglich könnten auch nur seine Jünger den wahren Glauben verbreiten. In der Verkehrung aller Gebote Gottes in ihr Gegenteil sowie in der Umsetzung dieser Verkehrungen in die Tat, befolgen sie die Gebote Luzifers zur Errettung der Welt.

Nicht der Tag, sondern die Nacht wurde als wahre Zeit des Lichts und des Lebens verklärt. Der Sternenhimmel mit dem Morgenstern als Symbol des Licht bringenden Erzengels vor dem Fall wurde zum Ziel der Sehnsucht. Satan, der hebräische Name Luzifers, und sein in der Bibel bekundeter Ungehorsam gegen den Schöpfergott, wurde zum Programm seiner Anhängerinnen und Anhänger, die sich Satanisten nennen und glauben, im Namen ihres »Fürsten der Nacht« die Apokalypse zur Ewigkeit zu überwinden.

Im *Bibeltheologischen Wörterbuch* findet sich unter dem Stichwort »Satan« die Auskunft, er spiele »die Rolle des himmlischen Staatsanwaltes«, wobei er »Ankläger, Verleumder und Versucher« in einer Person sei und »zu den Söhnen Gottes« zähle. Bei dem Versuch, Gott zu entmachten und die Weltherrschaft an sich zu reißen, sei er aus dem Himmel verstoßen worden und habe seine Lichtgestalt als Engel verloren. Seitdem gilt er als Herrscher der Unterwelt, der sich diejenigen, »die von Gott gut geschaffen, aber durch eigene Entscheidung böse geworden sind«, untertan mache.

Im Gedenken an den silbern vom Nachthimmel funkelnden Morgenstern, die Lichtgestalt Luzifers, tragen Satanistinnen und Satanisten vorzugsweise Silberschmuck auf schwarzem Grund. Bleiche, oft weiß geschminkte Gesichter, die kein Sonnenlicht zu kennen scheinen, schwarze Schminke, schwarzes Leder oder wallende Gewänder sind der Chic der Szene. Die Umwelt soll mit Hilfe von ausrasierten Frisuren nach dem Vorbild alter Teufelsmasken, mit Lippen in Schwarz, Augen in tiefen Kajal-Höhlen und Fingernägel als schwarze Krallen provoziert werden. Wer besonders cool ist, schläft im Sarg statt im Bett und streicht scine Zimmerwände schwarz. Und über alle dem Musik, deren Texte das Blut gefrieren lassen, falls man sie denn aus dem Höllenlärm der grellen Stimmen und infernalisch kreischenden, stampfenden Instrumente heraushören und verstehen kann.

Fast brav nehmen sich dazwischen alle die als Zeichen der Zugehörigkeit zur satanistischen Gemeinde am Langbalken kopfüber hängenden Kreuze aus, welche, an Hals und Ohren baumelnd, an den Himmelssturz Luzifers erinnern sollen.

Wie das Kreuz so übernehmen seine Anhängerinnen und Anhänger auch alle kirchlichen Feste und Rituale, pervertieren diese jedoch zu schrillen, von Gewalt und Angst geprägten Orgien des Ungehorsams gegen die 10 Gebote Gottes.

Allerdings sind die im Satanistenlook auftretenden Gesellschaftsschocker keineswegs immer dem inneren und steinharten Kern der schwarzen Gemeinde zuzuordnen. Es ist alltäglich und trendy geworden, an Magie und Hexenzauber zu glauben. Unter dem Begriff »Esoterik« versteckt, breiten sich auf den Inseratseiten von Tageszeitungen, Zeitschriften und Magazinen spaltenweise die Kontaktadressen der neuen Hexen aus. Als Tarot-Kartenlegerinnen, Wahrsagerinnen, Medien und Lebensberaterinnen mit direktem Draht zu Schutzengeln und Heiligen wollen sie im Telefongebühreneinheiten-Takt zur Vorhersage schicksalhafter Ereignisse befähigt sein. Natürlich nur gegen Cash per Kreditkarte und Bankeinzug.

Gelegentlich finden sich auch die männlichen Pendants in diesem nebulösen Blätterwald. Doch weit öfter trifft man sie in mehr oder minder geheimen »Orden« und Sektenvereinigungen, wo diejenigen unter ihnen mit Führungsqualitäten und jenem Charisma, das Seelenfänger auszeichnet, als Gurus und ähnliche »Erleuchtete« oder »Auserwählte« von sich reden machen.

Sekten und Geheimorden im Schatten des gefallenen Engels

Der Glaube von den Mysterien, als Dingen hinter den Dingen, wurde seit der 1533 verfassten philosophischen Schrift »De occulta philosophia« des Agrippa von Nettersheim nach dem lateinischen Wort »occultus« – dunkel, verborgen – als Okkultismus bezeichnet und kennzeichnet ein Streben nach verborgenen Dingen, Wesenheiten und Begebenheiten einer »anderen Wirklichkeit«. Okkultisten sind überzeugt, mit Hilfe von Magie, Ritualen, Beschwörungsformeln, Bewusstseinsveränderungen und Persönlichkeitsstörungen in diese »andere Wirklichkeit« vordringen und sich deren Kräfte zunutze machen zu können.

Nicht alle Okkultisten sind jedoch zwingend auch Satanisten. Sie teilen sich vielmehr auf in die Anhänger der so genannten Weißen Magie und der Schwarzen Magie.

Die Weiße Magie fühlt sich Gott verbunden. Ihre Anhängerschar sieht in okkulten Vorgängen das Wirken von Geistern, Engeln oder kosmischen Wesen aus einer anderen Daseinsebene. Bei dem Versuch, durch Gläserrücken, Pendeln oder Beschwörungen am runden Tisch mit diesen Geistern in Kontakt zu treten, empfinden sie sich mit göttlichen Energien konfrontiert, welche dem Suchenden Hilfe gewähren. Typischerweise nimmt sich die Person, welche mit Weißer Magie agiert, nicht als eigenständig handelnd oder verantwortlich, sondern als eine Art Sammelbecken, Durchgangsstation oder vermittelndes Medium einer göttlichen Kraftquelle wahr. Wer es aus tiefster Überzeugung ernst damit meint, würde für die Weiterleitung dieser Kraft an andere nie Geld oder andere Bezahlungen annehmen.

Schwarze Magie hingegen dient den Mächten des Anti-Christen nicht nur zu dessen Machterweiterung, sondern auch zum persönlichen Machtgewinn und Nutzen des sie Praktizierenden. Zur optimalen Ausnutzung von Energien bündelt man sie gern. Deshalb schließen sich Okkultisten unter der Anleitung eines Meisters der Schwarzen Magie zu Ordensbünden zusammen, deren oberstes Gebot absolute Geheimhaltung und Gehorsam bis hin zur Selbstzerstörung ist.

Bereits aus Gerichtsprotokollen zur Zeit des französischen »Sonnenkönigs« Ludwigs XIV. geht hervor, dass Satansanbetung und »Schwarze Messen« bei den oberen Zehntausend der Schönen und Reichen an der Tagesordnung waren. Die in der Satansmesse angewandten Praktiken sollten dazu dienen, mit der Kraft des Satans verhasste Menschen zu töten, unerwünschte Liebesbeziehungen zu beeinflussen und den »Stein der Weisen« zur Herstellung von Gold zu finden. Bei diesen Messen wurde das Blut neugeborener Kinder vergossen.

Während des 18. und 19. Jahrhunderts wurde Satanskult eher auf literarischer Ebene betrieben. In Werken wie *Les Fleurs du Mal* von Charles Baudelaire pries man Satan als Befreier der Menschheit von den als einengend empfundenen Keuschheitsregeln der Kirche und den Moralvorstellungen des Christentums. In einer merkwürdigen Koppelung des menschlichen Widerstands gegen die rigiden Gebote der Kirche mit dem Widerstand Satans gegen Gott bildete sich der so genannte »Protest-Satanismus« heraus, der zahlreiche Anhänger fand.

Auf der Suche nach okkulten Spuren aus Zeiten vor dem Judentum und dem Christentum, entdeckte man auch ägyptische, chinesische und indische Mysterien, welche den religiösen und kulturellen Werten des Abendlandes entgegenstanden.

Seine eigentliche Neuauflage erlebte der Satanismus jedoch erst um 1900, als hauptsächlich in England und Deutschland Okkult-Orden aus dem Boden schossen. Den bedeutendsten unter ihnen gründeten der Wiener Fabrikant Dr. Carl Kellner (1850-1905) und der deutsche Theosoph Dr. Franz Hartmann (1838-1912). Dieser Geheimbund des »**O**rdo **T**empli **O**rientis« wurde unter der Abkürzung »O.T.O.« weltweit bekannt und in zahlreichen Ablegern verbreitet.

Ursprünglich als Weiterführung des aus zwar kriegerischen, doch Gott geweihten Mönchen bestehenden Templerordens der mittelalterlichen Kreuzritter gedacht, erfuhr der O.T.O. durch Theodor Reuß (1855-1923) bald eine gravierende Richtungs- und Strukturveränderung. Er führte nämlich die so genannte »tantrische Methode«, einen in Naturreligionen betriebenen Geschlechtskult, ein, um durch den von allen Hemmungen und kirchlichen Geboten bzw. Verboten befreiten Geschlechtsakt göttliche Energien freizusetzen und zur rituellen Reinigung zu gewinnen.

Doch erst der Engländer Aleister Crowley (1875-1947), der nichts intensiver hasste als seine Mutter und trotz exzessiver Sexbesessenheit über Frauen sagte: »Am besten sollten sie zur Hintertür angeliefert werden wie die Frühstücksmilch«, machte den O.T.O. quasi unsterblich. Als er im Jahr 1922 die Gesamtleitung des Ordens übernahm, stieg er als Großmeister mit dem Namen »Das Große Tier 666« zur unersättlichen, von allen Regeln losgelösten, sexbesessenen Zentralfigur des O.T.O. auf. Die »tantrische Methode« wurde zum Hauptprogramm des Ordens, der alsbald zum Mittelpunkt des Satanismus wurde.

Gleichzeitig wurden Ordenslehre und -struktur quasi zur geistigen Initialzündung für Lafayette Ronald Hubbard (1911- ca. 1986), den späteren Gründer der Scientology Church. Seit Ende des Zweiten Weltkrieges war dieser Anhänger des O.T.O., dessen Regeln und Rituale 1950 in Hubbards Millionenbestseller *Dianetik* einflossen und 1954 zur Gründung der »Church of Scientology California« führten.

Als Aleister Crowley zum O.T.O. kam, war er beileibe kein unbeschriebenes Blatt. Sein Werdegang als Satanist begann mit Selbstexperimenten im Drogenrausch und setzte sich mit schriftstellerischen Ergüssen über Sodomie, die widernatürliche Unzucht mit Tieren, fort. Bald schon fand diese Karriere einen ersten Höhepunkt durch Mitgliedschaft in dem englischen Okkultorden »Hermetic Order of the Golden Dawn«.

Schon zu dieser Zeit beschrieb sich Crowley selbst als satanische »Hure, gekrönt mit Gift und Gold, … mit Schande befleckt und Blut beschmiert«. Sein »Fleisch« überließ er »der Fäulnis, mein Blut dem Gift, meine Nerven den Qualen der Hölle, meine Gedanken den Hexen« und trug auf diese Weise jubelnde »Verderbtheit ins Erdenrund«.

Auf seinen zahlreichen Reisen kam Crowley unter anderem auch immer wieder nach Berlin und bis hinauf ins Thüringische, dem Lebensraum der Großfamilie von Isis, deren Mitglieder in den Bann seiner »tantrischen Methode« und des »Großen Tieres 666« gerieten.

Mitgebracht hatte Crowley ihnen die Statuten des Satanismus, welche er auf seiner Ägyptenreise empfangen haben will wie einst Moses die Gesetzestafeln Gottes. Angeblich traf Crowley dort seinen Schutzgeist namens Aiwass, eine außerirdische Intelligenz, welcher ihm die Gebote und Statuten Satans in einem magischen Ritual übermittelte. Niedergeschrieben in der »Crowley-Bibel« mit dem Titel »Liber Al vel Legis sub figura CCXX«, sollte das Hauptgesetz »Tu, was du willst« das »Äon des Horus« als neues Zeitalter der Unterwelt-Herrschaft und der Anbetung Satans begründen.

In Cefalù auf Sizilien fand Crowley schließlich den passenden Rahmen zur Gründung seiner eigenen »Abtei Thelema«, wo er die Rituale des O.T.O. praktizierte. Wer neu nach »Thelema« kam, erhielt zur Begrüßung spermagefüllte Hostien aus »Ziegenscheiße«, wie ein Augenzeuge berichtete. Anschließend wurde der Neuankömmling einem Ekeltraining unterzogen, welches den Verzehr von Exkrementen erzwang. Jeder »Thelemit« war verpflichtet, ein Tagebuch zu führen und dieses dem »Tier 666« vorzulegen. Außenkontakte und Zeitunglesen waren verboten. Der Gebrauch des Personalpronomens »Ich« wurde bestraft. Und wenn Crowley es für nötig erachtete, verurteilte er seine Jünger auf magische Weise zum Tode.

Die Leitung der Abtei »Thelema« wurde für Crowley so arbeitsintensiv, dass er 1925 die Leitung des O.T.O. an den Deutschen Eugen Grosche (1888-1964) überantwortete, welcher als Einstandsgeschenk die Geheimloge der Satansbruderschaft »Fraternitas Saturni« mitbrachte.

Während Crowley eigene Wege ging, blieb die Zentrale des O.T.O. nebst zahlreichen Untergruppen bis 1989 im schweizerischen Zürich sowie in Stein bei Appenzell. Weltweit gingen Nachfolgeorganisationen daraus hervor, wie zum Beispiel die so genannte Sonnenloge »Solar Lodge des O.T.O.«, die als Geheimbund ein starker Publikumsmagnet war.

Noch heute tragen zwei satanische Logen den Namen des O.T.O.: Eine unter der Leitung des tantrischen Okkultisten Kenneth Grant in England, eine andere unter Grady L. McMurtry in Kalifornien. Ihrer Loge gehörte L. R. Hubbard, der spätere Gründer von »Scientology«, an.

Nach Aleister Crowleys Tod im Jahr 1947 wurde es stiller um die Satanisten, die wie alle Sektierer und Logenbruderschaften in der Zeit des Nationalsozialismus verfolgt und verboten wurden. Vorbei war der Spuk jedoch nicht.

Man war nur stärker in den Untergrund abgewandert. Als 1982 in Berlin der »Thelema-Orden des Argentum Astrum« unter der Leitung Michael Eschners mit dem Ziel der Verbreitung des Crowley'schen Gedankengutes entstand, nahm außer Eingeweihten kaum jemand davon Notiz. Dennoch gelang es Eschner, der sich selbst als Wiedergeburt Crowleys proklamierte, mit zunehmendem Erfolg Kabbala, Astralreisen, Yoga, Astrologie und Beschwörungsrituale für jedermann anzubieten und bei dieser Gelegenheit »Das große Tier 666« wieder auferstehen zu lassen.

Erst als die Polizei gegen die so genannte »Umkonditionierung des Menschen zu einer höheren Bewusstseinsstufe« wegen des Verdachts auf erzwungenen Geschlechtsverkehr, Ekeltraining und andere strafbare Handlungen zu ermitteln begann, löste sich der eingetragene Verein in Berlin auf. Fast nahtlos ging er jedoch in das »Netzwerk Thelema« über, dessen Ordensmitglieder seit 1985 in der Lüneburger Heide ein neues Zentrum aufbauen.

Dort betreiben sie eine Druckerei mit einer eigenen Monatszeitschrift, ein Musikstudio nebst Agentur, New-Age- und so genannte Öko-Läden, Wahrsagedienste sowie Computerfachbetriebe. Texte satanistischer Rockmusiker, die christliche, ethische und zwischenmenschliche Werte verhöhnen und in sexualisierter Fäkalsprache Wegbereiter von Aggressionen und zugleich Depressionen sind, erobern von hier aus die Charts.

In bestimmten Zentren bietet das »Netzwerk Thelema« Kurse zur Persönlichkeitsentfaltung, Meditation, Magie, Yoga und vielem mehr an. Ehemalige Mitglieder berichten, dass innerhalb des Geheimbundes Vergewaltigungen, Ehebruch, Sex mit Kindern und unter Verwandten ersten Grades sowie Ekeltraining und Körperverletzung durch brennende Zigaretten, Schlafentzug und Suggestionen als Mittel zur geistigen Befreiung und ganzheitlichen Selbstfindung dienen sollen.

Davon will die breite Masse der Bevölkerung wenig wissen. Im »laissez-faire« der privaten Angelegenheit Religion und Glaubenszugehörigkeit gedeihen Okkultes und Satanistisches zwischen Desinteresse und fasziniertem Voyeurismus zur düsteren Blüte. Bücher, Musik, Kinofilme und natürlich auch das Fernsehen sind der Dünger dafür. Filme wie *Rosemary's Baby* oder *Stigmata* wurden Kassenmagneten.

Sogar das öffentlich-rechtliche Fernsehen des ZDF zog mit. Im Jahr 1984 durfte die damalige »Oberhexe« der so genannten »neuen deutschen Hexen«, Ulla von Bernus, zum Staunen und schönen Schauder der Zuschauerinnen und Zuschauer mit einem magischen Tötungsritual aufwarten. Zu diesem Zweck hatte sie sich in eine schwarze Kutte gehüllt. Über einen Feuerkessel gebeugt, hielt sie ein Püppchen in den aufsteigenden Dampf und beschwor Satan, »ihn« langsam sterben zu lassen und in die Hölle abzuholen. Das Püppchen, so ließ die »neue Hexe« anschließend wissen, sei eine bestimmte Person, der sie den magischen Tod gewünscht habe. Diesem Fluch könne niemand entgehen. Die Zuschauer auf dem Fernsehsofa lachten, weil Gruseln so schön ist. Und fast von einem Tag auf den anderen war die Schwarze Magie wieder salonfähig geworden.

Doch nicht nur Jugendliche, die angesichts von Scheidungsfamilien, Vernachlässigung, Schulchaos, Lehrstellenmangel und Massenarbeitslosigkeit, Umweltkatastrophen und innerer Sinnleere am Anfang ihres Lebens bereits das Ende erreicht zu haben fürchten, fallen dem Satanismus anheim. Auch Erwachsene mit vielfältigen persönlichen Problemen erliegen der Verführung, zum Beispiel mittels Magie oder Sexualritualen Lösungen herbeizwingen zu können. Andere sind so satt vom Überfluss der Wohlstandsgesellschaft, dass sie den *thrill* der Brutalität suchen, um ihre abgestumpften Sinne auf Hochtouren zu bringen. Dass die Gebote Satans wie Hass, Rachsucht, die Verneinung bürgerlicher Normen und Gesetze, Kriminalität und Gewalt nur Scheinlösungen bieten, wird meist zu spät erkannt.

Bis heute orientieren sich überzeugte Satanisten an Crowleys Verkündigungen. Diese befehlen, Blutopfer vorzunehmen und zwar »vorzüglich vom monatlichen Mond«, der Menstruation bzw. Regelblutung. Gleichwertig seien aber auch »das frische Blut eines Kindes oder Tropfen vom himmlischen Wirt«, worunter Sperma zu verstehen ist. Sollte all dies nicht verfügbar sein, genügt auch das »Blut von Feinden, dann das des Priesters oder Anbeters, endlich eines Tieres, gleich welches«.

Andere Dogmen der »Crowley-Bibel« drohen mitleidigen, sanftmütigen Frauen, die den Weg Satans verlassen oder verlassen wollen, als Rache an, dass ihr Kind erschlagen werde.

Wieder andere befehlen der Satans-Gemeinde, die »unbefleckte Maria zu rädern, um derentwillen alle keuschen Frauen verachtet werden sollen«.

Wer Crowleys Statuten befolgt, wird als Vorkämpfer zur Befreiung der Welt aus ihren bisherigen Endlichkeiten angesehen. Am Ende der Zeit, wenn Satan als der rechte Sohn Gottes an seinen rechtmäßigen Platz zurückgekehrt und die Welt vor dem Rächer-Gott gerettet sei, solle diesen Vorkämpfern die absolute Wonne als Belohnung zugeteilt werden.

»Der Teufel ist eine Wirklichkeit«, stellte Papst Johannes Paul II. 1986 fest und wurde von der halben Welt mit Kopfschütteln bedacht. Wer wollte schon glauben, wenn er behauptete: »Auf der ganzen Welt pervertieren heute Teufelsanhänger menschliches Denken. Es gibt keine Perversität, die ihnen nicht einfiele.« Und sich fragte: »Was treibt diese Menschen zu Magie, Wahrsagerei, Hexenwahn und Satanskult?«

»Na ja, der Papst muss das ja sagen.« Diese oder ähnliche Kommentare fielen. Doch nur vier Jahre später schreckten uns die um die ganze Welt eilenden Nachrichten von acht rituellen Morden in Kalifornien auf, zu denen sich der Satanist Charles Manson mit seinen Anhängern bekannte. Manson verehrte Crowley, mit dessen Gedankengut er in der 1966 von Jean Brayton gegründeten satanischen »Solar Lodge des O.T.O.« in Berührung gekommen war.

Abermals vier Jahre später ging die Nachricht von dem Massenselbstmord der »Sonnentempler«-Sekte in der Schweiz durch die Weltpresse. 53 Frauen und Männer starben, nachdem tags zuvor das Baby zweier Sektenmitglieder als angebliche Inkarnation Satans mit sechs Messerstichen ermordet worden war.

Etwa ein Jahr später, 1995, veröffentlichten die Brüder Guido und Michael Grandt in ihrem »Schwarzbuch Satanismus«, dass sie bei ihren Recherchen »nicht nur auf Einzeltäter, sondern auf Spuren einer internationalen Verflechtung aus Satanismus, Pädophilie und Kinderpornografie« stießen. Zugleich erhielten sie verlässliche Informationen über »die Existenz von Filmen, die bei Schwarzen Messen gedreht worden und auf denen Ritualmorde und ritueller Kindesmissbrauch zu sehen seien«.

Die »Sonnentempler«-Morde blieben einige Zeit in der Erinnerung. Innerhalb weniger Jahre stieg das Interesse an übersinnlichen Erfahrungen und schwarzmagischen Praktiken sprunghaft an. Während um 1984 kirchliche und andere soziale Beratungsstellen kaum jemals mit Fragen nach übersinnlichen Phänomenen konfrontiert wurden, hing bereits 1989 fast jede zweite Frage damit zusammen.

Dass hier mit dem Feuer gespielt wurde und Menschen auf Abwege gerieten, die zur Schussfahrt in den Tod werden konnten, brachten grausame Foltermorde von Jugendlichen an Jugendlichen zu Tage. So wurde der junge Sandro Beyer aus Sondershausen 1993 von drei nahezu gleichaltrigen Satanisten ermordet. Die Täter kamen vor Gericht. In seiner Urteilsbegründung führte der Richter aus, sie hätten aufgrund ihres Satansglaubens die Achtung vor dem Wert des Lebens verloren.

Wenn die Familienangehörigen erwartet hatten, der Satanismus werde mit auf der Anklagebank sitzen, wurden sie jedoch bitter enttäuscht. Obwohl in ihm das Mordmotiv zu finden war und die drei Täter Gesinnungsgenossen hatten, wurde nur dem Buchstaben des Gesetzes Genüge getan, nicht aber der Faszination des Satanskultes Einhalt geboten. Wieder einmal war eine Chance vertan, dem Crowley-Prinzip »Tu, was du willst« einen festen Riegel vorzuschieben. Mehr noch, nach verbüßter Haftzeit wurde der Haupttäter von Neonazis und Satanisten in den USA mit offenen Armen empfangen.

Dort werden allerdings seit Jahren immer mehr Berichte darüber publiziert, dass jährlich Tausende Kinder Ritualmorden zum Opfer fallen, dass über zehn Millionen Amerikaner Anhänger der Schwarzmagie sind. Arbeitsgemeinschaften christlicher Kirchen haben dort den Täterinnen und Tätern den Kampf angesagt. In Deutschland verschließt die deutsche Öffentlichkeit und Justiz eher skeptisch ihre Augen.

Das Dilemma ist, dass vorzeigbare, rechtstatsächliche, den Gerichten genügende Beweise satanistischer Machenschaften selten zu erbringen sind. Betroffene schweigen lieber. Sie wissen, dass auf Verrat der Tod steht und Satanisten keine Skrupel kennen. Sie wissen auch, dass die Netzwerke weltweit agieren und Spione überall da sitzen, wo man sie am wenigsten vermutet.

Manche »Aussteiger«, die vielleicht das Risiko einer Anzeige eingehen würden, haben sich während der Zeit ihrer Zugehörigkeit zur Satansgemeinde strafbar gemacht und scheuen vor einer Selbstanzeige zurück.

Wieder andere müssen fürchten, dass sie für Verrat an ihren Frauen, Kindern und anderen Familienangehörigen bestraft würden. »Bis ins siebte Glied« droht Gott Strafe an. Und was Gott recht ist, ist Satan billig. Die an ihn glauben, haben es erlebt. Und wenn sie es nicht direkt erlebten, so wurde es ihnen so überzeugend suggeriert, dass es keinen Zweifel gibt.

Wie so oft ist die tödliche Angst und das Schweigen der Opfer der beste Täterschutz.

Auch Isis, die schon im Säuglingsalter von ihrer leiblichen Mutter zur Satansbraut und Fürstin der Nacht bestimmt wurde, spricht nur anonym.

INFORMATIONS- UND BERATUNGS-STELLEN FÜR SEKTENOPFER

Für Rat und Hilfe Suchende gibt es zahlreiche kirchliche Beratungsstellen und Sektenexperten.
Im Internet finden Sie diese zum Beispiel mit Hilfe der Suchmaschine google.
Um Ihnen einen ersten Hinweis an die Hand zu geben, habe ich eine kleine Auswahl unter den möglichen Anlaufstellen getroffen. Diese Auswahl ist subjektiv und besagt nicht, dass dies die bestmögliche ist.

Diplom Psychologe Dieter Rohmann
Deisenhofer Str. 91a
81539 München
Telefon: 0 89 69/52 99
Fax 0 89 69/69 67 12
Internet: www.kulte.de

EZW
Evangelische Zentralstelle für Weltanschauungen
Kurt-Helmuth Eimuth
Reschneigraben 10
60311 Frankfurt am Main
Tel. 0 69/28 55 02
Internet: www.ekd.de/ezw/welcome.html

AGPF e.V.
Aktion für geistige und psychische Freiheit
Internet: www.agpf.de

Odenwälder Wohnhof
Rehabilitationszentrum für Kultaussteiger
Internet: http://members.tripod.com/wohnhof/index.htm

Ökumenische Beratungsstelle Religiöse Sondergruppen und Sekten
Luzern, Schweiz
Pfarrer Martin Scheidegger
Internet: www.sektenberatung.ch

Sektenaussteiger-Site
Mit Forum und Kontaktbörse für Aussteiger
Internet: http://die.forumcity.de/sekten/

Sekten-Info München e.V.
Internet: www.sekten-info-muenchen.de

Schweizer-Server für Aufklärungs- und Beratungs-Seiten
Auch für Aussteiger
Internet: www.sekten.ch

Was eine alternativ-spirituelle Gruppe zur Sekte macht.
Kriterien zur Beurteilung von destruktiven Kulten:
vom Berufsverband Deutscher Psychologinnen und Psychologen (BDP)
Internet: http://members.aol.com/sektensn/wasistsekte.htm

Wenn ich Hilfe brauche
Kontakt mit einer neuen religiösen Bewegung:
Arbeitsgruppe »Neue religiöse Bewegung«, Schweiz
Internet: www.kath.ch/infosekten/dokumente2.htm

Was erschwert den Ausstieg aus einer Sekte?
Internet: http://memembers.aol.com/sektensn/ausstiegsprobleme.htm

Selbsthilfegruppe
Wenn Glaube krank macht:
Internet: http://home.t-online.de/home/Olaf.Stoffel
Poetke, Jan
Internet: http://memembers.aol.com/sektensn/satan-poethke.htm

Kluge, Gerald
Internet: http://members.aol.com/sektensn/satan-symbole.htm

Jutta Birlenberg
KIDS,
Kinder in destruktiven Sekten e.V.
Bogenstr.11
51375 Leverkusen
Tel. 02 14/5 57 60
Internet: www.kids.de

EL – Elterninitiative zur Wahrung der geistigen Freiheit e.V.
Ursula Zöpel
Geschwister Scholl-Str. 28
53177 Leverkusen
Tel. 02 14/5 83 72
Fax 02 14/50 62 64

SINUS
Sekten-Information und Selbsthilfe
Saalgasse 15
60311 Frankfurt am Main
Tel. 0 69/28 55 02
Fax 0 69/29 62 60

Diözese Rottenburg-Stuttgart
Postfach 9
72101 Rottenburg am Neckar
Tel. 0 74 72/16 95 85
Fax 0 74 72/169609

VITEM e.V. (Verein für die Interessen terrorisierter Mitmenschen)

Jeanette Schweitzer
Eensheimer Str. 125
66386 St. Ingbert
Tel. u. Fax: 0 68 94/87 04 52

ISA
Initiative Sektenaussteiger
C/o Humanistischer Verband NRW
Prinz-Friedrich-Karl-Str.9a
44135 Dortmund
Tel. 02 31/52 72 48
Fax 02 31/57 20 72

Interministerielle Arbeitsgruppe für Fragen
Sog. Jugendsekten und Psychogruppen
Hans-Werner Carlhoff
Postfach 103442
70029 Stuttgart
Tel. 07 11/2 79 28 72
Fax 07 11/2 79 28 77

Arbeitskreis Jugendreligionen
Arbeitsgemeinschaft Kinder- und Jugendschutz Hamburg e.V.
Margaretenstr. 41
20357 Hamburg
Tel. 0 40/4 39 51 18
Fax 0 40/4 30 53 48

Pastorin Dr. Gabriele Lademann-Priemer
Beauftragte für Weltanschauungsfragen der Nordelbischen Evangelisch-Lutherischen Kirche
Kreuslerstr.6
20095 Hamburg
Tel. 0 40/32 78 48
Fax 0 40/33 71 74

Pastor Jörn Müller
Beauftragter für Jugendseelsorge, Jugendreligionen und weltanschauliche Strömungen
Hirschgraben 25
22089 Hamburg
Tel. 0 40/25 40 18 14
Fax 0 40/25 40 18 19

»Böses ersetzt das Gute, Hass ersetzt die Liebe.« Nach dieser Ideologie einer Satanssekte lebt Lukas vier Jahre lang. Psychoterror und kriminelle Mutproben sind ebenso Teil seines Sektenalltags wie Orgien, Opferungs- und Schändungsrituale. Brutale Strafen sorgen dafür, dass sich jeder den grausamen Regeln der Satanisten bedingungslos beugt.
Aber eines Tages erhält Lukas einen Auftrag, bei dem sich – trotz jahrelanger Gehirnwäsche – sein Gewissen meldet. Er beschließt auszusteigen und unterzutauchen. Doch auch der Weg aus der Hölle ist ein Horrortrip, denn für die Sekte steht er auf der Liste der Todgeweihten.

ISBN 3-404-61339-2

BASTEI LÜBBE